COLLECTION
FOLIO/ESSAIS

GW00456614

C. G. Jung

Dialectique du Moi et de l'inconscient

TRADUIT DE L'ALLEMAND
PRÉFACÉ ET ANNOTÉ
PAR LE DOCTEUR ROLAND CAHEN

Édition revue et corrigée

Gallimard

La publication en français
des œuvres de C. G. Jung
a lieu sous la direction du
DOCTEUR ROLAND CAHEN

La première édition de cet ouvrage
a paru en 1933 Chez Rascher à Zurich
sous le titre :

DIE BEZIEHUNGEN ZWISCHEN
DEM ICH UND DEM UNBEWUSSTEN

SOMMAIRE

PRÉFACE À L'ÉDITION FRANÇAISE

Nous voici au cœur du problème :

Si l'inconscient est – et, quelles que soient les vues théoriques que l'on affectionne à son sujet, il est définitivement établi qu'en tout état de cause il est – tout gravite, tout tourne autour des relations qui se sont instaurées et qui existent entre le Moi et l'inconscient.

Jusqu'à l'avènement de l'ère de la psychologie des profondeurs, le Moi était presque le seul protagoniste connu de la vie mentale. Pendant quatre mille ans ou davantage, l'histoire, dans une certaine perspective, a été une dramaturgie du Moi, d'un Moi qui se cherchait.

Dorénavant, cette vie mentale paraît partagée entre le Moi et un partenaire appelé, de la façon la plus générale possible, simplement par antiphrase, l'inconscient.

Cet inconscient était l'adversaire, toujours fuyant et invisible, dont le Moi – tout en l'ignorant mais en le pressentant obscurément – cherchait à la fois à se dégager et à retrouver l'adossement.

Ainsi, un des actes principaux de la vie va être constitué dorénavant par la rencontre, les relations, les rapports, le dialogue, le commerce intime, mais aussi par la dualité, l'ambiguïté, les interférences, les controver-

ses, les oppositions, les heurts, peut-être aussi par la coopération, bref par la dialectique qui règne ou régnera entre le Moi et l'inconscient; peut-être cette dialectique débouchera-t-elle sur une synthèse.

Si nous avons choisi, après bien des hésitations, avec l'auteur, peu avant sa mort en 1961, le titre de Dialectique du Moi et de l'Inconscient *pour cette édition française de son œuvre, c'est pour indiquer tout ce que les interéchanges entre les hémisphères psychologiques d'un être peuvent comporter de tensions dramatiques mais aussi, à l'occasion, de richesses, d'affrontement créateur.*

Et puis, la confrontation du Moi et de l'inconscient ne constitue-t-elle pas le phénomène princeps de la dialectique vivante?

Dans ses souvenirs autobiographiques[1], C. G. Jung rapporte l'interrogation en réponse à laquelle naquit la Dialectique du Moi et de l'Inconscient *: Que faire de cet inconscient récemment sorti des limbes et comment se comporter en face de lui?* « *Je décrivis dans cet ouvrage certains contenus typiques de l'inconscient et j'y montrai que l'attitude que le conscient assume à leur égard n'est pas indifférente... Plus tard, je montrai que l'inconscient se transforme et suscite des transformations dans le conscient. Je compris que l'inconscient est un processus et que les rapports du Moi à l'égard de l'inconscient et de ses contenus déclenchent une évolution, voire une métamorphose singulière de la psyché. Dans les cas individuels, on peut suivre ce processus à travers les rêves et les fantasmes. Dans le monde collec-*

1. C. G. JUNG, *Ma Vie. Souvenirs, rêves et pensées*, recueillis par Mme Aniela Jaffé, traduit de l'allemand par le Dr Roland Cahen et Yves Le Lay, avec la collaboration de Salomé Burckhardt, Collection Témoins, Gallimard, Paris, 1966.

*tif, ce processus s'est trouvé inscrit dans les différents
systèmes religieux et dans les métamorphoses de leurs
symboles. C'est à travers l'étude des évolutions individuelles et collectives et à travers la compréhension de
la symbolique alchimique que je parvins à la notion clé
de toute ma psychologie, à la notion du processus
d'individuation. »*

*Il y a dans cette notion du processus d'individuation
une contribution décisive de C. G. Jung aux sciences de
l'homme.*

*Ce processus, qu'il décrit dans cet ouvrage – le lec-
teur sentira la progression de la connaissance qu'il en
acquit – nous achemine vers un nouveau palier de l'humain, à partir duquel le passé s'éclaire et se rassemble,
et à partir duquel aussi l'homme se circonscrit et se
définit, sans doute pour de nouveaux essors.*

*Le lecteur appréciera de lui-même toute la substance,
toute la signification des découvertes que C. G. Jung
nous apporte. Et aussi combien ces découvertes le
concernent, comme elles concernent chacun de nous.*

*Car le dialogue entre le Moi et l'inconscient est uni-
versel. Le jeu dynamique entre le Moi et l'inconscient
constitue depuis toujours comme un flux et reflux fondamental de la vie.*

*Notre surprise a été grande, en façonnant cet
ouvrage dans notre langue, de constater non seulement
qu'il n'a en rien vieilli, mais aussi combien les problèmes qu'il aborde sont d'une permanente actualité.*

*Il est même piquant de voir combien ce livre, qui,
dans ses premières ébauches, date de 1916, reste à la
pointe de l'actualité psychologique et scientifique*[1].

1. Nous lisons par exemple, sous la plume autorisée de S. NACHT,
dans un ouvrage récent, *La Présence du psychanalyste*, coll.
« L'Actualité psychanalytique » (Bibliothèque de l'Institut de Psychanalyse), P. U. F., Paris, 1963, p. 1 : « Nous nous préoccupons moins

Tant de choses relèvent de la dualité de l'esprit et ainsi du dialogue entre le Moi et l'inconscient, dont le Moi, en un mot, est ou se veut la clarté et dont le second est le mystère, que cette perspective apporte, en elle-même, déjà, une grande lumière et un grand bienfait. Sur le plan thérapeutique par exemple, cela se traduit par le fait que, si un sujet malade fait sienne cette dimension, l'acceptation de cette attitude déjà peut agir comme un coup de baguette magique.

L'énorme pression exercée par l'inconscient sur le Moi confère à ces études, dans toutes les directions, un caractère de grande urgence.

Ce livre, quoique chef-d'œuvre de clarté et de précision clinique, peut être lu et ressenti selon bien des optiques et sur différents plans. Un seul exemple : certains seront tentés de voir dans le dialogue entre le Moi et l'inconscient une transposition du lien qui existe entre le fils et la mère. A bien des chefs et dans bien des cas, cette vue est pertinente. Mais les structures propres à l'inconscient font que ce dialogue va bien au-delà de cette seule interprétation.

L'inconscient est une « machine » vitale tellement belle et dotée de tels pouvoirs qu'il recèle le grand danger de se voir identifié à telle ou telle instance vitale majeure[1], de demeurer ou de se voir à nouveau mythi-

en effet aujourd'hui de suivre les méandres de l'inconscient en tant que tel que des rapports que nous pouvons saisir entre cet inconscient et le Moi... » (Ce peu d'intérêt à l'adresse de « l'inconscient en tant que tel » donne à penser. Mais c'est déjà une autre histoire.)

1. La sexualité pour *Freud*, la volonté de puissance pour *Adler*, la vie sociale et culturelle pour d'autres. Chacune de ces positions est parfaitement valable pourvu de n'en point faire une position exclusive. On sait, par exemple, l'importance capitale et de portée historique de la démarche de Freud qui découvrit l'inconscient sous l'angle de la sexualité. On sait la signification permanente, *hic et nunc*, de celle-ci. Mais vouloir réduire l'inconscient à tel ou tel de ses éléments, fût-il aussi essentiel que la sexualité, semble dorénavant une position dépassée.

fié, sur le plan paternel ou maternel, par exemple. Or, cela est insuffisant, et l'architecture schématique qu'il faut garder présente à l'esprit, tel un fil directeur, parce qu'elle constitue la conception de base que C. G. Jung s'est faite de l'homme, est la suivante : un conscient dont le Moi est le sujet; un inconscient personnel à base de complexes, avec tous les éléments refoulés du conscient; un inconscient collectif à base d'archétypes, commun à toute l'humanité et origine de toutes les grandes images mythiques.

Ce schéma ne veut pas être conçu de façon statique; tous ses éléments sont plus ou moins mobiles en eux-mêmes et les uns par rapport aux autres, et l'ensemble se trouve saisi dans un mouvement lent, dans un brassage permanent, au rythme même de la vie et de sa progression.

Ouvrage technique, certes. Mais quand une technique rejoint l'humain, elle est transcendée et se mêle à la trame même de la vie.

C'est d'ailleurs, nous semble-t-il, ce qu'il advient de l'analyse psychologique, ce lieu essentiel du dialogue entre le Moi et l'inconscient. De technique spéciale de guérison qu'elle était au début, l'analyse nous paraît être de plus en plus un dispositif humain, privilégié certes, qui va permettre, de la façon la plus générale et la plus simple que faire se peut, la rencontre d'un être avec lui-même : l'analyse rend possible, supportable et enrichissante, l'expérience de soi-même.

Nous voici bien au cœur du problème, au cœur de la vie !

Quand un *Lacan* la fait sienne et met son immense talent à son service, il la pousse à ses plus extrêmes conséquences et en tire des accents créateurs captivants. Mais il la fait aussi, implicitement et bien involontairement, éclater de toutes parts.

*Passionnante aventure, en vérité, et doublement pas-
sionnante puisque c'est à partir de ces connaissances
nouvelles qu'il nous est donné d'aider les êtres à répa-
rer certaines malfaisances subies, à se constituer en
eux-mêmes – par-delà les distorsions du vécu de l'enfance –, à se reconstruire, tels qu'en eux-mêmes ils doivent être.*

*Aider les êtres à s'y retrouver dans leur âme n'est pas
seulement une révolution humaine et médicale. C'est
l'aventure qu'à travers toutes les autres l'être cherche
depuis toujours.*

DOCTEUR ROLAND CAHEN.

Begnins (Vaud), janvier 1964.

P.-S. : *Une première version de cet ouvrage a paru en
1938 sous le titre Le Moi et l'Inconscient, établie par
M. A. Adamov, dans la collection Psychologie, aux
Editions Gallimard.*

*L'importance de cet ouvrage est telle que nous som-
mes très reconnaissants à M. Gallimard et à M. Adamov de nous avoir accordé toute liberté pour réaliser la
présente édition annotée et commentée. Les remanie-
ments de fond et de forme sont si considérables qu'il
s'agit en fait d'un nouveau livre.*

*Dans cet ouvrage de sa maturité, la pensée de
C. G. Jung est à la fois d'une telle densité, d'une telle
fraîcheur et d'une telle spontanéité qu'on en fait chaque fois une lecture nouvelle.*

*Nous nous sommes efforcés d'apporter au lecteur
une traduction qui, pour être d'une scrupuleuse fidélité,
se devait de suivre tous les subtils méandres et de développer toutes les richesses de la pensée et de l'expé-*

rience de Jung. Ne pas tendre à aller à l'extrême de ses
significations aurait été, ici en particulier, une trahison
du texte.

Les notes, auxquelles nous nous sommes laissé
entraîner, sont nées spontanément au cours de l'élaboration du texte français, à la fois pour appuyer d'exemples la pensée de l'auteur, pour dialoguer avec le lecteur et lui faire sentir vers quelles réflexions peuvent
entraîner l'étude de Jung et l'expérience de l'âme.

Nous souhaitons que ces commentaires soient utiles
au lecteur pour éclairer chemin faisant tel ou tel aspect
particulier, théorique ou clinique, et pour lui faciliter
un contact avec des faits psychiques qui, le plus souvent, lui aura fait défaut jusqu'ici.

Nous ne voulons pas terminer cette brève préface
sans dire notre gratitude à tous ceux auxquels l'édition
française de ce livre doit beaucoup, et particulièrement
à Henri Alet, prématurément disparu, au docteur
R. Jonesco ainsi qu'à Aimée et Julien Coffinet.

Il nous est enfin un devoir infiniment agréable : celui
de remercier, précisément ici, au seuil de cet ouvrage
décisif, la Bollingen Foundation des encouragements
qu'elle a bien voulu nous accorder.

Dr R. C.

La publication de cet ouvrage en collection de poche
en 1973 nous donne l'occasion d'exprimer notre sincère
gratitude à la Fondation Pro Helvetia qui, comprenant
l'importance de ces problèmes, a bien voulu honorer
l'édition française des œuvres de C. G. Jung de ses
encouragements.

Dr R. C.

Préface de l'auteur
à la seconde édition en allemand

Ce livre est né d'une conférence que j'ai publiée en 1916[1] sous le titre : « La Structure de l'inconscient. » Cette conférence a paru également sous le titre « The Concept of the Unconscious », dans mes *Collected papers on analytical psychology*[2].

Si je signale le fait, c'est pour indiquer dès l'abord qu'il ne répond point à une préoccupation fugace, à un souci éphémère, mais qu'il rend compte d'un effort qui s'est poursuivi durant des dizaines d'années, en vue de saisir et de décrire – au moins dans ses traits essentiels – le caractère singulier et la démarche originale du « drame intérieur », de ce processus qui s'empare de l'âme inconsciente au cours de sa métamorphose.

L'idée de l'indépendance, de l'autonomie de l'inconscient, qui distingue si radicalement mes conceptions de celles de Freud, germa dès 1902 dans mon esprit, alors que j'étudiais l'histoire et le développement psychique d'une jeune somnambule[3].

---

1. Dans les *Archives de psychologie*, décembre 1916, vol. XVI, p. 152. Aussi dans *Gesammelte Werke*, Rascher, Zurich, vol. VII.
2. Baillière, Tyndall and Cox, édit., Londres, 1922.
3. « Psychologie et Pathologie des phénomènes dits occultes », paru en allemand en 1902, Mutze, Leipzig, en français dans C. G. JUNG, *L'Energétique psychique*, traduction de Yves Le Lay, Librairie de l'Université, Genève, 1956, 2ᵉ édit. 1973.

Fin 1908, dans *Les Contenus de la psychose*[1], j'abordais cette même idée sous un autre angle.

En 1912, rapportant un cas individuel, je décrivais certains maillons essentiels du processus évolutif et, en même temps, je montrais les parallèles historiques et les aspects ethniques de ce processus psychique, qui se révélait ainsi universel[2].

Dans l'essai publié en 1916 sur *La Structure de l'inconscient* mentionné plus haut, j'essayai, pour la première fois, d'apporter une synthèse résumant l'ensemble du processus. Cela représentait un simple essai, et je ne me sentais pas trop convaincu de ses insuffisances. Les difficultés inhérentes à l'objet à étudier étaient telles que je ne pouvais espérer, en une brève communication, en venir à bout et leur rendre justice. C'est pourquoi, avec la ferme intention de reprendre, à l'occasion, l'ensemble de cette étude dans un cadre plus ample, je m'étais limité à cette « communication provisoire ». Douze années d'expériences supplémentaires me permirent, en 1928, de remettre sur le métier mes constatations et mes descriptions de 1916. Le résultat de ces efforts est le présent ouvrage. Je tente principalement d'y décrire les rapports existant entre la *conscience du Moi* et les *processus inconscients*. Ce propos m'a conduit à étudier en particulier les phénomènes dans lesquels il faut voir des manifestations réactionnelles de la personnalité consciente soumise aux influences émanant de l'inconscient. Ce faisant, je tentais indirectement d'aborder le monde de l'inconscient et les phénomènes qui s'y déroulent. Il faut bien dire que ces recherches n'ont point encore trouvé un aboutissement satisfaisant, car la question principale, celle

1. *Der Inhalt der Psychose*, Deuticke, Vienne, 1908.
2. C. G. JUNG, *Métamorphoses de l'âme et ses symboles*, traduction de Yves Le Lay, Librairie de l'Université, Genève, 1953, 2e éd., 1967.

de la nature et de l'essence du processus inconscient en soi, reste toujours sans réponse. Je n'ose aborder de front ce problème sans une expérience aussi étendue que possible : c'est encore de l'avenir que nous devrons en attendre la réponse.

Que le lecteur me pardonne de lui demander de considérer ce petit livre – s'il persévère dans sa lecture – comme une tentative sérieuse de ma part pour pénétrer dans un domaine inexploré de l'expérience humaine et pour y planter les jalons de la pensée. Il ne s'agit point ici d'un édifice intellectuel spéculatif ou imaginé de toutes pièces : au contraire, je me suis efforcé de décrire et de formuler là des expériences vivantes, vécues et complexes, qui n'avaient pas, jusqu'alors, fait l'objet de considérations scientifiques.

L'âme, dans notre perspective empirique de praticien, s'imposant à nous comme une donnée irrationnelle, il ne saurait plus être question de l'identifier, selon les canons anciens, à une raison plus ou moins divine; dès lors, il n'y a plus lieu de s'étonner si l'expérience psychologique nous confronte très fréquemment avec un vécu ou des événements qui sont aux antipodes de ce que nous escomptons comme raisonnable, et que, par suite, notre conscient, fondamentalement accordé au rationnel, a tendance à rejeter.

Une observation psychologique entreprise dans un tel état d'esprit et avec une telle attitude de base serait naturellement très maladroite et, à un haut degré, anti-scientifique : il ne faut pas anticiper sur la nature ni vouloir la chapitrer si on désire se mettre valablement à l'écoute de ses murmures.

Ainsi, *ce sont vingt-huit années d'expérience psychologique et psychiatrique que je me suis efforcé de condenser et de résumer* : c'est pourquoi mon petit livre peut prétendre à ce qu'on le prenne au sérieux. Naturellement, je n'ai pu être exhaustif. Le lecteur trouvera une continuation du dernier chapitre dans *Le Secret de la Fleur d'Or*, ouvrage que j'ai publié avec mon ami Richard Wilhelm[1]. Si je tiens à signaler cet ouvrage, c'est que la philosophie orientale s'occupe des processus intra-psychiques depuis de nombreux siècles déjà et que par suite, nous livrant un matériel comparatif particulièrement utile, elle est d'une inestimable valeur pour nos recherches psychologiques.

C. G. JUNG.

Octobre 1934.

1. Voir le commentaire de C. G. JUNG écrit pour *Das Geheimnis der goldenen Blüte*, Dorn-Verlag, Munich, 1929; Rascher, Zurich, 6e éd., 1957, ou *Gesammelte Werke*, vol. XIII.

Première partie

DES EFFETS
DE L'INCONSCIENT
SUR LE CONSCIENT

I

L'inconscient personnel
et l'inconscient collectif

Les éléments psychologiques qui existent dans un être à son insu et dont la somme compose ce que nous appelons l'*inconscient*, ces éléments, selon la théorie freudienne, on le sait, seraient uniquement constitués par des tendances infantiles; celles-ci, en raison de leur caractère d'incompatibilité avec les facteurs conscients du psychisme, se trouvent *refoulées*. Le refoulement est un processus qui s'insinue et s'institue dès la prime enfance : il est comme l'écho intérieur qui répond à l'influence et à l'imprégnation morales exercées par les proches, et il dure tant que dure la vie. Grâce à l'analyse, les refoulements seront supprimés, et les désirs refoulés seront rendus conscients.

Selon la théorie freudienne, l'inconscient ne renfermerait donc pour ainsi dire que des éléments de la personnalité qui pourraient tout aussi bien faire partie du conscient, et qui, au fond, n'en ont été bannis, n'ont été réprimés, que par l'éducation.

Assurément, dans certaines perspectives et selon la façon dont on aborde ces sphères de l'humain, les tendances infantiles de l'inconscient sont celles qui surgissent avec le plus de relief. Il n'en serait pas moins faux, en partant de cette première constatation, de prétendre définir en toute généralité l'inconscient et de prétendre l'apprécier, le jauger une fois pour toutes : l'inconscient a aussi d'autres aspects, d'autres dimensions, d'autres modes d'existence; dans sa sphère, s'inscrivent non seulement les contenus refoulés, mais aussi tous les matériaux psychiques qui n'ont pas atteint, quoique existants, la valeur, l'intensité qui leur permettraient de franchir le seuil du conscient. Or, il est impossible d'expliquer, par le seul mécanisme du refoulement, pourquoi tous ces éléments restent au-dessous du seuil du conscient. Si le refoulement était le seul mode d'action, la suppression des refoulements devrait conférer à l'homme une mémoire phénoménale, à l'abri de l'oubli. Le refoulement, comme principe directeur, conserve donc toute son importance, mais il n'est pas le seul mécanisme intra-psychique à l'œuvre.

Outre les matériaux refoulés, se trouvent dans l'inconscient tous les éléments qui, n'étant plus maintenus par une tension psychologique suffisante dans le conscient, ont glissé d'eux-mêmes à nouveau sous son seuil, et en particulier toutes les perceptions sensorielles subliminales. De plus, nous savons – tant par une expérience abondante et irréfutable que par des considérations d'ordre théorique – que l'inconscient recèle aussi les matériaux psychologiques qui n'ont *pas encore* acquis le niveau et la dignité du conscient : ce sont les germes de contenus dont certains seront ultérieurement conscients. Enfin, nous avons tout motif de supposer que l'inconscient ne se cantonne en aucune façon dans l'immobilisme, le repos, synonymes d'inactivité; au contraire, il y a lieu de penser qu'il est sans cesse occupé à brasser ses contenus, à les grouper et à les regrouper.

Ce n'est que dans les cas pathologiques que cette

activité, en soi normale et nécessaire, prendrait des allures d'indépendance et des prétentions d'autonomie ou, même, qu'elle s'exercerait totalement dénouée et coupée du conscient; tant qu'elle demeure à l'intérieur des latitudes du normal, nous devons nous représenter l'activité de l'inconscient comme coordonnée au conscient, avec lequel elle entretient en particulier des rapports essentiels de compensation.

Il est probable que tous ces contenus, dans la mesure où ils ont été déposés par un vécu individuel, dont ils marquent les acquisitions, sont de nature personnelle. Comme l'existence personnelle est limitée, le nombre de ses acquisitions, déposées dans l'inconscient, doit l'être aussi. C'est ce qui a donné à penser que, par l'analyse, on pourrait parvenir à un « épongement » de l'inconscient; et c'est ce qui a fait tenir pour possible d'établir un inventaire complet de ses contenus : l'inconscient, a-t-on pensé, ne pourra alors plus rien produire d'autre ou de nouveau qui n'ait déjà donné lieu à une prise de conscience et qui ne soit ainsi déjà connu et accepté par le conscient. L'esprit engagé dans cette voie, l'on était également amené à conclure que la production psychologique inconsciente se trouverait paralysée du fait que, le refoulement une fois supprimé, on pourrait éviter et l'infiltration et l'abaissement de niveau de contenus conscients dans l'inconscient.

Or, comme l'expérience nous le montre surabondamment, toutes ces attentes ne se trouvent point vérifiées et confirmées par les faits, et elles ne sont pratiquement réalisables que dans une faible mesure. Par exemple, nous invitons nos malades, avec la plus grande insistance, à garder dorénavant présents à l'esprit des contenus mentaux qui, précédemment refoulés, se trouvent, grâce à l'analyse, à nouveau associés au conscient; et nous demandons à chacun d'accorder à ceux-ci, dans le plan de son existence, la place qui leur revient. Or, comme nous pouvons nous en convaincre plusieurs fois par jour[1], cette façon de procéder n'a pas sur l'inconscient l'effet escompté : l'inconscient continue imperturbablement à créer ses rêves et ses fantasmes, alors que ceux-ci, à en croire la théorie fondamentale de Freud, devraient tarir puisqu'ils sont censés provenir de refoulements personnels qui ont déjà été défoulés. Si, en pareil cas, on pousse l'observation de façon systématique et sans préjugé, on découvre bientôt des matériaux qui, certes, ressemblent, pour ce qui est de la forme, aux contenus personnels précédemment rencontrés, mais paraissent aussi recéler des allusions qui dépassent les plans personnels[2].

Pour illustrer ce qui précède, voici l'exemple d'une malade dont le souvenir m'est demeuré très vif : elle présentait une névrose hystérique, de gravité moyenne, tenant essentiellement à ce que l'on appelait alors, il y a trente ans[3], « un complexe

---

1. L'expérience à laquelle Jung se réfère, et qui nous interdit les conclusions hâtives et simplistes, est une expérience que le praticien n'a même pas besoin de solliciter : elle s'impose à lui humainement à travers ses malades de la façon la plus lourde, la plus gênante que l'on puisse imaginer. En effet, si la perspective que critique Jung s'était révélée juste, les médecins auraient trouvé, sur le versant psychologique de l'homme, en compensation et comme en consolation de l'abord biologique qui se complique tous les jours, une bienfaisante simplicité. Hélas, il n'en est rien, et l'abord psychologique de l'humain, sain ou malade, s'affirme, au grand dam des spécialistes surchargés de notre époque, au moins aussi complexe, aussi délicat, si ce n'est plus, que son approche biologique (N. d. T.).

2. Cette ressemblance, pour ce qui est de la forme, est inévitable : en effet, lorsque l'inconscient a quelque chose à exprimer, tout se passe comme si, dans le « magasin à accessoires » qui est en chacun, il puisait l'objet, le personnage, le décor ou l'habit à la fois le plus proche et le plus apte à énoncer, à figurer en image pertinente ce qu'il s'agit précisément de formuler. Ainsi donc, le transpersonnel même peut se trouver manifesté à travers des matériaux personnels, porteurs d'une signification qui les dépasse (N. d. T.).

3. Jung se réfère aux débuts du XXᵉ siècle (N. d. T.).

paternel »[1]. On voulait signifier par là qu'une relation singulière, un rapport inhabituel existaient entre la malade et son père, lui mettait des bâtons dans les roues et était la source, sur le chemin de son développement, de toutes sortes d'obstacles. Elle avait vécu en très bonne entente avec son père, décédé entre-temps. Leurs relations avaient été des plus affectueuses et s'étaient déroulées surtout sur le plan du sentiment.

J'ai constaté que de telles circonstances suscitent souvent un développement privilégié des fonctions intellectuelles, l'intellect devenant alors la fonction principale, celle qui est utilisée avec prédilection pour prendre contact avec le monde et s'adapter à lui[2]. Tel fut bien le cas de notre malade, qui entreprit des études de philosophie : tout se passait comme si son ardent besoin de connaissance se fût transformé en un levier qui eût dû lui permettre de surmonter les liens senti-

---

1. On a tendance en général, surtout dans le grand public, à associer au terme de *complexe* la nuance sous-entendue de « pathologique ». Rien n'est plus faux. Ensembles idéo-affectifs à forte charge émotionnelle qui se sont formés au cours de la vie personnelle du sujet, les complexes sont des constituants normaux de la psyché normale. Un être sans complexes serait un débile idéatif et affectif. Mais, naturellement, comme toutes les structures humaines, les complexes, de constituants normaux et nécessaires qu'ils sont au départ, peuvent subir en qualité, quantité ou intensité, toutes les malformations et déviations pathologiques possibles et imaginables (N. d. T.).

2. Dans toute psyché, Jung distingue *quatre fonctions psychiques* cardinales, s'opposant deux à deux (pensée et sentiment, sensation et intuition), dont l'une, selon l'individu, deviendra petit à petit, au cours de l'enfance et de l'adolescence, son « outil de prédilection », sa *fonction principale*; parallèlement, la fonction antagoniste de celle-ci se trouvera alors reléguée dans l'inconscient du sujet, ce pourquoi Jung l'appelle *fonction inférieure*, tandis qu'aux deux autres, partiellement conscientes – d'où partiellement à la disposition du sujet – il donne le nom de *fonctions auxiliaires*.

Voir plus loin p. 215 et aussi notamment : C. G. JUNG, *Types psychologiques*, préface et traduction de Yves Le Lay, Librairie de l'Université, Genève, 3ᵉ éd., 1968; et *L'Homme à la découverte de son âme*, préface et adaptation du docteur Roland Cahen, Éditions du Mont-Blanc, Genève, et Hachette, Paris, 6ᵉ éd., 1962 (N. d. T.).

mentaux excessifs qui l'attachaient à son père, et de
s'en libérer. Une telle opération peut réussir si, sur le
nouveau plan institué par l'intellect, le sentiment
trouve à s'exercer, peut devenir actif, par exemple
quand, sur ce nouveau plan de vie, s'établit une relation à l'égard d'un homme valable et approprié, relation qui soit équivalente, sur le plan du sentiment, à
celle qui existait précédemment avec le père, et qui la
remplace efficacement.

Mais, dans le cas de notre malade, cette transition ne
parvenait pas à s'établir, son affectivité restant comme
en suspens, en équilibre incertain entre, d'une part, son
père et le passé et, d'autre part, un homme nouveau qui
ne lui convenait qu'à demi. Bloquée dans cette situation, paralysée un peu comme l'âne de Buridan, la
marche en avant de son existence se trouva naturellement arrêtée, et il s'établit alors en elle cette désunion
intime, si caractéristique de toute névrose. En pareille
occurrence, l'être réputé normal est en général capable,
au prix d'un sursaut violent de sa volonté, d'agir et de
rompre, par un moyen ou un autre, la chaîne de sentiments qui l'entrave; ou encore, ce qui est plus fréquent,
il glisse inconsciemment sur la pente savonneuse de
l'instinct, franchissant ainsi le pas, sans même souvent
se rendre compte de quels conflits il fut le théâtre,
conflits dont il n'aura aperçu que quelques migraines
ou tous autres malaises physiques. Mais il suffit d'une
faiblesse de l'instinct, fût-elle légère (et qui peut relever
de bien des causes), pour empêcher une transition
inconsciente, un passage sans anicroches. Il s'ensuit un
piétinement, et le progrès évolutif de la vie sombre
dans un conflit qui engloutit les dynamismes; le calme
plat, l'immobilisme et la grisaille de l'existence qui en
résultent sont synonymes de névrose. En effet, l'arrêt
de l'évolution de la vie détermine un barrage et un

reflux de l'énergie psychique, qui déborde alors dans les directions à première vue les plus inattendues et les plus incohérentes : par exemple, le sympathique va se trouver trop intensément innervé, ce qui crée des troubles nerveux de l'estomac ou de l'intestin; ou bien ce sera le parasympathique, et avec lui le cœur qui battra la chamade; ou encore surviendront des réminiscences ou des fantasmes qui, apparemment dépourvus de tout intérêt, deviennent prévalents et se mettent à envahir et à obséder le conscient : d'une puce on fait un éléphant, etc.

Dans une pareille impasse, il ne faudra rien de moins qu'une motivation extérieure ou l'apparition d'un thème nouveau pour rompre le pseudo-équilibre maladif dans lequel le malade se trouve enfermé. C'est la nature elle-même qui, indirectement et inconsciemment, acheminera vers un dénouement (au sens littéral du mot), grâce à ce que Freud a appelé *le phénomène de transfert* : dans le cours du traitement, en effet, notre malade reporta l'image du père sur le médecin, faisant ainsi de lui un semi-père; mais, dans la mesure où en même temps il continuait à ne pas être le père, elle en faisait aussi un équivalent de l'homme aimé, qu'elle ne parvenait pas à atteindre. Ainsi, le médecin était assimilé en quelque sorte au père et à l'homme aimé; en un mot, il devint *l'objet du conflit*. Les éléments contradictoires se réunissaient en lui de façon figurée et c'est pourquoi il incarna dorénavant aux yeux de la malade une solution quasi idéale de son conflit.

De telles circonstances attirent sur le médecin, de façon d'ailleurs bien involontaire, cette surestimation totalement incompréhensible pour un témoin extérieur à la situation, et le font apparaître aux yeux du patient comme un rédempteur ou comme un dieu. Cette méta-

phore est moins ridicule qu'elle ne le semble. Car, en
fait, incarner à la fois aux yeux d'un être le père et le
bien-aimé, c'est un peu beaucoup pour un seul homme.
Personne à la longue n'y parvient, précisément parce
que cela comporte trop d'exigences à la fois simulta-
nées et contradictoires. En fait, il faudrait être au
moins un demi-dieu pour pouvoir assumer sans défaillance un pareil rôle, qui suppose qu'on soit constamment celui qui donne et gratifie.

Cette solution, toute provisoire, apparaît d'abord
idéale au malade en état de transfert. Mais, avec le
temps, elle détermine elle aussi un arrêt de la vie et un
piétinement, qui se révèlent rapidement aussi graves et
préjudiciables que le conflit névrotique initial; en
somme, rien n'a encore été fait dans le sens d'un véritable dénouement, le conflit simplement déplacé, reporté,
projeté, ayant fait, autrement dit, l'objet de ce qu'on a
appelé un transfert[1]. Toutefois, un transfert réussi peut
faire disparaître – au moins de façon temporaire – tout
le tableau symptomatique de la névrose; c'est pourquoi,
de façon parfaitement légitime, Freud a discerné dans
le transfert un facteur thérapeutique de première
dignité; c'est un état simplement provisoire et transitoire, de bon présage, annonciateur de possibilité de
guérison, sans être lui-même en soi la guérison[2].

1. Voir C. G. JUNG, *Psychologie du transfert*, traduction de Yves Le
Lay en préparation, à paraître chez Buchet-Chastel, Paris (N. d. T.)
2. Le transfert (faisons abstraction du transfert négatif) est d'un bon
pronostic, car s'il détermine une complication relationnelle momenta-
née, il témoigne du fait que toute la masse conflictuelle est encore
mobilisable : les structures psychiques du sujet ne sont donc point encore
sclérosées outre mesure; des possibilités plastiques du caractère et des
capacités évolutives demeurent. En outre, le transfert assurera un bon
contact affectif, un rapport de patient à médecin qui sera le vecteur
dynamique du traitement; finalement, l'analyse du transfert permettra
au sujet de rappeler à lui et de réintégrer en lui les éléments épars de son
psychisme (N. d. T.).

Cette digression un peu circonstanciée m'a semblé indispensable pour faire comprendre mon exemple : ma malade était en plein transfert et avait atteint cette limite supérieure de tolérance où l'arrêt et le piétinement qu'entraîne la fixation commencent à devenir désagréables.

De sorte que nous nous heurtions à la question suivante : et maintenant, que faire pour continuer à aller de l'avant ? Naturellement, dans l'esprit de ma malade, j'étais devenu pour elle, au suprême degré, son sauveur, et l'idée qu'elle pourrait devoir me quitter, se passer de moi, m'abandonner, lui semblait non seulement insupportable, mais effrayante. En pareille situation, le « bon sens » a l'habitude d'appeler à la rescousse tout l'arsenal du répertoire et toutes les locutions du genre : « Tu devrais, c'est tout simple, tu vois bien qu'il te faut... », « tu ne peux donc pas... », etc. Dans la mesure où le sain bon sens n'est heureusement ni par trop rare, ni par trop inefficace (je sais qu'il existe des pessimistes), il peut se faire qu'une motivation raisonnable, en cet état de transfert dispensateur de bien-être, déclenche un tel enthousiasme chez le patient qu'il accepte de risquer, grâce à une décision énergique de sa volonté, un sacrifice douloureux. Si cette opération réussit (et en fait une telle opération réussit parfois), le sacrifice assumé aura pour fructueux résultat que le sujet, qui était jusqu'alors un malade, bascule soudain en quelque sorte dans un état où il est pratiquement guéri. Le médecin en général se trouve si satisfait et si joyeux de ce petit miracle que les considérations et les réserves théoriques que celui-ci pourrait susciter sont délibérément écartées de son esprit.

Quand ce sursaut de raison, véritable rétablissement à la force du poignet ou saut dans l'inconnu, ne réussit pas – et ma malade ne put s'y résoudre – on se voit

confronté avec ce grave problème qu'impose *le détachement du transfert*. Sur ce point, la théorie
« psychanalytique » freudienne s'entoure de grandes
obscurités. Il semble qu'on s'en remette à une téné-
breuse croyance en la destinée : d'une façon ou d'une
autre, les choses doivent s'arranger et rentrer dans l'ordre. « Ça s'arrête tout seul quand la malade n'a plus
d'argent », m'expliqua une fois un confrère quelque
peu cynique. Ou bien ce sont les exigences inéluctables
de la vie qui rendent impossible une perpétuation de
cet état de transfert; ces exigences *imposeront* alors le
sacrifice auquel le malade n'a pas su consentir librement. Mais cela peut entraîner, à l'occasion, une
rechute plus ou moins totale. (Bien entendu, il ne faut
pas chercher de descriptions de pareils cas dans les
livres dont le seul objet est l'encensement de la psychanalyse !)

Assurément, il est des cas sans espoir où, tout simplement, rien n'agira, et où tous les efforts déployés
seront inefficaces. Mais il est aussi des patients qui ne
devraient pas demeurer embourbés dans l'ornière du
transfert, dont ils doivent pouvoir sortir sans amertume
et sans l'équivalent de l'amputation d'un bras, d'une
jambe, c'est-à-dire sans le délabrement d'une partie
d'eux-mêmes. Et, précisément dans le cas de notre
malade, je me suis dit qu'il devait exister une voie,
possible, claire et humainement digne, susceptible de
la conduire au-delà de cette impasse et de l'expérience
de celle-ci vers une intégralité et une conscience totale
d'elle-même. Bien entendu, ma malade avait depuis
longtemps épuisé ses moyens financiers (à supposer
qu'elle en eût jamais possédé), mais j'éprouvai la curiosité d'explorer et de connaître les détours et les labyrinthes qu'élirait la nature pour promouvoir un dénoue-

ment satisfaisant de la fixation, du piétinement et de l'arrêt dus au transfert.

Comme je suis bien loin de m'imaginer détenir ce fameux « bon sens » qui prétend savoir exactement dans chaque situation embrouillée ce qu'il importerait précisément de faire, et comme ma malade était dans un embarras qui n'égalait que le mien, je lui proposai de considérer au moins ces frémissements, ces murmures, ces mouvements intérieurs provenant des sphères psychiques soustraites à notre intentionnalité et à nos prétentions de toujours posséder la science infuse : il s'agissait donc en premier lieu de prêter attention à ses rêves et de les étudier.

Les rêves[1] renferment des images, des constructions et des enchaînements d'idées qui ne sont point fabriqués à grands coups d'intentions conscientes. Ils prennent naissance spontanément sans que le Moi – la personnalité consciente[2] – y contribue, et ils constituent et expriment ainsi une activité psychique soustraite à l'initiative et à l'arbitraire du conscient. C'est pourquoi le rêve est un produit naturel de la psyché, une émanation dotée au suprême degré d'objectivité; on est donc en droit d'attendre de lui, à tout le moins, des allusions et des indications relatives à certaines tendances fondamentales intervenant dans le processus psychique en cours. La vie psychique, dans son processus évolutif – comme tout processus vivant d'ailleurs –, n'est pas simplement un déroulement conditionné de façon causale; elle est aussi une démarche orientée vers une certaine

---

1. Pour plus de détails, voir C. G. JUNG : *L'homme à la découverte de son âme*, ouv. cité; *Psychologie de l'inconscient*, Librairie de l'Université, Genève, 3e éd., 1973; *La Guérison psychologique*, Librairie de l'Université, Genève, 1953, 2e éd., 1970 (préfaces et adaptations du docteur Roland Cahen) (N. d. T.).
2. Voir une définition plus complète du Moi selon Jung dans la note 1 de la page 47 (N. d. T.).

fin, à laquelle elle tend; la vie est aussi finalité; elle présente un aspect téléologique; dès lors, on est en droit d'attendre du rêve, qui n'est rien d'autre qu'une auto-description du processus psychique vital, des indices, d'une part sur l'enchaînement causal objectif et, d'autre part, sur des tendances finalistes tout aussi objectives.

En nous appuyant sur cette hypothèse de travail, nous nous mîmes, ma malade et moi, à observer ses rêves avec le plus grand soin. Rapporter intégralement tous les rêves qui apparurent alors nous entraînerait trop loin. Contentons-nous d'esquisser leurs principaux caractères : les rêves, dans leur majorité, se rappor-taient à la personne du médecin, c'est-à-dire que les acteurs en étaient incontestablement la rêveuse elle-même et le médecin. Mais ce dernier y apparaissait rarement sous son aspect réel; la plupart du temps, il était singulièrement défiguré. Tantôt il avait une taille démesurée, tantôt il était vieux comme Hérode, tantôt il ressemblait au père de ma patiente, et il était alors étrangement mêlé à des éléments de la nature, tel dans le rêve suivant :

Le père de la malade (qui était en réalité de petite taille) se trouvait avec elle sur une colline couverte de champs de blé. Comparée à lui, qui semblait un géant, la rêveuse était toute petite. Il la prit dans ses bras et la porta comme un petit enfant. Le vent souffla sur les épis et le père la berça au rythme des blés ondoyant sous la brise.

Des rêves de cette nature nous apprirent plusieurs choses : j'eus tout d'abord l'impression que l'incons-cient de ma malade continuait de façon inébranlable à faire de moi un père-amant, ce qui une fois de plus, manifestement, confirmait de la façon la plus expresse la fixation catastrophique qu'il s'agissait de dénouer. Ensuite, on ne pouvait pas ne pas voir que son incons-

cient soulignait de façon toute particulière la nature
surhumaine, quasiment « divine » dudit père-amant, ce
qui donnait encore plus de relief à la surestimation
qu'entraînait le transfert. Pour finir, je me demandai
donc si la malade ne percevait toujours pas l'irréalité
fantastique de son transfert et si, en fin de compte,
l'inconscient ne demeurait pas réfractaire à toutes les
tentatives de compréhension, continuant aveuglément
et avec la plus parfaite stupidité à courir après une
chimère impossible et insensée. La pensée de Freud
selon laquelle « l'inconscient ne sait que désirer », celle
de Schopenhauer relative à la « volonté originelle,
aveugle et errante », l'image du démiurge gnostique
qui, dans sa vanité, se croyant parfait, continue de
créer, aveugle et borné, des œuvres lamentablement
imparfaites, tous ces soupçons pessimistes m'assailli-
rent, et je fus entraîné à me demander si le fond même
du monde et de l'âme n'a pas essentiellement un aspect
négatif. Dans une telle éventualité, il ne serait resté rien
d'autre qu'à se rabattre sur le sage conseil « Tu dois, il
te faut », accompagné d'un bon coup de hache qui eût
anéanti à jamais tous ces fantasmes et toutes ces chimères.

Mais, laissant à nouveau défiler dans mon esprit
cette série de rêves, et méditant sur leur portée possible,
une autre signification se présenta à mon esprit. Je me
dis : il est indéniable que les rêves continuent à broder
sur les mêmes thèmes et à nous rebattre les oreilles des
métaphores qui ne nous sont que trop connues, à ma
malade et à moi. Or, autre fait indéniable, la malade
comprend indubitablement, au moins dans son conscient, l'aspect fantastique de son transfert. Elle se rend
compte que j'apparais dans ses nuits sous la forme
semi-divine d'un père-amant et elle est en état, au
moins intellectuellement, de discerner cette image oni-

rique qui la hante de ma réalité concrète. Les rêves
répètent manifestement ses contenus conscients, à ceci
près et c'est l'essentiel, qu'ils y sont dépouillés de toute
la critique qui s'exerce dans le conscient, critique à
laquelle les rêves se ferment opiniâtrement; les rêves
dans ce cas répètent donc les contenus conscients, mais
en les amputant d'une partie de leur totalité et en substituant la perspective fantasmatique aux exigences du
bon sens.

Je me demandais naturellement d'où venaient cette
obstination, cette persistance, cette « persévération »,
et à quoi visait pareille opiniâtreté. J'avais la ferme
conviction qu'elles devaient relever de quelque signification finale, puisqu'il n'est d'objet vivant qui soit
dépourvu de finalité, ou qui, en d'autres termes, se
trouve suffisamment expliqué si on ne voit en lui que
des survivances de données antérieures. Or, l'énergie
inhérente à ce transfert était d'une telle intensité qu'elle
donnait l'impression de n'être rien de moins qu'un instinct vital. Quel pouvait donc être le but de semblables
fantasmes ? En me remettant avec le plus grand soin
face à ces rêves pour les analyser, notamment celui que
j'ai rapporté, force me fut de constater une tendance
formelle à parer la personne du médecin d'attributs
surnaturels – tout à l'opposé de la critique consciente
qui cherchait à le ramener à des proportions humaines
– et à voir en lui un être de taille gigantesque, vieux
comme le monde, plus grand que le père, comparable
au vent qui frôle la terre. Les rêves ne voulaient-ils pas
tout simplement, en dépit du paradoxe que cela constituait, diviniser le médecin ?

Et dès lors la lumière se fit dans mon esprit : les
choses n'étaient-elles pas à l'inverse de ce que nous
avions pensé jusque-là ? L'inconscient ne tentait-il pas
de *créer*, de toute pièce, un dieu à partir de la personne

du médecin, de libérer et d'abstraire, en quelque sorte, une image, une conception du divin dégagée des voiles personnels du concret et de l'individuel ? A ce point de mes réflexions, il m'apparut tout à coup que le transfert sur la personne du médecin semblait bien n'être qu'un malentendu, une fausse cristallisation du conscient, une sotte plaisanterie du fameux « bon sens »[1]. L'inconscient, dans son impulsion, ne tendait-il qu'en apparence et au sens strict des mots, pour la forme, vers une personne humaine alors qu'en fait il tendait à trouver un dieu ? Une *passion* jaillissant de la nature instinctive la plus vierge, la plus obscure, la plus profonde, serait-elle donc déchaînée par le besoin, la faim d'un dieu ? Et cette passion peut-elle être plus forte et plus impérieuse que l'amour pour un être humain ? Est-ce là le sens suprême et le plus authentique de cet amour inadéquat que l'on appelle transfert ? Ne rencontrons-nous point là une composante de cet « amour de Dieu » véritable qui, depuis le XVe siècle, a disparu de la conscience occidentale ?

Personne ne révoquera en doute la réalité du désir ardent, de la concupiscence passionnée qui porte un être de chair vers un autre être; mais que, dans le cadre de la consultation médicale, surgisse brusquement, en une vivante réalité, qu'incarnerait la figure prosaïque du médecin, un thème de psychologie religieuse tombé depuis longtemps dans l'histoire, pour ainsi dire une curiosité datant du Moyen Age – que l'on songe par exemple à Mechthilde de Magdebourg –, ce rapprochement, cette trouvaille semblent d'abord trop inattendus, trop fantastiques pour qu'on les prenne au sérieux.

Cependant, une attitude vraiment scientifique doit

---

1. Qui, débordé par les gestations sous-jacentes, glisse à son insu dans les registres projectionnels (N. d. T.).

s'efforcer de surmonter les préjugés; et le seul critère de la validité d'une hypothèse, c'est sa valeur d'explication. La question est donc de savoir si la possibilité que nous venons d'entrevoir peut être considérée comme une hypothèse valable. A priori, on ne distingue pas de motif qui exclurait que les tendances inconscientes endormies dans un être puissent reconnaître un but auquel elles aspirent, et qui serait situé par-delà la personne humaine. Cette hypothèse me semble aussi plausible que celle selon laquelle l'inconscient « ne peut que désirer ». Seule l'expérience doit décider, et de façon souveraine, laquelle de ces hypothèses est la mieux fondée.

Ma malade, esprit très critique, n'arrivait pas à se familiariser avec mon hypothèse, car notre interprétation antérieure, selon laquelle j'étais son père-amant et à ce titre l'incarnation idéale, la solution rêvée de son conflit, exerçait sur son sentiment une attirance beaucoup plus grande. Néanmoins, ses facultés de penser étaient assez affirmées, son entendement suffisamment clair pour qu'elle puisse envisager la possibilité théorique d'une telle hypothèse.

Pendant que ses rêves continuaient à hypertrophier la personne du médecin et à le désincarner en des proportions toujours plus inaccessibles, parallèlement, et en liaison avec ce processus, apparut un phénomène nouveau, que seul au début et à mon grand étonnement, je discernai, et qui en quelque sorte évidait et sapait de façon souterraine son transfert. Quoique, dans son conscient, ma patiente restât toujours cramponnée et agrippée à son transfert, je constatai que ses relations avec un de ses amis s'approfondissaient à vue d'œil. Et lorsque vint le moment de notre séparation, celle-ci ne provoqua en aucun manière un désastre; nos adieux furent très raisonnables.

Ainsi j'avais eu le privilège d'être le seul témoin de ce processus de détachement progressif et de liquidation du transfert. J'avais pu constater comment, à partir d'un point de mire transpersonnel, s'était cristallisée, développée, affirmée une fonction que je ne puis appeler autrement que *fonction dirigeante*[1], et qui, pas à pas, attira à elle et assuma tous les éléments de surestimation personnelle dont j'étais précédemment le réceptacle; ce retrait des projections conféra petit à petit à la fonction devenue dirigeante un flux, un apport d'énergie tel qu'elle prit, sans que ma malade s'en rendît clairement compte, de plus en plus d'ascendant sur le conscient réfractaire. Cet exemple, à côté de beaucoup d'autres, me montre que les rêves ne sont pas de simples et vains fantasmes, mais qu'ils sont l'autoreprésentation de développements inconscients qui per-

---

1. Il ne faudrait pas confondre *fonction dirigeante* avec fonction principale (ou privilégiée) dont il a déjà été question (cf. n. 1, p. 27). La richesse des éléments constitutifs de la psyché et la découverte de l'évolution de celle-ci contraignirent Jung, tandis qu'il progressait dans leur analyse, à délaisser ou à modifier certains termes qui prêtaient à confusion – il s'en rendait compte et le précisa parfois. *Fonction dirigeante* mettait l'accent sur le fait que l'inconscient, dans certaines situations, en particulier quand le conscient est en état de confusion, se montre capable d'assumer en quelque sorte la conduite des événements, suppléant ainsi au conscient et à sa carence. Mais ce terme, datant des premiers travaux de Jung, sera remplacé par *fonction transcendante* (cf. dans ce même ouvrage, p. 241 et ss. rédigées ultérieurement).

En adoptant ce dernier terme, Jung entendit préciser que la contribution qu'apporte l'inconscient se fait dans le sens d'une intégration du rationnel et de l'irrationnel. Toutefois, cette nouvelle expression ne le satisfera qu'à demi, notamment quand il s'apercevra qu'elle possède une acception précise en sciences mathématiques. Et il aura finalement tendance à ne plus guère l'employer, conservant et développant au contraire la notion de *processus d'individuation* qui a l'avantage d'englober ce que sous-entendaient les expressions antérieurement adoptées.

Dans les éditions en langue allemande, une brève note de l'auteur renvoie à l'article « symbole » dans *Types psychologiques*. Ajoutons que le lecteur trouvera là (p. 475), ainsi que dans plusieurs autres passages de cet ouvrage déjà cité, des considérations importantes sur la *fonction transcendante* (N. d. T.).

met à la psyché du sujet de mûrir lentement, de grandir et de dépasser le caractère inadéquat de certaines liaisons personnelles[1].

Comme j'ai essayé de le montrer, le changement dans l'état d'esprit de ma malade fut catalysé par l'apparition, dans son inconscient, d'un point de mire transpersonnel; celui-ci constituait en quelque sorte un but virtuel; il s'exprimait symboliquement sous une forme que l'on ne peut que dénommer image ou concept de Dieu[2]. Pour lui donner vie, les rêves de la malade n'hésitèrent point à défigurer la personne humaine du médecin et à lui conférer des proportions supra-humaines, à en faire un géant, un père vieux comme le monde, qui est aussi le vent, et dans les bras duquel elle reposait, bercée comme un bébé.

Si, à titre d'objection, on voulait chercher l'origine de l'image de Dieu telle qu'elle apparut en rêve à ma patiente dans la représentation consciente qu'elle-même (élevée chrétiennement) s'en faisait, la déformation subie saute tout de suite aux yeux. En matière religieuse, notre malade avait une attitude critique et agnostique. Sa représentation d'une entité divine possible avait depuis longtemps atteint à la sphère de l'irreprésentable, c'est-à-dire à la plus totale abstraction. Or, dans le rêve, au contraire, l'image de Dieu correspond à la représentation archaïque d'un génie de la nature, d'un Wotan par exemple.

La formule « Dieu est esprit »[3] se trouvait retrans-

---

1. C'est pourquoi nous faisons appel au rêve pour aider un malade à remettre de l'ordre dans son réseau projectionnel : celui-ci commande en effet à son réseau relationnel. Nous savons aujourd'hui que, dans la vie courante, réseau relationnel et réseau projectionnel ne sont pas séparables (N. d. T.).
2. Voir C. G. JUNG, *Psychologie et Religion*, trad. de Marthe Bernson et Gilbert Cahen, Buchet-Chastel, Paris, 1958 (N. d. T.).
3. Πνεῦμα ὁ Θεός (Evangile selon saint Jean, IV, 24).

crite dans sa forme grecque originelle, où l'esprit est exprimé par le mot *pneuma* qui signifie le « vent ». Ce qui nous amène à l'image suivante : Dieu est le vent, un souffle invisible, plus puissant et plus fort que l'homme. De même qu'en hébreu, le mot arabe *ruh* signifie « respiration » et « esprit »[1]. Ainsi les rêves, par-delà une forme personnelle, insistent sur une image archaïque de Dieu qui est aux antipodes de la notion conceptuelle et consciente. Certes, on pourrait objecter qu'il s'agit simplement d'une image puérile, réminiscence de l'enfance. Je serais même en faveur de cette supposition s'il avait été question par exemple d'un vieillard vénérable, assis au Ciel sur un trône doré. Or, précisément, il ne s'agit pas d'une telle sentimentalité, mais d'une *évocation primitive* qui ne peut correspondre qu'à une forme d'esprit archaïque.

J'ai publié dans mon livre *Métamorphoses de l'âme et ses symboles* un grand nombre d'exemples de ces images primitives (qui tenaient lieu de conception); elles incitent à procéder à une répartition des matériaux inconscients différente de la distinction habituelle en matériaux « préconscients » et « inconscients » ou « subconscients » et « inconscients ». Je ne veux pas ici discuter de la légitimité de ces répartitions. Chacune a certainement sa valeur et mérite d'être conservée. La différenciation particulière à laquelle l'expérience m'a contraint n'a que la prétention et la valeur d'exister et d'ouvrir une nouvelle perspective.

De ce qui précède découle la nécessité de distinguer dans l'inconscient en quelque sorte une couche, un plan, que l'on peut dénommer *l'inconscient personnel*. Les éléments psychologiques, les matériaux qui y figu-

1. Voir dans C. G. JUNG, *Métamorphoses de l'âme et ses symboles* (ouv. cité), l'index au mot « vent » (N. d. T.).

rent doivent être considérés comme de nature personnelle dans la mesure où ils ont le caractère d'acquisitions de l'existence individuelle; corollaire; ils ont ce
trait que, par nature, ils pourraient tout aussi bien être
conscients.

Certes, il est d'une part compréhensible que les facteurs psychologiques incompatibles avec les dominantes du conscient soient soumis au refoulement, et qu'en
conséquence ils deviennent inconscients; mais, d'autre
part, on conçoit la possibilité que ces mêmes contenus
refoulés[1] soient rendus conscients, puis maintenus dans
le conscient dès qu'ils ont été dépistés et reconnus.

Nous identifions des matériaux comme relevant de
l'inconscient personnel à ce que leur provenance, leur
apparition ou leur efficacité procèdent d'un lien quelconque avec le passé personnel du sujet. Ils sont partie
intégrante de la personnalité, ils appartiennent de
façon nécessaire à l'inventaire de ses éléments constitutifs. Cela est si vrai et si important que, lorsque ces
éléments viennent à manquer dans le conscient, cette
défaillance, qui peut résulter des circonstances et des
mécanismes les plus variés, entraîne une sensation d'infériorité; et cette infériorité n'a pas le caractère psychologique d'une déficience organique ou d'une infirmité
congénitale; *elle a bien plus le caractère d'une carence,
d'un vide, d'un manque qui engendre un sentiment dit
d'infériorité et un ressentiment d'ordre moral.* Un sentiment d'infériorité que le sujet éprouve douloureuse-
ment sur le plan moral indique toujours que l'élément
manquant est un facteur qui, au fond, et pour le sentiment du sujet, ne devrait pas faire défaut; *en d'autres
termes, qu'il pourrait et devrait être conscient si le sujet*

---

1. A propos du refoulement, voir C. G. Jung : *Psychologie et
Religion*, ouv. cité (N. d. T.).

s'en donnait la peine. Le sentiment d'une infériorité morale ne provient pas d'un désaccord avec la loi morale commune qui, dans un certain sens, est arbitraire, mais il provient du conflit de l'individu avec lui-même, avec son Soi[1], qui réclame impérieusement, pour des motifs d'équilibre de la psyché, que soient comblés les déficits et les lacunes obscurément perçus, inconsciemment conscients. *Chaque fois que surgit un sentiment d'infériorité, non seulement celui-ci indique l'exigence dans le sujet d'assimiler un facteur jusque-là inconscient, mais il indique aussi la possibilité de cette assimilation.*

En dernière analyse ce sont les qualités morales d'un être qui l'amènent et l'obligent – soit directement par la connaissance et l'acceptation de la nécessité, soit indirectement à travers une névrose douloureuse – à assimiler son Soi inconscient et à le maintenir conscient. Quiconque progresse sur la route de la réalisation de son Soi, inconscient, rendra nécessairement conscients les contenus de l'inconscient personnel, ce qui élargira considérablement l'étendue, les horizons et la richesse de la personnalité. Soulignons tout de suite que cet « élargissement » concerne au premier chef la conscience morale et la connaissance de soi-même; car les contenus de l'inconscient que l'analyse libère et qui passent dans le conscient sont, en règle générale, tout d'abord des contenus désagréables, qui comme tels ont été refoulés : souvenirs, désirs, tendances, projets, etc. Ce sont des contenus que, par exemple, une confession générale, sincère, évoquerait de façon analogue, quoique dans une mesure bien moindre. Au-delà de ce que la confession peut apporter et livrer, c'est en général

1. Le Soi est l'ensemble complexe de la personnalité englobant le conscient et l'inconscient. Voir p. 115-116, 255, 259 et les notes des pages 47 et 152 (N. d. T.).

l'analyse des rêves qui permettra d'aller plus avant et plus profond. Il est souvent très intéressant de voir comment les rêves amènent au jour et rendent actuels les éléments les plus essentiels, point par point, morceau par morceau, en un choix souvent déconcertant de finesse, selon une sélection et une gradation éminemment subtiles. Tous ces éléments psychologiques, lorsqu'ils sont venus s'adjoindre au conscient, déterminent un élargissement considérable de l'horizon, une connaissance approfondie de soi-même. Il y aurait lieu d'en attendre que, par excellence, elle soit apte à susciter dans l'être de la modestie et susceptible de l'humaniser. Mais la connaissance de soi-même, elle aussi, dont tous les sages escomptent les meilleurs effets, agit diversement sur les différents caractères et selon ces caractères. On peut, au cours de la pratique analytique, faire à ce propos les constatations les plus singulières. Nous y reviendrons au second chapitre.

Mais, comme l'a montré mon exemple de la représentation archaïque de Dieu, l'inconscient semble détenir des éléments autres que les simples acquisitions de la vie personnelle. Ma malade était parfaitement ignorante et inconsciente de la filiation philologique ou du parallélisme existant dans l'allemand, sa langue maternelle, entre le mot esprit (*Geist*) et le mot vent (*Wind*). Cette correspondance ne lui avait jamais été enseignée et ne lui était jamais venue à l'idée. Le passage qui s'y rapporte dans le Nouveau Testament, τὸ πνεῦμα πνεῖ ὅπου Θελει[1], lui était impénétrable car elle ne possédait pas le grec. Nous pourrions nous trouver – voudrait-on

---

1. « Le vent souffle où il veut ;
   « tu entends sa voix,
   « mais tu ne sais ni d'où il vient ni où il va.
   « Ainsi en est-il de quiconque est né de l'Esprit. »
Evangile selon saint Jean, III, 8 (L'entretien avec Nicodème).

à toute force qu'il se soit agi d'une acquisition personnelle – en présence de ce que l'on a appelé une cryptomnésie[1], c'est-à-dire du souvenir inconscient d'une
pensée que la rêveuse aurait lue ou happée un beau
jour, par hasard. Je ne puis, dans le cas qui nous
occupe, invoquer d'objection contre une pareille possibilité. Mais j'ai vu suffisamment d'autres cas – j'en ai
publié un grand nombre dans les *Métamorphoses de
l'âme et ses symboles* – où la cryptomnésie peut être
exclue avec certitude. D'ailleurs, même si, dans notre
cas, il s'agissait d'une cryptomnésie – ce qui me semble
bien improbable – il resterait encore à expliquer la
disposition préexistante en vertu de laquelle précisément l'image en question fut sélectionnée et resta fixée,
pour être ultérieurement, selon l'expression de Semon,
« exphorée[2] ».

De toute façon, avec ou sans cryptomnésie, il s'agit
d'une image authentique et profondément primitive de
Dieu, qui se développa dans l'inconscient d'une créature moderne et qui y exerça une efficacité vivante, une
efficacité qui, du point de vue de l'histoire des religions, donne beaucoup à penser. Dans cette image, je
ne discerne rien de « personnel » : *c'est une image
entièrement collective* dont l'existence ethnique nous
est connue depuis longtemps. Et nous sommes bien
obligés de nous dire que cette image de Dieu, qui a une
existence historique et une répartition universelle, s'est
trouvée reformée et reconstituée par la psyché, dans

Dans *La Sainte Bible* (traduite en français sous la direction de
l'Ecole biblique de Jérusalem, Ed. du Cerf, Paris, 1956), il est précisé
dans la note *g* : « En grec comme en hébreu, le même mot désigne le
vent et l'Esprit. » (N. d. T.).

1. Théodore FLOURNOY, *Des Indes à la planète Mars. Etude sur un
cas de somnambulisme avec glossolalie*, 1900, et C. G. JUNG, *supra*,
p. 17, n. 3.

2. Précisément dans cette situation et à ce moment (N. d. T.).

son fonctionnement naturel; cela n'offre en soi rien de miraculeux puisque ma malade est venue au monde avec un cerveau humain qui fonctionne aujourd'hui probablement encore de la même façon que ceux des antiques peuplades germaniques.

Il s'agit donc d'un *archétype* revivifié, selon l'expression que j'ai proposée ailleurs pour désigner ces images originelles[1]. C'est le vieux mode de penser primitif et analogique vivant encore dans nos rêves qui nous restitue ces vieilles images ancestrales. Il ne s'agit d'ailleurs point de représentations héritées, mais de structures congénitales qui polarisent le déroulement mental dans certaines voies[2].

En présence de tels faits, nous sommes bien obligés de supposer et d'admettre que l'inconscient détient, non seulement des matériaux personnels, mais aussi des facteurs impersonnels, collectifs, sous forme de catégories héritées[3] et d'archétypes[4]. J'ai donc émis l'hypothèse que l'inconscient renferme, disons dans ses couches profondes, des matériaux collectifs relativement vivants et agissants, et c'est ainsi que j'ai été amené à parler d'un inconscient collectif.

1. Voir *Types psychologiques*, ouv. cité, p. 370 et 434, et *Problèmes de l'âme moderne*, ouv. cité, p. 26 (N. d. T.)
2. D'où l'absurdité du reproche d'« élucubration mystique » par lequel on a voulu clouer au pilori ma conception.
3. HUBERT et MAUSS, *Mélanges d'histoire des religions*, Alcan, Paris, 1909, p. XXIX.
4. Les archétypes sont des manières de complexes innés, des structures préformées de notre psychisme, que viendront meubler et animer les matériaux de l'expérience individuelle (N. d. T.).

II

Les conséquences
de l'assimilation de l'inconscient

L'assimilation de l'inconscient est un processus qui entraîne et détermine des phénomènes inattendus et singuliers : au cours de la prise de conscience de leurs matériaux inconscients, certains sujets édifient une conscience d'eux-mêmes et un sentiment de leur Moi[1] qui ont quelque chose de provocant et qui, s'affichant de façon désagréable, frappent l'entourage par leur aspect excessif; ils savent tout et se prétendent totalement avertis de ce qui se fomente dans leur inconscient. Ils se croient parfaitement au courant de ce qui en surgit et se montrent à chaque séance plus sûrs d'eux-mêmes, prétendant en savoir plus long que le médecin.

D'autres sujets, au contraire, s'assombrissent, se dépriment; ils se sentent comme écrasés par les contenus de l'inconscient. Le sentiment qu'ils ont d'eux-

---

1. Mais qu'est-ce que le Moi ? Jung le définit ainsi : « J'entends par Moi un complexe de représentations formant, pour moi-même, le centre du champ conscienciel, et me paraissant posséder un haut degré de continuité et d'identité avec lui-même... Mais le Moi n'étant que le centre du champ conscienciel ne se confond pas avec la totalité de la psyché; ce n'est qu'un complexe parmi beaucoup d'autres. Il y a donc lieu de distinguer entre le Moi et le Soi, le Moi n'étant que le sujet de ma conscience, alors que le Soi est le sujet de la totalité de la psyché, y compris l'inconscient. » (*Types psychologiques*, ouv. cité, p. 456.) (N. d. T.).

mêmes, leur assurance s'amenuisent et ils ne savent que regarder avec une morne résignation tous les éléments extraordinaires que crée leur inconscient.

Cela revient à dire que les premiers, dans l'euphorie de la confiance en eux-mêmes, assument au sujet de leur inconscient une responsabilité qui va beaucoup trop loin, outrepassant leurs possibilités réelles, alors que les seconds laissent tomber les bras, renonçant finalement à assumer quoi que ce soit d'eux-mêmes, comme fascinés par la révélation écrasante de l'impuissance du Moi en face de la toute-puissance d'une fatalité agissant, tel un destin, dans et à travers l'inconscient.

Mais, si nous considérons à la lumière de l'analyse ces deux façons extrêmes de réagir, nous trouvons que derrière la confiance optimiste des premiers se cache un désarroi tout aussi profond que chez les seconds, sinon plus profond encore, désarroi que l'optimisme conscient des premiers a pour mission de camoufler et de compenser vaille que vaille. Quant à la résignation morose et pessimiste des seconds, elle recouvre mal une volonté impénitente de domination qui, en fait d'assurance et d'affirmation impudente de soi-même, surpasse de très loin l'optimisme conscient des premiers.

En décrivant ces attitudes réactives, j'ai voulu désigner grossièrement les extrêmes. Une discrimination plus fine des nuances donnerait une idée plus juste de la réalité et la serrerait de plus près. Comme je l'ai montré ailleurs[1], chaque analysé abuse tout d'abord des connaissances toutes neuves qu'il vient d'acquérir, les utilisant pour servir son attitude névrotique anormale et avec le secret désir d'en permettre la perpétua-

1. Voir C.G. JUNG, *L'homme à la découverte de son âme* (ouv. cité) (N. d. T.).

tion – à moins qu'il ne soit dès les stades du début à tel
point guéri de ses symptômes qu'il puisse échapper
à la continuation de la thérapeuthique. Cette
« persévération » est facilitée essentiellement par la
circonstance qu'au début tous les éléments sont inter-
prétés, compris et assimilés par le patient *sur le plan de
l'objet*[1], c'est-à-dire sans que l'objet extérieur soit différencié de l'*imago*, image intérieure correspondante :
tout est compris dans une interrelation immédiate et
sans nuances avec l'objet.

Quiconque (l'extraverti) est essentiellement polarisé
par « les autres », quiconque ayant « les autres »
pour unique objet de prédilection et de préoccupation
ne s'occupe donc que des « autres » – conclura de tout
ce qu'il dut et put s'approprier durant cette partie de
son analyse en fait de connaissance de soi-même :
« Ainsi donc, voilà comment sont... les autres. » Et chacun à sa façon, avec ou sans tolérance, éprouvera à ce
stade qu'il est normalement obligé d'apporter des
lumières nouvelles à l'humanité et de faire part au
monde de sa révélation.

Par contre, l'autre (l'introverti), qui a le sentiment
d'être bien plus l'objet de ses semblables qu'ils ne sont
le sien, va se laisser accabler par ces connaissances
nouvelles et, corollairement, va se déprimer (je fais
naturellement abstraction du grand nombre d'êtres qui,
superficiels pour l'essentiel, sont à peine effleurés par
le sérieux de ces problèmes).

Dans les deux cas extrêmes envisagés, l'interrelation
avec l'objet se fortifie, pour le premier dans un sens
actif, pour le second dans un sens réactif. Il se produit
ainsi un renfoncement manifeste de l'incidence collec-

1. Voir C.G. JUNG, *Psychologie de l'inconscient* et *La Guérison psychologique* (ouv. cités) (N. d. T.).

tive. Le premier étend la sphère de son action, le second la sphère de sa réaction douloureuse.

A. Adler a proposé l'expression de « ressemblance avec Dieu » (Gottähnlichkeit) pour désigner certains traits fondamentaux de la frénésie névrotique de puissance.

Si j'utilise également ici ce terme, que j'emprunte au *Faust*, je le fais dans le sens du célèbre passage au cours duquel Méphisto écrit dans l'album de l'étudiant[1] et murmure en aparté :

Suis maintenant ce vieil adage de mon cousin le Serpent :
Pour sûr, quoique fait à l'image de Dieu, tu connaîtras la crainte[2] !

La « ressemblance avec Dieu » concerne, cela saute aux yeux, le savoir en général et la connaissance du bien et du mal. L'analyse et la prise de conscience de contenus inconscients font qu'il se crée chez l'analysé une certaine tolérance, née d'une surélévation de la façon d'envisager les choses; cette tolérance, à son tour, aide à accepter et à digérer des chapitres et des secteurs relativement indigestes de la caractérologie inconsciente. Cette tolérance, parfois, revêt des allures de grande supériorité et de grande sagesse, alors qu'elle n'est souvent qu'un beau geste, mais qui ne va pas sans entraîner de conséquences. Car il s'agit du rapprochement et de la fusion de deux sphères qui jusque-là étaient anxieusement maintenues séparées l'une de l'autre, la sphère consciente et la sphère inconsciente.

1. Il écrit : *Eritis sicut Deus, scientes bonum et malum* (Vous serez semblables à Dieu, connaissant le bien et le mal).
2. *Faust*, I, scène du Cabinet de travail. Trad. Lichtenberger, Editions Montaigne, Paris, 1932.

Après avoir surmonté des résistances qui n'étaient pas minces mais singulièrement coriaces et retorses, l'unification des contraires est en bonne voie, au moins sur le plan des conceptions. La connaissance plus approfondie, le rapprochement cohérent d'éléments précédemment séparés et dissociés de soi-même, l'impression d'avoir ainsi, semble-t-il, surmonté le conflit moral, donnent à une certaine catégorie de sujets un sentiment de supériorité pour lequel le terme de « ressemblance à Dieu » ne semble pas excessif.

Mais cette juxtaposition, cette proximité – oui, cette promiscuité – et cette confrontation du bien et du mal peuvent, sur un autre tempérament, avoir un tout autre effet. Tenant entre ses mains les pouvoirs du bien et du mal, un être ne se bercera pas nécessairement du sentiment qu'il est un surhomme; le cas échéant, il peut aussi bien se sentir une pauvre chose désemparée entre le marteau et l'enclume; il ne se sentira pas nécessairement Hercule au carrefour, mais peut-être bien plus coque de noix sans gouvernail entre Charybde et Scylla[1]. Et comme, sans le savoir, l'être se trouve plongé au cœur même du conflit le plus ancien et le plus immense de l'humanité, et parce qu'il vit et supporte dans la douleur le heurt de principes contradictoires et éternels, il peut avoir l'impression qu'il est Prométhée enchaîné au Caucase, ou un crucifié. Ainsi se réalise la « ressemblance à Dieu » dans la souffrance. L'expression « ressemblance à Dieu » n'a toutefois rien d'un concept scientifique, quoiqu'elle dépeigne la donnée psychologique à décrire avec on ne peut

---

1. On constate également au cœur d'un même sujet l'alternance de ces deux attitudes de puissance euphorique et de dépression; alternance, ou même présence presque simultanée, car elles constituent un couple de contraires, entre lesquels le sujet confronté avec ses problèmes doit trouver sa juste voie et sa délicate mesure (N. d. T.).

plus de pertinence. Je ne m'imagine pas non plus qu'il
est aisé pour tout lecteur de se représenter sans difficulté l'état d'esprit bien particulier qu'il faut entendre
par « ressemblance à Dieu ». D'ailleurs, cette expression est bien trop littéraire.

Efforçons-nous donc de circonscrire et de préciser
l'état en question : les connaissances qu'un sujet
acquiert en cours d'analyse lui révèlent en général
nombre de choses qui, jusqu'alors, existaient en lui à
son insu, lui étaient inconscientes. Naturellement, il va
appliquer ses nouvelles découvertes à son entourage; et
du coup il va discerner (ou s'imaginer discerner[1]) chez
autrui des facteurs, des motivations d'attitude, des
mobiles de comportement auxquels il ne pensait même
pas naguère.

1. Par cette parenthèse, Jung fait allusion au fait que l'application
par le sujet en analyse de sa jeune science, qui lui est toute neuve, peut
déterminer des perceptions objectives, vraies et valables; mais, appli-
quée à tort et à travers, ou avec un manque de recul et d'expérience,
elle peut aussi donner lieu à des interprétations abusives et purement
gratuites, ainsi qu'à des projections dénuées de tout fondement. Il faut
souvent l'expérience d'un analyste chevronné pour connaître l'infinie
diversité des âmes humaines, et pour se défier, comme il se doit, des
généralisations abusives (déjà abusives sur le plan conscient et bien
plus abusives dès que les plans inconscients sont en jeu).
  Certes, le travail analytique est inséparable d'un minimum d'interprétation. Mais celle-ci se fait en s'entourant de toutes les précautions
possibles et imaginables; au préalable elle comporte : une connaissance
biographique détaillée du sujet, une récolte minutieuse de ses contextes
associatifs, idéatifs et émotionnels, un dialogue et une dialectique inter-
personnelle, une confrontation d'un cas individuel avec d'amples
hypothèses de travail. L'analyste n'avance rien qui ne soit examiné et
pesé minutieusement et pas à pas avec son interlocuteur.
  C'est de cet ensemble de précautions et de ces prudences extrêmes –
qui ne privent cependant pas le praticien éclairé de découvertes inattendues et étrangères à toutes ses prémices, prémices dont la vertu
majeure est de laisser la confrontation humaine « ouverte » – que se
trouve démuni le sujet néophyte en cours d'analyse et qui se lance dans
une application inconsidérée à autrui de sa science toute neuve : il
manque d'abord à ses interprétations hâtives le support essentiel de la
« rencontre » avec tout ce que celle-ci peut apporter à un praticien
expérimenté.

Dans la mesure où son nouveau savoir lui a été salutaire et lui a apporté bien-être ou soulagement, il est tout prêt à le supposer également utile aux autres. Cette attente implicite le rend facilement un tantinet présomptueux, insinuant et entreprenant; et même s'il est animé des meilleures intentions, car il a le sentiment de tenir en main une clé qui ouvre de nombreuses portes sinon toutes, ce n'est pas fait pour plaire à son entourage. La psychanalyse freudienne elle-même n'échappe pas à cette inconscience naïve de ses limites, ce que l'on perçoit clairement dans sa façon de « manipuler » par exemple les œuvres d'art.

Comme la nature humaine ne se compose pas seulement de lumière, mais aussi de pas mal d'ombre, il n'y a rien de surprenant à ce que les connaissances conquises dans l'analyse pratique soient souvent quelque peu pénibles et gênantes, d'autant plus gênantes que le sujet se complaisait précédemment (comme c'est régulièrement le cas) dans des convictions et des illusions du contraire. C'est la raison pour laquelle certains sujets prennent très à cœur les nouveaux éléments de connaissance d'eux-mêmes qu'ils viennent d'acquérir; trop à cœur même, car ils en oublient qu'ils ne sont point les seuls à être pétris d'ombres et de ténèbres : ils se laissent déprimer et sont alors portés à douter qu'il y ait quoi que ce soit de valable en eux. C'est aussi pourquoi, par exemple, il existe des analystes de grande valeur et qui ont de très bonnes idées, qui ne les

---

Et pourtant, s'il est indispensable de mettre à l'occasion le patient en garde contre cette démarche, il faut bien voir que, quels qu'en soient les dangers, la lui interdire serait une grosse erreur. Car, c'est grâce à elle que souvent, de heurt en heurt et d'écueil en écueil, le sujet progressera, ramené par ses erreurs à ses propres problèmes. Et ce sera souvent dans cette tension dialectique entre lui-même et autrui que notre sujet se forgera petit à petit un instrument psychologique et humain plus valable (N. d. T.).

publient jamais parce que le problème psychique qu'ils entrevoient leur apparaît tellement monumental et écrasant qu'il leur semble presque impossible de l'enserrer dans une description scientifique.

Ainsi donc, les sujets d'un premier groupe deviennent exubérants à force d'optimisme, et ceux d'un second groupe, par pessimisme, se rétractent, découragés, et s'enferment peureusement en eux-même.

C'est à peu près sous cette forme qu'apparaît, réduite à des proportions individuelles, la grande alternative fondamentale. On peut en discerner sans difficulté l'essentiel : la superbe des uns et le découragement écrasé des autres ont en effet un dénominateur commun, *l'incertitude de leurs frontières et de leurs limites*. L'un se gonfle un peu comme la grenouille de la fable et prétend à une expansion démesurée; quant à l'autre, il se rabougrit à l'extrême. Leurs frontières individuelles effacées, volatilisées, comme devenues inexistantes, ils ne savent plus où s'arrêtent et où se limitent leur Moi et leur personnalité.

Mais les choses se compliquent encore si nous avons égard au fait qu'en fonction de la loi des compensations psychiques[1] une grande humilité n'est jamais sans s'accompagner d'une grande présomption, et qu'une grande présomption va toujours de pair avec la chute imminente. Dès lors, derrière la superbe des uns nous pouvons facilement découvrir des traits d'un sentiment craintif d'infériorité. Oui, nous découvrons même clairement une insécurité qui pousse l'exalté à prôner ses vérités, dont il est moins certain qu'il ne veut bien le dire, et à faire des prosélytes, afin qu'un groupe d'adhérents sympathisants lui garantisse pour ainsi

1. Voir C. G. JUNG, *L'homme à la découverte de son âme* (ouv. cité). (N. d. T.).

dire la valeur et le bien-fondé de ses convictions. D'ailleurs, il ne se sent pas tellement à l'aise dans la débordante richesse de ses nouvelles trouvailles humaines qu'il ait envie de rester seul à les posséder.

Au fond, du fait même de ses connaissances, il se sent en marge; et la crainte cachée qu'on ne l'y abandonne l'incite à afficher partout et en tous lieux ses opinions et ses interprétations, comme pour rester inséré dans le présent et se mettre à l'abri des doutes rongeurs.

A l'inverse pour l'inhibé! Plus il se rétracte et se cache, plus grandit en lui l'exigence secrète de se savoir compris et apprécié. Quoiqu'il rebatte les oreilles à ses proches de son infériorité, au fond de lui-même il n'y croit pas. Il sent monter de son tréfonds la conviction tenace et butée de sa valeur méconnue; et c'est pourquoi, susceptible à l'extrême, il ressent et amplifie la moindre trace de désapprobation; c'est aussi pourquoi il arbore toujours la mine de l'incompris et du génie méconnu. Ainsi, en lui, se fomente un mécontentement présomptueux et se forge un orgueil maladif. Mais l'inhibé, refusant de reconnaître ce mécanisme et étant bien le dernier à pouvoir en assumer les conséquences, c'est son entourage qui se verra réduit à le supporter d'autant plus.

Ainsi donc, chacun des deux sujets que nous prenons pour exemple sera à la fois trop rabougri et trop hypertrophié; chacun d'eux présentera, réparties à l'inverse, trop d'inhibition et trop d'expansion, leur mesure, leurs proportions individuelles, qui déjà précédemment ne devaient pas offrir une solidité excessive, se trouvant encore plus ébranlées. On pourrait juger caricatural et grotesque de choisir, pour désigner un pareil état, l'expression de « ressemblance à Dieu ». Mais comme chacun dépasse ses proportions humaines, là celui-ci et cet autre ailleurs, chacun a quelque chose de « surhumain » et possède, au figuré, une apparence de « divin ». Si l'on préfère renoncer à cette métaphore, je propose de parler *d'inflation psychique.*

Cette notion *d'inflation* me semble heureuse et justi-fiée dans la mesure où l'état qu'il s'agit de caractériser comporte précisément une extension de la personnalité qui dépasse ses limites individuelles : telle la grenouille qui se gonfle. Dans cet état, le sujet occupe un volume auquel il ne saurait normalement prétendre. Pour ce faire, il est bien obligé de s'approprier des qualités et des contenus qui, en réalité, sont situés à l'extérieur de ses propres frontières. Or, ce qui se situe hors de moi appartient à un autre être ou à plusieurs ou n'est à personne.

L'inflation psychique n'est nullement une manifesta-tion que crée seulement l'analyse; comme elle se pro-duit également très souvent dans la vie banale de tous les jours, nous pouvons aussi l'étudier en d'autres occasions : un cas très courant est constitué par l'iden-tification dépourvue de toute note d'humour de nom-breux hommes avec leur profession et leur titre. Bien entendu, le poste que j'occupe est mien dans la mesure où s'y insère l'essentiel de mon activité; mais ce poste, cette fonction, cette profession est aussi en même temps l'expression collective de facteurs nombreux, expres-sion qui est née historiquement de la collaboration d'un grand nombre et d'une concordance de circons-tances. Sa dignité est le fruit d'une approbation collec-tive. Dès lors, en m'identifiant à mon emploi ou à mon titre, je me comporte comme si j'étais moi-même toute cette fonction sociale complexe, ce fonctionnement structuré qu'on appelle un « poste », comme si j'étais non seulement le titulaire du poste, mais aussi et en même temps la nécessité sociale et l'approbation collec-

tive de la société sur lesquelles il se fonde, qui le sous-
tendent et l'arc-boutent.

Ce faisant, je me suis attribué une extension et j'ai
usurpé des qualités qui en aucune façon ne sont en
moi, mais qui existent hors de moi et qui devraient y
rester. « L'Etat c'est moi » : telle pourrait être la devise
des sujets qui succombent à ce travers.

La connaissance elle aussi peut déterminer une inflation psychique; il s'agit alors, sur la base d'un principe
qui est le même au fond, de circonstances psychologiques encore plus subtiles. Ce n'est pas alors la dignité
d'une charge, mais des fantasmes lourds de signification qui déterminent cette inflation. Je vais m'en expliquer grâce à un exemple pratique : je pense au cas d'un
malade mental que j'ai connu personnellement et dont
Maeder a fait état dans une de ses publications[1]. Ce cas
était caractérisé par une inflation poussée à un haut
degré [2].

Ce malade présentait une démence paranoïde aggravée d'une folie des grandeurs. Il entretenait des rapports « téléphoniques » avec la Vierge et autres entités
d'égale importance. Dans sa réalité humaine, c'était un

---

1. A. MAEDER, *Psychologische Untersuchungen an Dementia Prae-
cox-Kranken*, in *Jahrbuch für psychoanalytische und psychopathologis-
che Forschungen*, 1910, II, p. 209 et ss.
2. Chez les malades mentaux, on peut en effet observer avec un relief
accru et comme agrandi tous les phénomènes qui, chez les êtres
normaux, n'existent qu'à un degré léger. Lorsque j'étais encore médecin à
la clinique psychiatrique de Zurich, je fis une fois visiter les salles des
malades à un profane intelligent. Il n'avait encore jamais vu du dedans
un asile d'aliénés. Lorsque nous eûmes terminé, il s'exclama : « C'est
formidable, vous avez ici en petit toute la ville de Zurich, une
quintessence de la population ! C'est comme si on avait réuni et
collectionné, dans leurs exemplaires les plus classiques et les plus
démonstratifs, tous les types humains que l'on rencontre quotidiennement dans la rue ! Tous les " zèbres " et tous les " tordus " de la ville dans
leurs exemplaires les plus rares, expression de toutes les vicissitudes et de
toutes les hauteurs de la vie ! » Je n'avais jusqu'alors jamais envisagé les
choses sous cet angle; mais cet homme avait en grande partie raison.

apprenti serrurier qui, dès l'âge de dix-neuf ans, avait
sombré dans un état de folie incurable. Les dons intellectuels n'avaient d'ailleurs jamais été son lot. Toutefois, il lui advint, entre autres, de découvrir *l'idée gran-
diose* que le monde était son livre d'images qu'il pouvait feuilleter à volonté. Il en donnait la preuve à la
fois très simple et irréfutable : il lui suffisait de tourner
la tête pour découvrir une nouvelle page.

Ne voilà-t-il pas, en sa fulgurance primitive et sans
fards, ce que Schopenhauer a décrit sous le titre du
Monde comme volonté et représentation ? Au fond, ne
s'agit-il pas d'une intuition bouleversante, issue des
plus vastes profondeurs de l'être, des plus lointains
confins du monde, mais exprimée avec tant de naïveté
et de simplicité qu'on ne sait tout d'abord que sourire
de son apparence grotesque ? Et pourtant, n'est-ce pas
une vision primitive de cette sorte qui, dans son caractère essentiel, est à la base de la conception géniale que
Schopenhauer eut du monde ?

Quiconque n'est ni fou, ni génial ne pourra jamais se
libérer de son insertion dans la réalité du monde au
point de ne concevoir le monde que comme une image
qu'il s'en fait. Notre malade est-il parvenu à construire
et à developper une pareille façon de voir ? Ou bien
celle-ci l'a-t-elle assailli ? Ou bien encore celle-ci l'a-
t-elle englouti ? Son état morbide de dissolution et son
inflation prouvent que c'est cette dernière hypothèse
qui est la vraie. Ce n'est pas *lui* qui pense et qui parle,
mais *c'est quelque chose qui pense et qui parle en lui*,
et c'est pourquoi il entend des voix.

Ainsi la différence entre mon malade et Schopenhauer consiste en ceci : chez le premier, la représentation qui s'empara de lui intuitivement en est restée au
stade d'une simple ébauche mal équarrie, tandis que
Schopenhauer, théâtre du même foisonnement repré-

sentatif, par-delà ce stade, en détacha et en considéra l'essence dans sa conscience, pour les exprimer ensuite en un langage de valeur et de portée universelles. Le philosophe, ce faisant, éleva l'intuition primitive hors de ses premiers cheminements souterrains dans la clarté diurne de la conscience générale : elle devint un des éléments de son patrimoine. Il serait tout à fait erroné de supposer que la conception visionnaire qui s'était emparée du malade possédât une valeur et un caractère personnels, en d'autres termes que ce fût un élément qui lui appartînt. Si tel avait été le cas, nous n'eussions pas eu affaire à un malade, mais à un philosophe.

Or, seul est philosophe de génie celui qui parvient à élever une vision primitive, qui n'est qu'un déroulement naturel, à la dignité d'une idée abstraite, et à en créer un patrimoine conscient de la collectivité des hommes. C'est en promouvant cette élaboration qu'il œuvre de façon personnelle; et c'est dans cette élaboration individuelle de son esprit que réside la valeur personnelle qu'il peut légitimement se reconnaître, sans basculer dans une inflation.

La conception visionnaire de notre malade, par contre, constitue un *dynamisme impersonnel, qui se fraie naturellement une voie, une lame de fond* qui bouscule et roule notre serrurier, et contre laquelle il ne peut ni ne sait se défendre. Il s'en trouve même englouti et « aliéné » hors du monde, réputé « fou », hors de portée, et irrécupérable. La grandeur indubitable et impressionnante de sa conception visionnaire le gonfle et lui imprime une hypertrophie morbide; sa vision s'empare de lui sans qu'il puisse, lui, s'emparer de l'idée et l'élargir aux dimensions d'une conception philosophique des choses. La valeur personnelle ne peut résider que dans l'élaboration philosophique, et non point dans la vision primaire. Celle-ci, au début, chez le philosophe aussi, germe simplement et pousse ses bourgeons à partir du même fond d'idées communes à l'humanité, patrimoine auquel participe en principe tout un chacun : c'est du même pommier que proviennent toutes les pommes d'or, que ce soit un apprenti serrurier débile ou un Schopenhauer qui les ramasse, lorsqu'elles tombent au souffle de la vie.

Mais cet exemple nous apprend encore davantage : il nous apprend que les contenus psychiques suprapersonnels ne sont en aucune façon une espèce de matière morte et inerte et indifférente que l'on pourrait s'approprier au petit bonheur et à son gré. Bien au contraire, il s'agit d'entités vivantes, de forces dynamiques qui exercent une grande attraction, une fascination sur le conscient. L'identification avec sa charge ou son titre possède en soi quelque chose de si séduisant que nombreux voit-on les hommes qui ne sont plus rien d'autre que la dignité que la société a bien voulu leur conférer. Il serait vain de rechercher derrière cette façade une trace de personnalité. Si on cherche quand même, tout ce qu'on trouve derrière la grandiloquence de façade, ce n'est qu'un petit fantoche assez pitoyable. Voilà pourquoi les charges (ou les titres ou les honneurs qui y sont attachés, quelle que soit la dénomination de la coquille extérieure que l'on a revêtue) sont si captivantes : elles constituent une compensation facile, un masque commode derrière lesquels on peut dissimuler les insuffisances, les débilités, les inconsistances personnelles (la liste n'est point close).

L'inflation peut relever d'autres causes que des seuls facteurs extérieurs d'attraction (charges, titres et rôles sociaux divers). Ces facteurs-ci ne représentent que les forces impersonnelles de la vie extérieure dans la société, les dynamismes collectifs du conscient commun à tous. Mais de même que, par-delà l'individu, il existe une société, de même il existe, par-delà notre psyché personnelle, une psyché collective, précisément l'inconscient collectif, qui détient, comme notre exemple vient de le montrer, des foyers d'attirance tout aussi puissants. Comme, dans notre premier cas, un individu peut être littéralement happé hors de lui-même par les tourbillons du monde et de ses dignités. (« Messieurs, à présent, je suis Roy »), de même un être peut tout aussi subitement être happé hors du réel, s'il lui advient d'entrevoir une de ces *grandes images*, qui l'éblouissent, et qui confèrent au monde un autre visage, un autre mode d'être. Ce que j'ai voulu désigner par ce terme de *grandes images*, ce sont ces « représentations collectives », qui ont des attraits et des puissances magiques, et qui sont aussi bien, sur le plan banal, à la source des « slogans » que, sur les plans sublimes, à la source des expressions poétiques et du langage religieux.

Je me souviens d'un malade mental qui n'avait rien d'un poète ni ne possédait d'ailleurs de dons bien particuliers. Il était simplement d'une nature calme, un peu trop retirée et un peu trop portée à la rêverie. Il s'était épris d'une jeune fille et, comme cela est fréquemment le cas, il ne s'était pas suffisamment assuré de la réciprocité des sentiments de l'objet de son amour. Sa « participation mystique », primitive et naïve, lui faisait supposer implicitement que son émoi était naturellement et nécessairement aussi celui de sa partenaire (ce qui d'ailleurs se trouve le plus souvent être le cas aux niveaux les plus primitifs et les plus bas de la psychologie humaine[1]). De la sorte, il édifia tout un

1. L'analyse, qui œuvre et lutte pour une mise en ordre et une différenciation émotionnelles dans ce qu'il est convenu d'appeler la psychologie humaine – et qui se présente souvent au premier abord comme un marécage assez triste – constitue donc par excellence une œuvre de civilisation (N. d. T.).

monde de rêverie amoureuse. Mais celui-ci s'écroula
brusquement lorsqu'il découvrit que la jeune fille ne
voulait en aucune façon entendre parler de lui. Il fut
pris un tel désespoir qu'il se précipita vers le fleuve
pour s'y noyer. La nuit était fort avancée et les étoiles
scintillaient dans l'eau noire qui les reflétait. Il lui sem-
bla soudain que des couples d'étoiles descendaient le
fleuve et une émotion indéfinissable s'empara de lui. Il
en oublia son intention de suicide et demeura fasciné
par le spectacle singulier et doux qui s'offrait à ses
yeux. Et peu à peu il crut apercevoir que chaque étoile
avait un visage et que c'étaient des couples enlacés qui,
rêvant, descendaient la rivière. Puis une nouvelle idée
surgit dans son esprit : tout était autre, tout s'était transformé, et aussi son destin; sa déception et son amour
ne l'habitaient plus; le souvenir de la jeune fille était
devenu lointain et indifférent à son cœur. Par contre
– il le sentait nettement – une fabuleuse richesse lui était
destinée. Et il savait qu'un trésor incroyable était caché
qui l'attendait dans l'observatoire voisin. Et c'est pourquoi, en réponse à ce fantasme, il fut arrêté à quatre heures du matin par la police qui le surprit en train de tenter de s'introduire par effraction dans l'observatoire.

Que lui était-il arrivé? Sa pauvre tête avait conçu et
perçu une image dantesque, dont, eût-elle été exprimée
en vers, il n'eût point saisi la beauté. Mais il l'avait
« vue », de ses yeux vue, et cette vision l'avait
transformé : ce qui, un instant auparavant, le torturait,
avait disparu comme par enchantement; et par contre
un monde nouveau, de l'existence duquel il n'avait pas
eu le moindre soupçon, le monde des étoiles qui suivent leur orbe en tout quiétude, loin de notre ici-bas
plein de douleurs, s'était révélé à lui alors qu'il s'apprê-
tait à franchir « le seuil de Proserpine ». L'intuition
d'une fabuleuse richesse s'imposa à lui comme une

révélation – enchaînement d'idées moins saugrenu qu'il
ne paraît, car chacun dans son for intérieur a pu vivre
des cheminements semblables. Mais c'en était trop
pour sa propre tête. Il ne se noya point dans le fleuve,
mais dans une image éternelle, dont la beauté du même
coup s'évanouit.

De même donc que certains peuvent disparaître,
engloutis en quelque sorte par un rôle social, d'autres
peuvent être engloutis par une vision intérieure, échappant ainsi à leur entourage. Certaines modifications
incompréhensibles de la personnalité, telles des conversions subites et inattendues ou mainte autre perturbation en profondeur, proviennent de l'attraction exercée
par une image collective[1], attraction qui, ainsi que le
montre l'exemple à l'instant mentionné, peut déterminer une inflation tellement poussée que la personnalité
s'en trouve comme dissoute. Or une telle dissolution de
la personnalité constitue une maladie mentale, soit
passagère, soit durable, une « dissociation de l'âme »
pour laquelle Bleuler a créé la dénomination de
« schizophrénie »[2]. Naturellement, une inflation aussi
morbide repose le plus souvent sur une faiblesse congénitale de la personnalité en face de l'autonomie des
facteurs inconscients collectifs.

Dès lors, comment se représenter la vie mentale de
l'homme ?

On se rapprochera sans doute au mieux de la vérité
en concevant que notre psyché personnelle et consciente s'édifie sur les larges fondements d'une disposition mentale générale et héritée qui, en tant que telle,

1. Voir *Types psychologiques* (ouv. cité), p. 432 et ss. Dans son livre
L'Hérédo, Léon Daudet appelle ce processus « l'autofécondation
intérieure ». Mais ce qu'il comprend par là, c'est la réanimation d'une
âme ancestrale.
2. Eugen BLEULER, « Dementia Praecox oder Gruppe der
Schizophrenie », in *Handbuch der Psychiatrie*, 1911.

est inconsciente et implicite, et que, dès lors, notre psyché personnelle est à la psyché collective un peu ce que l'individu est à la société.

De même que l'individu n'est pas seulement un être particulier et isolé de façon absolue mais aussi un *être social*, de même l'esprit humain n'est pas seulement un phénomène isolé et entièrement individuel mais aussi un phénomène collectif. Et de la même façon que certaines fonctions sociales ou que certaines impulsions vont à l'encontre des intérêts de l'individu isolé, de même l'esprit humain recèle certaines fonctions ou certaines tendances qui, à cause de leur essence collective, s'opposent aux besoins individuels.

Cela tient au fait que chaque humain vient au monde avec un cerveau hautement différencié, qui le rend apte à une vie mentale très riche et très variée, avec des possibilités de fonctionnements mentaux qui ne sauraient procéder ni dans leur acquisition ni dans leur développement de l'ontogénie. Dans la mesure où les cerveaux humains présentent une différenciation uniforme, les fonctionnements mentaux auxquels elle préside et qu'elle rend possibles sont collectifs et universels.

C'est cet état de choses qui explique, par exemple, le fait que l'inconscient des races et des peuples les plus éloignés les uns des autres présente des analogies, des correspondances remarquables, analogies qui se manifestent entre autres dans le phénomène, déjà souvent mis en évidence, de la concordance extraordinaire des formes et des thèmes mythiques autochtones, sous les latitudes les plus diverses[1].

L'uniformité universelle des cerveaux détermine la possibilité universelle d'un fonctionnement mental

---

1. C.G. JUNG, *Problèmes de l'âme moderne*, trad. Yves Le Lay, Buchet-Chastel, Paris, 1961, p. 27 (N. d. T.).

analogue. Ce fonctionnement, c'est précisément la psyché collective.

En corrélation avec les différenciations de races, de tribus et même de familles, il est, au-dessus du socle de la psyché collective universelle, des niveaux de psyché collective correspondant aux limitations de la race, de la tribu et de la famille.

Pour reprendre l'expression de Pierre Janet[1], la psyché collective embrasse les « parties inférieures » des fonctions psychiques, la part profondément enracinée, qui se déroule et s'exerce en quelque sorte par automatisme, cette part héritée et présente en chacun, donc impersonnelle et suprapersonnelle, de la psyché de l'individu. Au contraire, le conscient et l'inconscient personnel embrassent les « parties supérieures » des fonctions psychiques, donc la part qui a été acquise et développée ontogénétiquement.

Donc, un individu qui attribue la psyché collective – qui lui est donnée *a priori* et à son insu – à son patrimoine acquis ontogénétiquement comme si elle en faisait partie, s'attribue cela en quelque sorte illégitimement, et agrandit de façon démesurée le périmètre de sa personnalité, avec toutes les conséquences que cela comporte : car, dans la mesure où la psyché collective constitue les « parties inférieures » des fonctions psychiques, et par conséquent cette base qui soutient implicitement toute personnalité, son attribution au Moi va alourdir et dévaloriser la personnalité, ce qui s'exprimera dans l'inflation, soit par un écrasement du sentiment de soi-même, soit par une exaltation inconsciente et une mise en évidence du Moi, qui peut alors atteindre à une volonté morbide de domination.

En aidant un sujet à assimiler et à intégrer son

---

1. P. JANET, *Les Névroses*, Flammarion, Paris, 1909.

inconscient personnel, l'analyse le rend conscient de conduites, de facteurs qu'il avait bien perçus chez les autres, mais qui, pour ce qui le concernait lui, lui avaient en général totalement échappé. Du fait de ses connaissances nouvelles, il perd de son unicité individuelle et devient plus collectif. Cette progression, cet avancement dans l'ordre du collectif n'est pas forcément péjoratif : il peut être un bien. Car il existe aussi des êtres qui refoulent leurs bonnes qualités, s'abandonnant sciemment à leurs caprices infantiles auxquels ils cèdent sans vergogne. La tentative de lever, de supprimer, d'abolir les refoulements personnels amène tout d'abord des contenus purement personnels dans le conscient. Mais ils ne sont purement personnels qu'en apparence; en fait ils sont imprégnés de tonalités et d'éléments collectifs de l'inconscient – instincts, qualités, idées et images – et aussi de toutes nos participations partielles et « statistiques » aux vertus et aux vices de tout le monde. « Chacun – comme on dit – a quelque chose du malfaiteur, du génie et du saint. »

Ainsi s'élabore petit à petit dans le conscient du malade une image vivante qui contient à peu près tout ce qui se meut sur l'échiquier noir et blanc du monde, le bien comme le mal, le beau comme le laid. Progressivement s'élabore et s'établit ainsi une ressemblance au monde que beaucoup d'esprits éprouvent avec soulagement, et qui, à l'occasion, peut être un des moments décisifs du traitement d'une névrose. J'ai rencontré plusieurs patients qui, dans cet état, pour la première fois, sont parvenus à éveiller l'amour d'un partenaire et à éprouver eux-mêmes de l'amour, ou à oser un saut décisif dans l'incertitude de l'avenir, saut qu'ils avaient jusque-là refusé, et qui devait cependant les insérer dans un destin valable.

J'ai vu d'autres malades qui, prenant cet état pour un

aboutissement définitif, persistaient des années durant dans une certaine euphorie entreprenante. Certes j'ai souvent entendu vanter de pareils cas comme des résultats brillants de la thérapie analytique. C'est pourquoi je dois souligner que les malades qui présentaient ces tableaux d'euphorie présentaient aussi un tel manque de différenciation d'eux-mêmes d'avec le monde ambiant que personne ne pouvait les prendre pour guéris. A mes yeux, il fallait les considérer comme à moitié guéris et à moitié malades. J'ai eu, en effet, mainte occasion de suivre de ces malades sur le chemin de leur vie, et je dois avouer qu'ils présentent souvent des symptômes d'inadaptation.

Dans la mesure où ils persévèrent selon cette ligne, ils sont fréquemment gagnés par cette stérilité, cette monotonie caractéristique des êtres dont le Moi est resté ou est devenu inconsistant. Je fais allusion ici naturellement aux malades qui constituent des cas limites, et non pas à ces êtres moyens, médiocres et normaux, dont les difficultés d'adaptation relèvent plus des occasions techniques et des circonstances que des problèmes de leur être. Evidemment, si le médecin et le thérapeute en moi l'emportaient sur l'homme de science, je ne pourrais sûrement pas me refuser un certain optimisme, car mon attention serait captée par le *nombre* des malades améliorés ou guéris. Mais ma conscience d'homme de science ne s'hypnotise pas sur ce nombre, elle considère, plus que la quantité, la qualité des hommes. La nature se montre aristocratique, et un homme de valeur équilibre bien le poids de dix autres. C'est aux êtres de valeur que mon regard s'est attaché de façon privilégiée, et ce sont leurs cas qui m'ont appris l'ambiguïté des résultats d'une analyse purement personnelle et qui m'ont aussi permis de comprendre les raisons de cette ambiguïté.

Lorsque, au cours de l'assimilation de l'inconscient, nous commettons l'erreur de faire passer la psyché collective dans l'inventaire des fonctions psychiques personnelles, ce malentendu détermine *une dissolution de la personnalité en ses couples de contraires, en ses couples d'éléments antinomiques binaires.* Nous avons parlé plus haut du couple de contraires : folie des grandeurs-sentiment d'infériorité, qui se présente si fréquemment au cours des névroses et de leur traitement. Mais il en existe beaucoup d'autres, du même ordre; n'en citons qu'un : par exemple, celui du bien et du mal, le couple des contraires spécifiquement moraux. Car dans la psyché collective, les vertus et les vices spécifiques des hommes ont leur place, ainsi que tout le reste. Or les uns s'attribuent les vertus collectives comme s'il s'agissait d'un mérite personnel, d'autres se chargent des faiblesses et des vices collectifs comme si ces imperfections relevaient d'une faute personnelle, et qu'elles légitimaient et rendaient indispensable une culpabilité. Or ces attitudes sont toutes deux fausses et déplacées, et aussi illusoires que les sentiments de grandeur et d'infériorité : car les vertus que l'on s'imagine posséder, et dont on se pare à tort, de même que les vices dont on s'accuse de façon imaginaire, sont pour l'essentiel les pôles antagonistes d'éléments moraux contradictoires qui relèvent de la psyché collective, dont ils sont des constituants; à partir de celle-ci ils sont devenus sensibles et perceptibles, soit spontanément, soit après qu'artificiellement, par le détour de l'analyse, on les a rendus conscients[1].

L'exemple des primitifs montre de façon privilégiée combien il est vrai que les couples antinomiques sont

---

1. Il semble que c'est le vécu dans l'enfance qui oriente et aiguille un être par prédilection vers l'une de ces deux tendances (N. d. T.).

inclus dans la psyché collective : certains observateurs vantent en effet les hautes vertus de tel groupe de primitifs, alors que d'autres rapportent de la même tribu les constatations les plus sombres. Or pour le primitif, dont la différenciation individuelle, on le sait, est à peine ébauchée, ces observations contradictoires et opposées sont toutes deux vraies; car la psyché du primitif est essentiellement collective et en majeure partie totalement inconsciente. Le primitif est toujours plus ou moins identique à la psyché collective et c'est pourquoi il est animé, par-delà toute question de responsabilité personnelle, et sans contradictions intimes, par les vertus et les vices collectifs. La contradiction ne commence à se faire sentir qu'au moment où s'instaure un développement personnel de la psyché, moment crucial où la *ratio* va se mettre à discerner l'incompatibilité des éléments qui s'opposent. De cette connaissance nouvelle naît le combat du refoulement : on veut être bon et c'est pourquoi on se sent obligé de refouler le mal; et c'est alors que prend fin le paradis de la psyché collective.

La fin de ce paradis et le refoulement de la psyché collective s'inscrivaient comme une nécessité du développement de la personnalité. Le développement de la personnalité chez le primitif, ou mieux, *le développement de la personne*, est une question de prestige magique. La figure du medicine-man ou celle du chef de la tribu sert de guide : tous deux se distinguent par la singularité des parures, par des signes extérieurs, et par leur façon de vivre, l'ensemble exprimant leur rôle. Les signes extérieurs particuliers délimitent et isolent l'individu; la possession de secrets rituels renforce cet isolement. Par ces moyens, et par d'autres de même sorte, le primitif se crée une enveloppe que l'on peut appeler sa *persona*, son masque. Chez le primitif, d'ailleurs, on le sait, il s'agit bien de véritables masques qui, pour les fêtes totémiques par exemple, servent à la transformation et à l'exaltation du personnage. Par le masque, l'individu sélectionné est mis en marge de la sphère de la psyché collective, et, d'ailleurs, dans la mesure où il parvient à s'identifier à sa *persona*, il s'y dérobe réellement. Cet affranchissement de la psyché collective lui confère aux yeux de sa tribu un prestige magique.

On pourrait naturellement prétendre que c'est une intention de puissance qui constitue la motivation et le moteur de ce développement. Mais cette thèse est difficilement défendable, car pour l'adopter il faudrait oublier que l'attribution d'un prestige est toujours un produit collectif de compromis supposant toujours l'existence d'un sujet qui le recherche et la présence d'un public en quête d'un être auquel il puisse conférer ce prestige. Cette concomitance étant indispensable, il serait erroné de croire que c'est par seul appétit de puissance qu'un homme recherche ce genre de suprématie : il s'agit d'une affaire essentiellement collective.

La société, éprouvant dans son ensemble le besoin de posséder une incarnation de la puissance magique, utilise pour véhicule l'appétit de pouvoir d'un homme et le désir de soumission des masses, créant ainsi la possibilité du prestige personnel. Celui-ci est un phénomène qui est, comme le démontre l'origine de l'histoire politique, de la plus haute conséquence pour la vie des peuples en société.

Etant donné l'importance, que l'on ne saurait surestimer, du prestige personnel, la possibilité de le voir se dissoudre par régression dans la psyché collective constitue un danger non seulement pour l'individu élu, mais aussi pour tous ses adeptes. Ce danger est surtout menaçant lorsque le but implicite du prestige, à savoir l'approbation générale, est atteint. Dès lors, l'élu s'est transformé en vérité collective et cela est toujours le commencement de la fin. Incarner, et de façon bien vivante, un prestige nouveau est en effet une action créatrice non seulement pour le personnage choisi, mais aussi pour tout son clan : l'élu se distingue par ses hauts faits, et la masse se caractérise par son renoncement à l'exercice de la puissance. Tant qu'il est nécessaire de lutter contre des influences hostiles pour conquérir ou sauvegarder cet état de choses, l'œuvre commune reste créatrice. Mais, dès que les obstacles disparaissent et que l'approbation générale est atteinte, le prestige perd de sa valeur primitive et devient un poids mort. C'est alors en général que se produit un schisme, qui donnera au processus l'occasion de recommencer.

La personnalité ayant une importance considérable pour la vie de la communauté, tout ce qui pourrait déranger son développement est ressenti comme un danger. Mais le danger le plus grand serait l'effondrement prématuré du prestige dû à une irruption de la psyché collective. Un des moyens les plus communs qu'emploient les primitifs pour conjurer ce danger est le maintien du secret absolu. En effet, la pensée et le sentiment collectifs, comme en général toute activité collective, s'exercent avec bien moins de peine qu'une activité individualisée; c'est ce qui explique la tentation toujours très grande de substituer une fonction collective au lieu et place d'une différenciation de la personnalité. Le nivellement et finalement la décomposition de la personnalité différenciée que protégeait le prestige magique (le reniement de Pierre) déterminent en chacun une « perte de l'âme », car tout se passe comme si une fonction importante se trouvait dorénavant omise ou annulée. C'est pour cela que toute transgression d'un tabou est sanctionnée par des peines draconiennes qui correspondent à l'importance de la situation. Tant qu'on envisageait ces faits dans la seule perspective de la causalité, c'est-à-dire comme des survivances historiques et comme des métastases du tabou de l'inceste[1], on ne pouvait absolument pas comprendre le sens et la portée de toutes ces mesures. Mais si l'on ajoute aux considérations historiques la perspective de la finalité, bien des choses précédemment obscures s'éclaircissent.

Ainsi donc, pour le développement de la personnalité, une différenciation rigoureuse d'avec la psyché collective constitue une nécessité absolue, toute différenciation insuffisante entraînant une dissolution immédiate de l'individuel dans le collectif, parmi quoi il se mélange et se perd.

Or le danger existe, il faut bien le reconnaître, que l'analyse de l'inconscient ne provoque une fusion de la psyché collective et de la psyché individuelle, ce qui ne saurait manquer de susciter les conséquences fâcheuses auxquelles nous venons de faire allusion : ces conséquences sont préjudiciables soit au sentiment vital du sujet, soit à ses proches s'il exerce quelque influence et quelque autorité sur son entourage. Dans son état d'identification avec la psyché collective, le sujet, en effet, essaiera immanquablement d'imposer aux autres les exigences de son inconscient. *Car l'identification avec la psyché collective confère un sentiment de valeur générale et quasi universelle* (ce que nous appelions plus haut la « ressemblance à Dieu ») qui conduit à ne pas voir la psyché personnelle différente des proches, à en faire abstraction et à passer outre. Le sentiment de détenir une valeur, une vérité universelles émane spontanément de l'universalité de la psyché collective; une attitude, une optique collectives présuppo-

1. S. FREUD, *Totem et Tabou*, trad. S. Jankélévitch, Payot, Paris 1923.

sent naturellement chez l'autre et les autres la même psyché collective. Cela entraîne de la part du sujet un refus catégorique, une véritable impossibilité d'apercevoir les différences individuelles et aussi des différences d'ordre général qui peuvent exister au sein même de la psyché collective, comme par exemple des différences de race[1]. L'impossibilité ou le refus de voir l'individuel, dont on ne perçoit même plus l'existence, équivaut tout simplement à étouffer l'individu, ce qui détruit au sein d'un groupe social les éléments de différenciation. Car c'est l'individu qui est par excellence le facteur de différenciation. Les plus grandes vertus, les créations les plus sublimes, comme aussi les pires défauts et les pires atrocités, sont individuels[2].

Plus une communauté est nombreuse, plus la sommation des facteurs collectifs, qui est inhérente à la masse, se trouve accentuée au détriment de l'individu par le jeu des préjugés conservateurs; plus aussi l'individu se sent moralement et spirituellement anéanti, ce qui tarit ainsi la seule source possible du progrès moral

1. Ainsi, se serait une erreur impardonnable que de décréter valables pour tous les déductions et les résultats d'une psychologie essentiellement juive! Personne n'aurait pourtant l'idée saugrenue d'affirmer que la psychologie chinoise ou hindoue est pour nous valable et contraignante. M'accuser à la légère d'antisémitisme, comme on l'a fait à cause de cette critique, est tout aussi stupide que si on m'accusait d'un préjugé antichinois. Certes, à un niveau antérieur et plus profondément enfoui du développement psychique, où il est impossible de trouver des différences entre les mentalités aryenne, sémitique, chamitique et mongolienne, toutes les races humaines ont une psyché collective commune. Mais, avec l'apparition de la différenciation des races, naissent des différences essentielles dans la psyché collective.

C'est pourquoi nous ne pouvons transférer globalement l'esprit de races étrangères dans notre mentalité sans causer à cette dernière un préjudice sensible. Ce qui n'empêche pas tant et tant de sujets dont la nature est marquée au coin d'une faiblesse instinctuelle d'emboîter le pas avec affectation à la philosophie hindoue, etc.

2. Voir C.G. JUNG, *Présent et Avenir*, trad. du Dr Roland Cahen, Buchet-Chastel, Paris, 1962, p. 160 et ss. (N. d. T.).

et spirituel d'une société. Dès lors, naturellement, seuls prospéreront la société et ce qu'il y a de collectif dans l'individu. Tout ce qu'il y a d'individuel en lui est condamné à sombrer, c'est-à-dire à être refoulé. De ce fait tous les facteurs individuels deviendront inconscients, tomberont dans l'inconscient; ils y végéteront et s'y transformeront selon une loi implacable[1] en une manière de négativité systématique, de malignité principielle, qui se manifestent en impulsions destructrices et en comportements anarchiques. Ces tendances deviendront agissantes sur le plan social, chez l'individu tout d'abord : certains sujets à tempérament prophétique deviennent l'instrument de crimes à sensation (meurtre de roi, etc.); mais elles se font sentir chez tous de façon indirecte, à l'arrière-plan, par une décadence morale inévitable de la société.

C'est un fait évident que *la moralité d'une société, prise dans sa totalité, est inversement proportionnelle à se masse*, car plus grand est le nombre des individus qui se rassemblent, plus les facteurs individuels sont effacés et, du même coup, aussi la moralité, qui repose entièrement sur le sentiment éthique de chacun et, par le fait même, sur la liberté de l'individu, indispensable à son exercice.

C'est pourquoi tout individu, en tant que membre d'une société, est inconsciemment plus mauvais, dans un certain sens, qu'il ne l'est lorsqu'il agit en tant qu'unité pleinement responsable. Car, fondu dans la société, il est en une certaine mesure libéré de sa responsabilité individuelle. Ceci explique qu'un groupe important qui ne serait composé que d'hommes excellents équivaudrait en tous points, pour ce qui est de la moralité et de

---

1. Car dans l'inconscient, ils seront contaminés par l'ombre, réceptacle de tout ce qui est psychologiquement mauvais et renié (N. d T).

l'intelligence, à une espèce de gros monstre, balourd, obtus, impulsif et sans discernement. Plus une organisation est monumentale et plus son immoralité et sa bêtise aveugle sont inévitables (*Senatus bestia, senatores boni viri :* les sénateurs sont des hommes bons et le Sénat est une bête cruelle). La société, en favorisant dans tous ses membres individuels automatiquement les qualités collectives, laisse le champ libre, par le fait même, à toutes les médiocrités, cultivant à bon marché tout ce qui est en passe de végéter de façon irresponsable : dès lors l'oppression des valeurs et des facteurs individuels est inéluctable. Ce processus commence dès l'école, continue au cours de la vie universitaire et imprime son sceau à tout ce qui, de près ou de loin, concerne l'Etat. Plus un corps social est petit, plus est garantie l'individualité de ses membres; plus sont grandes leur liberté relative et les possibilités d'une responsabilité consciemment assumée. Hors de la liberté, point de moralité. Notre admiration pour les organisations colossales s'amenuise dès que nous entrevoyons l'envers de la médaille, qui est fait d'une accumulation et d'une mise en relief monstrueuses de tout ce qu'il y a de primitif dans l'humain, et d'une destruction inéluctable de l'individualité en faveur de l'hydre qu'est, une fois pour toutes et décidément, n'importe quelle grande organisation. Le cœur d'un homme d'aujourd'hui, façonné sur l'idéal collectif moral régnant, s'est transformé en une « caverne de brigands », ce que l'analyse de son inconscient révèle de façon frappante, même si cet homme n'est pas troublé le moins du monde. Et dans la mesure où il est normalement « adapté »[1] à son entourage, les plus grandes folies, oui, les plus grandes infamies commises par son groupe ne l'incommoderont

---

1. Voir C. G. JUNG, *Types psychologiques* (ouv. cité), p. 328 (N. d. T.).

pas et ne troubleront pas, en apparence, la quiétude de son âme, pourvu que la majorité de ses concitoyens et de ses semblables croie à la haute moralité de l'organisation sociale régnante[1].

L'influence de l'inconscient collectif sur la psyché individuelle peut être comparée à ce que nous venons de dire de l'influence de la société sur l'individu. Mais, comme les exemples cités le montrent, la première est aussi invisible que la seconde est patente. C'est pourquoi il n'est pas étonnant que la compréhension soit nulle envers des influences qui s'exercent sur le conscient à partir du monde intérieur, et que l'on traite d'originaux pathologiques ou même de fous des sujets qui en sont manifestement le théâtre. Si un de ces sujets, par hasard, est un vrai génie, c'est seulement une ou deux générations plus tard que l'on s'en rendra compte. Autant celui qui se noie dans sa dignité nous semble banal et normal, autant nous sommes dépourvus de toute espèce de compréhension à l'adresse de quiconque délaisse les sentiers battus, cherche ce que la foule, elle, ne cherche pas, et est emporté par son aspiration hors des lieux communs. A tous deux on serait tenté de souhaiter de *l'humour*, cette qualité de l'homme qui, à en croire Schopenhauer, est vraiment « divine » et qui, seule, le rend capable de maintenir son âme dans un état de liberté.

Les instincts collectifs et les structures fondamentales de la pensée, de la perception et du sentiment de l'homme – dont l'analyse de l'inconscient révèle l'efficience – constituent des élargissements tels de la personnalité consciente, que cette dernière ne saurait les accueillir et les subir sans perturbations notoires.

---

1. L'histoire de notre demi-siècle n'en est, hélas ! qu'une trop brillante illustration (N. d. T.).

Il est donc de la plus grande importance, dans la pratique du traitement, de ne jamais perdre de vue l'intégrité de la personnalité. Car si, par erreur, l'individu ressent et comprend la psyché collective comme une appartenance personnelle, ce contresens détermine une surcharge accablante de sa personnalité, que celle-ci ne pourra surmonter, et elle s'égarera. C'est pourquoi il faut établir une distinction aussi claire que faire se peut entre les contenus personnels et ceux de la psyché collective.

Cette distinction est plus malaisée qu'il ne le semblerait au premier abord, car les plans personnels, émergeant de la psyché collective qui les a engendrés, lui demeurent intimement reliés. D'où la difficulté de trancher quels contenus doivent être dits collectifs et quels autres personnels. Il est indubitable, par exemple, que les symboles archaïques, qui surgissent si fréquemment dans les fantasmes et dans les rêves, sont des facteurs collectifs. Tous les instincts fondamentaux, toutes les structures de base de la pensée et du sentiment sont collectifs. Tout ce que les hommes s'accordent pour estimer universel ou général est collectif, de même que tout ce qui est donné, compris, fait ou dit de façon commune et courante. A considérer les choses de près, on ne cesse d'être étonné en constatant combien notre psychologie, réputée individuelle, comporte de facteurs foncièrement collectifs. Cette masse d'éléments collectifs est tellement impressionnante que l'individuel en devient indiscernable.

Mais comme l'individuation[1] est une nécessité psy-

---

1. « L'individuation est... un *processus de différenciation* qui a pour but de développer la personnalité individuelle. » « ... l'individu n'est pas seulement unité, son existence même présuppose des rapports collectifs; aussi le processus d'individuation ne mène-t-il pas à l'isolement, mais à une cohésion collective plus intensive et plus universelle. » (*Types psychologiques*, ouv. cité, p. 449) (N. d. T.).

chologique tout à fait inéluctable, le poids écrasant
et tout-puissant du collectif, clairement discerné, nous
fait mesurer l'attention toute particulière qu'il faut
vouer à cette plante délicate nommée « individualité », afin qu'elle ne soit pas totalement écrasée par
lui.

L'être humain possède une faculté, la *faculté d'imitation*, qui est de la plus grande utilité du point
de vue collectif mais qui est on ne peut plus nui-
sible du point de vue de l'individuation. La vie psychologique et sociale des groupes ne saurait se passer de l'imitation : sans elle, pas d'organisation des
masses, pas d'Etat, ni d'ordre possible. Car ce n'est
pas la loi qui fait l'ordre et la structure sociale, mais
bel et bien l'imitation, notion dans laquelle il faut
inclure la suggestibilité, la suggestion et la contagion
mentale.

Cependant nous voyons aussi quotidiennement que
ce mécanisme de l'imitation peut être utilisé – plus précisément il peut en être abusé car c'est alors une
manière d'abus – en vue de la différenciation
personnelle : on imite simplement une personnalité
éminente ou une qualité ou une activité rare, ce qui
entraîne extérieurement une distinction de l'entourage
immédiat. Mais il s'ensuit – on serait tenté de dire,
comme par punition – une aggravation de la ressemblance existante avec l'entourage qui, toutefois, s'est
déplacée sur le plan inconscient où elle se manifeste en
une manière de lien contraignant. En général, une tentative de différenciation individuelle, entreprise par le
moyen de l'imitation, s'en trouve faussée, falsifiée; elle
échoue le plus souvent et le sujet reste figé dans une
attitude affectée; il se retrouve au niveau où il se trouvait précédemment, ayant pour tout bénéfice une stérilité aggravée.

Afin de découvrir ce qu'il y a, au fond, d'individuel en chacun, il ne faut ménager ni sa peine ni sa réflexion, et nous nous apercevons du coup combien la découverte de l'individualité est incroyablement difficile.

III

La « *persona* »,
élément constitutif
de la psyché collective

Nous abordons dans ce chapitre une question qui est susceptible d'entraîner, si on l'oublie ou la néglige, la plus grande confusion.

Dans ce qui précède, j'ai montré que l'analyse de l'inconscient fait pénétrer tout d'abord dans le conscient des contenus individuels et personnels, et c'est pourquoi j'ai proposé d'appeler les parties refoulées de l'inconscient, mais susceptibles de devenir conscientes, l'*inconscient personnel*. Puis j'ai montré que l'adjonction des couches plus profondes de l'inconscient, couches que j'ai proposé d'appeler l'*inconscient collectif*, détermine un élargissement de la personnalité qui entraîne un état d'inflation. Cet état d'esprit particulier est amené par la continuation de l'analyse comme j'ai essayé de le signaler par l'exemple cité : l'analyse se poursuivant, certaines qualités fondamentales, générales, impersonnelles, patrimoine de l'humanité entière, se trouvent accolées au conscient personnel, ce qui détermine cette extension illégitime appelée inflation, dans laquelle il faut donc voir une conséquence fâcheuse de la prise de conscience[1]. La personnalité consciente est un fragment plus ou moins arbitraire de la psyché collective.

La personnalité consciente est une somme, celle des données psychologiques qui sont ressenties en tant que personnelles. L'attribut « personnel » exprime l'appar-

---

1. Cette conséquence fâcheuse d'un élargissement du conscient n'est en aucune façon un phénomène spécifique du traitement analytique : ce phénomène apparaît chaque fois que l'homme, confronté avec une connaissance ou un savoir nouveaux, en demeure marqué, médusé et quasiment terrassé. « Le savoir gonfle l'orgueil », écrivait Paul dans son Épître aux Corinthiens, car le nouvel enseignement avait, comme cela se produit toujours, égaré la tête de certains. L'inflation, *indépendante de la nature de la connaissance*, est provoquée par l'impact d'une connaissance nouvelle, quelle qu'elle soit, qui peut s'emparer d'un esprit faible au point que celui-ci s'en trouve obnubilé, comme hypnotisé, qu'il ne voit et n'entend plus rien, et qu'il croit même avoir découvert l'énigme du monde. Cette disparition de tout esprit critique ne va pas sans entraîner une exaltation orgueilleuse et vaniteuse du Moi.

Or ce phénomène constitue une réaction si générale et si universelle que déjà dans la Genèse (II, 17) le fait d'avoir goûté au fruit de l'arbre de la connaissance constitue la chute dans le péché, entraînant la mort. Certes, on a d'abord peine à comprendre pourquoi un surcroît de conscience, qui s'accompagne d'une pointe d'orgueil et d'un tantinet de vanité, est chose tellement dangereuse. La Genèse représente l'acquisition de la conscience comme la violation d'un tabou, et tout se passe comme si, par la connaissance, l'homme avait outrepassé frauduleusement une limite sacro-sainte.

La Genèse, je le crois, a raison, en ce sens que toute démarche vers une conscience élargie entraîne une sorte de *culpabilité prométhéenne* : la conquête d'une connaissance nouvelle est par chaque fois un rapt du feu, commis au détriment des dieux; ce qui signifie, en langage psychologique, qu'un élément jusque-là détenu par les puissances inconscientes va se trouver arraché de cette connexion naturelle, pour se voir soumis à l'arbitraire du conscient. Mais par contrecoup, l'être qui a, pour ainsi dire, usurpé cette nouvelle connaissance, subit une transformation et un élargissement de son conscient tels qu'il n'est plus tout à fait semblable à ses contemporains. En s'élevant au-dessus de ce qui constitue la condition humaine du moment il réalise partiellement le symbolique « Vous serez semblables à Dieu », mais du même coup il s'éloigne des hommes. Le tourment de sa solitude, telle sera la vengeance des dieux : il ne peut plus trouver la voie qui le remette en contact avec les hommes; et il gît dorénavant, ainsi que le mythe le raconte, enchaîné aux rochers solitaires du Caucase, abandonné des dieux et des hommes.

tenance à une personne donnée. Un conscient qui n'est
pour l'essentiel que personnel souligne, de ce fait
même, non sans anxiété, ses droits de propriété et d'auteur à l'adresse de ses contenus mentaux, essayant ainsi
de créer une totalité dans leurs plans[1]. Quant à toutes
les teneurs idéo-affectives qu'il ne parvient pas à faire
cadrer avec l'ensemble, elles seront soit omises et
oubliées, soit niées et refoulées. Dans une certaine perspective cela correspond à un processus d'auto-éducation, mais une auto-éducation trop arbitraire et trop
violente : le sujet doit sacrifier trop de composantes
humaines au bénéfice d'une image idéale de lui-même,
telle qu'il voudrait se modeler sur elle. C'est pourquoi
ces êtres très « personnels » sont en même temps très
susceptibles, car il suffit d'un rien pour qu'ils se trouvent confrontés avec un aspect de leur caractère réel
(c'est-à-dire « individuel ») auquel ils se refusent et
dont ils refusent de prendre conscience[2].

J'ai désigné du nom de *persona* ce fragment de la
psyché collective dont la réalisation coûte souvent tant
d'efforts. Ce terme de *persona* exprime très heureusement ce qu'il doit signifier, puisque, originairement, la
persona désignait le *masque* que portait le comédien,
et qui indiquait le rôle dans lequel il apparaissait. Si,
en effet, nous tentons l'aventure d'essayer de distinguer
ce qui doit être considéré comme des matériaux personnels de ce qu'il faut comprendre comme des facteurs psychiques impersonnels, nous ne tardons pas à
tomber dans le plus grand embarras; en effet, il nous
faut dire, au fond, des éléments de la *persona,* ce que
nous disions plus haut de l'inconscient collectif, à
savoir qu'ils sont généraux. Seule la circonstance que la

1. Dont le sujet ressent obscurément le manque et le besoin (N.d.T.).
2. D'où le conflit latent, sous-jacent à la susceptibilité qui en est
comme un signal-symptôme (N.d.T.).

persona est un secteur prélevé de façon plus ou moins occasionnelle ou plus ou moins arbitraire dans la psyché collective a pu induire à l'erreur de la considérer en bloc comme quelque chose d' « individuel ». Or, comme son nom le dit, la *persona* n'est qu'un masque, qui, à la fois, dissimule une partie de la psyché collective dont elle est constituée, et donne l'illusion de l'individualité; un masque qui fait penser aux autres et à soi-même que l'être en question est individuel, alors qu'au fond il joue simplement un rôle à travers lequel ce sont des données et des impératifs de la psyché collective qui s'expriment.

Quand nous nous mettons à la tâche d'analyser la *persona,* nous détachons, nous soulevons le masque, et découvrons que ce qui semblait être individuel était au fond collectif : en d'autres termes, la *persona* n'était que le masque d'un assujettissement général du comportement à la coercition de la psyché collective.

Il faut d'ailleurs bien se rendre compte, si l'on va au fond des choses, que la *persona* n'est rien de « réel » : elle ne jouit d'aucune réalité propre; elle n'est qu'une formation de compromis entre l'individu et la société, en réponse à la question de savoir sous quel jour le premier doit apparaître au sein de la seconde. Tel sujet a un nom, acquiert un titre, assume une charge qu'il représente et incarne; l'un est ceci, l'autre est cela. Certes, naturellement, dans un certain sens cela correspond à quelque chose; toutefois, comparée à l'individualité du sujet, sa *persona* n'est qu'une réalité secondaire, un simple artifice, un compromis à la constitution duquel d'autres participent souvent bien davantage que l'intéressé lui-même. Sa *persona* n'est qu'une apparence et, pourrait-on dire par boutade, une réalité à deux dimensions.

Mais il serait injuste de s'arrêter à ces constatations sans reconnaître tout de suite que dans le choix singulier de sa *persona,* et dans sa délimitation, telle que l'élit un sujet, réside déjà quelque chose d'individuel; malgré l'identification exclusive du Moi conscient à sa *persona,* le Soi[1] inconscient, c'est-à-dire à proprement parler l'individualité, est toujours présent et il n'a pas manqué de faire sentir son influence dans le choix réalisé, sinon de façon directe, au moins de façon indirecte.

Bien que le Moi conscient s'identifie tout d'abord avec la *persona* – cette formation de compromis en vertu de laquelle un individu se présente dans la collectivité et en fonction de laquelle il y est actif –, le Soi inconscient ne saurait être réprimé au point de ne pas se faire sentir. L'influence du Soi se manifeste tout d'abord dans la nature particulière des éléments de l'inconscient qui, par exemple dans les rêves, viendront compenser et contrebalancer la situation consciente. *L'attitude purement personnelle du conscient détermine de la part de l'inconscient des réactions qui révèlent, à côté de contenus refoulés personnels, l'ébauche d'un développement individuel, ébauche qui s'exprime souvent à travers les voiles de fantasmes collectifs.*

L'analyse de l'inconscient amène à la conscience, en même temps que les éléments de la personnalité, les matériaux collectifs. Je me rends compte que, pour quelqu'un qui n'est familiarisé ni avec mes conceptions, ni avec ma technique, ce résultat doit sembler totalement incompréhensible. Cela doit être particulièrement le cas pour quiconque a l'habitude d'envisager l'inconscient dans la perspective des théories freudiennes.

Mais si le lecteur veut bien se reporter plus haut à

1. Voir les notes des pages 43 et 152 (N.d.T.).

l'exemple de l'étudiante en philosophie[1], il pourra se faire une idée approximative de ce que je veux dire. La malade, au début de son traitement, était totalement inconsciente du fait que le lien avec son père était une entrave pour elle, et que c'était à cause de cette fixation paternelle excessive qu'elle recherchait un homme ressemblant à son père, homme qu'elle abordait alors sur le plan intellectuel. Ceci en soi n'aurait pas été tellement désastreux si son intellect n'avait eu précisément un caractère singulièrement protestataire, manie de la protestation que l'on rencontre malheureusement souvent chez les femmes dirigées par leur fonction intellectuelle.

Dominées par une telle fonction, elles cherchent toujours à prouver à l'autre qu'il a tort; elles sont critiques par prédilection, ont le talent de lancer des piques personnelles désagréables, tout en prétendant passer pour l'objectivité incarnée.

Bien entendu pareille attitude a le don d'agacer les hommes au suprême degré, d'éveiller en eux la mauvaise humeur, en particulier lorsque la critique féminine – ce qui est souvent le cas – s'acharne sur un point faible, fait mouche sur un point sensible que, dans l'intérêt d'une discussion raisonnable, il vaudrait mieux éviter. Or c'est précisément la particularité d'un tel intellect féminin de moins rechercher une discussion constructive et fructueuse que les points faibles du partenaire, auxquels on s'agrippe pour l'irriter. La plupart du temps cette attitude ne répond pas à une intention délibérée; elle semble bien plus procéder d'une finalité inconsciente, celle d'obliger l'homme à se montrer supérieur, afin que la femme dispose d'un objet légitime d'admiration. Or, cet enchaînement final échappe

1. Voir p. 26 (N.d.T.).

en général totalement à l'homme, qui ne remarque pas
que ce tour de la discussion vise à l'acculer à un rôle
héroïque; il trouve seulement que ces chamailleries sont
odieuses et aura tendance, par la suite, à se détourner
de son chemin plutôt que courir le risque de rencontrer
ladite dame. Ce qui fait que, le plus souvent, une
femme dotée d'un pareil caractère n'aura plus à se mettre sous la dent qu'un homme du genre de ceux qui lui
cèdent d'emblée et qu'à cause de cela elle ne saurait
admirer.

Naturellement ces éclaircissements donnèrent beaucoup à penser à ma malade, qui jusque-là n'avait pas
même soupçonné l'existence du jeu qui se tramait en
elle. En outre il lui fallait prendre conscience du véritable roman qui, depuis son enfance, s'était joué entre
elle et son père, et l'assimiler. Décrire ici en détail comment, dès sa tendre enfance, elle était devenue, dans
l'ombre, inconsciemment complice de son père, dans la
mesure où celui-ci s'était détaché de sa femme, et comment par ce fait même elle était devenue – *de façon
bien trop précoce pour son âge* – la rivale de sa mère,
nous mènerait trop loin.

Tout ceci nous fut révélé par l'analyse de l'inconscient personnel de la malade. Comme, déjà pour des
motifs d'ordre professionnel, je ne devais pas me laisser aller à l'irritation, je devins inévitablement une
manière de héros et de père-amant. Ce transfert donc
se présentait selon les premières estimations comme
exprimant un contenu de l'inconscient personnel. Or,
mon rôle de héros n'était qu'une apparence; de ce fait
j'étais transformé en un simple fantôme par la malade
qui, elle, de son côté, jouait son rôle traditionnel de
mère-fille-amante au grand cœur, comprenant tout, et
douée d'un immense savoir; tout cela naturellement
n'était qu'un rôle, celui de sa *persona,* derrière laquelle

son être véritable et réel, son Soi individuel, demeurait caché. Dans la mesure même d'ailleurs où la malade s'identifiait complètement à son rôle, elle demeurait totalement inconsciente d'elle-même : elle vivait toujours enveloppée dans le brouillard du monde de son enfance et n'avait pas encore, à proprement parler, découvert le monde réel.

Mais dans la mesure où, son analyse progressant, elle prenait conscience de son transfert, se manifestèrent les rêves dont je parlais dans le chapitre premier. Ces rêves révélèrent des éléments de l'inconscient collectif, et c'est grâce à eux qu'elle se libéra petit à petit de la domination de son monde infantile, et que se dissipèrent le rôle de héros et l'intrigue héroïque qu'elle m'avait fait jouer. La malade parvint à devenir elle-même, à vivre ses potentialités propres, ses possibilités réelles. C'est en général de cette façon que se déroulent la plupart des cas des consultants qui persévèrent et évoluent suffisamment dans leur analyse. Que la découverte et la prise de conscience de son individualité aient coïncidé dans l'évolution de la patiente avec la résurgence au fond d'elle-même d'une image archaïque de Dieu n'est en aucune façon une coïncidence exceptionnelle, mais constitue au contraire un événement très fréquent qui, à mon avis, obéit à une loi de la vie inconsciente.

Mais revenons, après cette digression, à notre propos.

A partir du moment où les refoulements personnels sont ventilés, dépistés, supprimés, apparaissent alors, intimement mélangés, les éléments de l'individualité et ceux de la psyché collective, et ils prennent le relais des fantasmes personnels précédemment refoulés. Les rêves et les manifestations de l'imagination qui apparaissent alors revêtent un autre caractère. La marque indiscuta-

ble des images collectives semble être leur aspect cosmique, c'est-à-dire une manière de lien interne qui
associe les images du rêve et les fantasmes à des faits
cosmiques, tels que l'infini spatial ou temporel, une
vitesse, un mouvement ou une expansion considérables, des rapports « astrologiques », des analogies tel-
luriques, lunaires ou solaires, des modifications essentielles dans les proportions du corps, etc. L'apparition
de motifs mythologiques ou religieux au cours d'un rêve
témoigne également de l'activité de l'inconscient collectif. L'élément collectif s'annonce très souvent par le
truchement de symptômes singuliers[1], par exemple par
des rêves au cours desquels on traverse le firmament
comme une comète; ou bien au cours desquels le rêveur
se sent être la terre, le soleil ou les étoiles; ou bien où il
se voit doté d'une grandeur démesurée ou d'une peti-
tesse extrême; ou bien encore le sujet rêve qu'il est
mort, qu'il se trouve dans des endroits inconnus, étranger à lui-même, atteint de confusion mentale ou fou,
etc. De même et dans cet ordre d'idées, et pourvus de la
même signification, peuvent apparaître des sentiments
de désorientation, de vertige, etc., qui accompagnent
souvent les symptômes d'une inflation psychologique.

La richesse et l'exubérance des possibilités d'expression dont dispose la psyché collective sont telles qu'on
en reste confondu et ébloui. La dissolution de la *persona* entraîne une libération et un déchaînement de
l'imagination involontaire qui semble n'être rien d'autre que l'activité spécifique de la psyché collective.
Cette activité amène à la conscience des contenus psy-

---

1. Il n'est pas superflu de remarquer que ce n'est pas seulement à ce
stade du traitement analytique que les éléments collectifs apparaissent
dans les rêves. Il y a un grand nombre de situations psychologiques au
sein desquelles l'activité de l'inconscient collectif se fait jour. Mais ce
n'est point ici le lieu de nous appesantir sur ce sujet.

chologiques dont auparavant on ne soupçonnait même pas l'existence. Mais dans la mesure où l'inconscient collectif gagne en influence, le conscient perd sa position dominante de puissance dirigeante. Insensiblement, de celui qui guidait, il devient celui qui est guidé, un processus inconscient et impersonnel assumant progressivement la direction. Ainsi la personnalité consciente, sans trop remarquer ce qui lui arrive, se trouve être devenue une pièce, parmi d'autres, sur l'échiquier d'un joueur invisible. Et c'est ce dernier, non plus le conscient et ses intentions, qui mène le jeu dont dépend le destin de la partie. C'est de cette façon, par des détours de cette nature, que s'effectua, dans le cas de notre malade, la libération du transfert qui semblait au conscient impossible et impensable.

Le déclenchement automatique de ce processus est inéluctable chaque fois qu'apparaît la nécessité de dépasser et de surmonter une difficulté insoluble en apparence.

Naturellement, je le souligne, cette nécessité n'est pas rencontrée dans tous les cas de névrose car, dans la majorité de ceux-ci peut-être, il suffira d'aider à surmonter des difficultés momentanées d'adaptation.

Mais les cas graves et lourds ne sauraient toutefois être guéris sans modification profondes du caractère et de l'attitude en face de la vie. En ce qui concerne la plupart des cas des patientes qui nous consultent, l'adaptation aux réalités de leurs existences exige une telle somme de travail que l'adaptation à un monde intérieur, c'est-à-dire à l'inconscient collectif, demeure pour longtemps une tâche inactuelle. Mais si cette adaptation au monde intérieur devient un besoin et un problème, aussitôt émanera de l'inconscient une attraction singulière et irrésistible, qui influencera de façon décisive l'axe général de la vie consciente. La prépon-

dérance de l'influence inconsciente, ajoutée à la dissolution de la *persona* et à la diminution du potentiel
dirigeant du conscient, engendre un état de déséquilibre psychique qui, dans le cas du traitement analytique, a été créé artificiellement dans l'intention thérapeutique de résoudre une difficulté qui bloquait tout
développement ultérieur.

Il existe naturellement un nombre considérable
d'obstacles qui peuvent être surmontés à l'aide d'un
bon conseil, d'un réconfort moral, d'une compréhension, ou grâce à quelque bonne volonté de la part du
malade. De très belles guérisons peuvent être obtenues
de cette façon. Il y a assez fréquemment des cas où il
n'y a pas lieu de prononcer un mot à propos de l'in-
concient.

Mais il existe aussi des difficultés dont on n'aperçoit
même pas quelle pourrait en être la solution satisfaisante. Si les sujets qui se trouvent dans ces situations
n'ont pas déjà présenté avant le traitement des perturbations de leur équilibre psychique, on peut être sûr
qu'il s'en produira au cours du traitement et, très souvent, sans que l'on puisse le moins du monde incrimi-
ner le médecin. Car les choses semblent fréquemment
se passer comme si ces malades, pour s'abandonner et
s'effondrer, n'avaient qu'attendu de rencontrer un
homme valable, en qui ils eussent confiance et à qui il
leur fût loisible de se confier. Une telle perte de l'équilibre est dans son principe très comparable à un trouble
psychotique; c'est-à-dire qu'elle ne se distingue des stades initiaux d'une maladie mentale que par le fait
suivant : une telle perte d'équilibre se résoudra par la
suite et évoluera vers un état de santé plus grand, tandis que les débuts de maladie mentale entraînent des
destructions irréparables. Cet abandon de soi-même
constitue un état de panique, un effondrement en face

d'un imbroglio qui paraît sans espoir. D'ordinaire, des efforts de volonté désespérés en vue de surmonter la difficulté ont précédé cet état; puis survient la faillite qui marque l'effondrement de la volonté jusqu'alors dirigeante. De ce fait, une masse d'énergie se trouve libérée; elle disparaît du conscient et en quelque sorte tombe dans l'inconscient. Le fait est que c'est dans de pareils moments que surgissent les premiers signes d'une activité inconsciente (je renvoie à l'exemple du jeune homme qui avait tenté de piller l'observatoire[1]). Ainsi, manifestement, l'énergie qui abandonne le conscient anime l'inconscient. Cela entraîne comme conséquence dans l'esprit du malade une modification radicale du sens des choses et de la vie, un revirement total. On peut en effet aisément imaginer, dans le cas de ce dernier malade, qu'un cerveau plus solidement structuré aurait discerné dans sa vision des étoiles une illumination bienfaisante, qui l'aurait amené à considérer sa douleur humaine *sub specie aeternitatis* – dans la perspective de l'éternité –, ce qui aurait eu pour résultat de lui rendre son bon sens[2].

C'est sur ce mode qu'une difficulté en apparence insurmontable peut trouver sa solution. C'est pourquoi je considère qu'une perte d'équilibre peut être quelque chose de salutaire puisque, grâce à elle, le conscient défaillant sera remplacé par l'activité automatique et instructive de l'inconscient; celui-ci visera à la reconstitution d'un nouvel équilibre, but qu'il est capable d'atteindre... *pourvu que le conscient soit en état d'assimi-*

1. Voir p. 61 (N.d.T.).
2. Voir Théodore FLOURNOY, *Automatisme téléologique antisuicide : un cas de suicide empêché par une hallucination*, in *Archives de Psychologie*, 1908, VII, p. 113-137; et C.G. JUNG, *Psychologie der Dementia praecox*, 1907, p. 174 et ss., *Gesammelte Werke*, vol. III, § 304 et ss.

ler les contenus produits par l'inconscient, c'est-à-dire
de les comprendre et de les intégrer.

Car en effet, à ce carrefour, plusieurs éventualités
sont possibles : celle que nous venons d'envisager est la
plus heureuse. Il en est une seconde : si l'inconscient
engloutit le conscient et saccage les instances conscientes, cela entraîne un état psychotique. La troisième
éventualité enfin est la suivante : l'inconscient ne peut
pas réaliser entièrement un raz de marée comme dans
la seconde éventualité, sans pourtant que se crée la
compréhension créatrice de la première éventualité;
alors se produit un conflit qui paralyse toute possibilité
de progrès et d'évolution.

Ainsi donc, nous voyons tout ce qui dépend de la
possibilité qu'a ou n'a pas le conscient de comprendre
l'inconscient collectif. Cette question de la compréhension de l'inconscient collectif constitue un problème
considérable, qui fera l'objet du chapitre suivant.

IV

Tentatives pour extraire
et libérer l'individualité
de la psyché collective

1. *La reconstitution régressive de la* persona.

Ce n'est pas chose insignifiante que de voir s'effondrer, chez un être humain, l'attitude et les structures conscientes. C'est en petit une véritable fin du monde, le sujet a l'impression que tous les éléments qui constituaient sa vie retombent dans une manière de chaos originel. Il se sent abandonné, désorienté, vulnérable à l'extrême, tel un navire sans gouvernail et livré aux fureurs des élements. C'est du moins ce qui semble être et l'impression qu'il en a. L'expérience montre que la réalité est un peu différente : en fait, l'être, abandonné par son conscient, est retombé dans ses plans inconscients collectifs, auxquels il est livré et qui assument dorénavant la direction.

On pourrait multiplier les exemples de ces cas où, dans un moment critique, surgissent une pensée « salvatrice », une vision, une « voix intérieure », avec la force de conviction d'une illumination, donnant à la vie immédiate et future une nouvelle orientation. On pourrait peut-être aussi citer d'autres cas où l'effondrement du conscient équivaut à une catastrophe qui détruit une vie, car il n'est pas rare de constater qu'à ces moments paroxystiques des interprétations et des convictions morbides s'installent dans l'esprit du malade et en prennent possession, ou encore que les idéaux qui l'animaient sont anéantis, ce qui peut être tout aussi néfaste. La première éventualité, celle de l'illumination salvatrice, crée un état ou bien de curiosité psychologique, ou bien de psychose; et la seconde détermine un état de désorientation et de démoralisation.

Mais si les contenus inconscients, profitant en quelque sorte du vacuum créé dans le conscient, pénètrent dans ce dernier et le comblent, l'animant de la force de conviction qui les caractérise, la question se pose de savoir comment l'individu va réagir à cette constellation entièrement nouvelle. Je laisse de côté le cas idéal de la compréhension critique de la situation[1].

Deux éventualités sont possibles. Dans la première, le patient adhérera aux contenus inconscients qui « illuminent » dorénavant son esprit de toutes leurs forces de conviction : il y croira. Dans la seconde, il leur refusera toute créance et les rejettera.

La première éventualité, c'est l'attitude qui définit la paranoïa ou la schizophrénie. La seconde fera du malade un original, prophète à sa manière, ou un être

---

1. C'est à cela que tendra l'intervention de l'analyste si, par chance, le sujet ou son entourage possèdent déjà une compréhension minimale suffisante de ces phénomènes pour lui demander son appui. Le dialogue analytique alors, courant en pareille occurrence au plus pressé, visera à aider le sujet afin qu'il accède à une compréhension qui pourra lui permettre d'éviter de basculer, soit dans des réactions extrêmes, soit dans le désastre d'une poussée psychotique. Le rôle de la prévention s'est montré en ce cas de la plus grande importance. L'expérience a en effet montré que, là où le malade seul a toutes chances d'échouer en face de phénomènes qui dépassent de très loin les possibilités de sa compréhension, celle-ci peut se développer dans un travail à deux, pourvu que le malade ait la chance de rencontrer un praticien averti de ces problèmes, et que leurs deux personnalités « s'accrochent » (N.d.T.).

infantile qui, à force de régression, se mettra au ban de la communauté de ses semblables.

Quant au cas dont nous faisions abstraction ci-dessus, celui de la compréhension critique, il est idéal parce que c'est cette compréhension qui déterminera *la reconstitution régressive de la persona*. Cette formule qui résonne de façon trop technique doit faire penser au lecteur qu'il s'agit d'une réaction psychique particulièrement compliquée, naissant dans le cadre du traitement analytique. Or, ce serait une erreur de croire que l'analyse est le seul cadre où cette réaction se produise. On peut observer ce processus aussi bien, et souvent même mieux que dans l'analyse, dans d'autres circonstances de la vie, et en particulier à ces moments de l'existence où un destin cruel intervient telle une fatalité destructrice. Certes, il appartient à chacun de subir les coups du sort, mais il s'agit d'ordinaire de plaies qui se cicatrisent sans laisser de mutilations. Or, je fais ici allusion à ces expériences vécues, dévastatrices, qui brisent totalement un être ou qui le rendent infirme de façon durable. Prenons l'exemple d'un homme d'affaires qui, se lançant dans des spéculations audacieuses, se voit un beau jour acculé à la banqueroute. S'il ne se laisse pas trop décourager et déprimer, s'il conserve son audace, à laquelle cette expérience ajoutera la nuance de circonspection qui lui faisait défaut, sa plaie guérira sans laisser d'infirmité. Mais si, par contre, il s'effondre, perd tout courage, s'il renonce à tout esprit d'entreprise et s'efforce seulement de recoller à grand-peine les morceaux de sa réputation sociale dans le cadre d'une personnalité beaucoup plus restreinte, assumant dorénavant simplement, avec la mentalité d'un enfant effrayé, un travail subalterne dans quelque petit poste incontestablement au-dessous du niveau de ses possibilités, il a alors – pour reprendre l'expression technique – *reconstitué sa* persona *par des démarches régressives.* Sous le coup de la frayeur, cet homme a comme glissé à reculons à un stade antérieur d'épanouissement de sa personnalité. Mais si ce stade avait eu valablement son heure, il l'avait dépassé depuis longtemps; et il se trouve maintenant comme rapetissé, rabougri, se donnant l'apparence que les choses se passent comme elles auraient dû se passer avant l'expérience critique. C'est comme s'il feignait une trop grande modestie, alors qu'en fait il n'est même plus capable de penser à renouveler une entreprise audacieuse. *Il se peut qu'auparavant il ait désiré plus qu'il ne pouvait entreprendre; mais maintenant il n'ose même plus faire ce dont il serait capable.*

De telles expériences vécues sont susceptibles de se produire dans toutes les circonstances et dans tous les domaines de la vie sous les formes les plus variables; et c'est pourquoi elles se produisent aussi au cours d'un traitement psychique. Ici aussi il s'agit d'une extension de la personnalité, d'une entreprise hasardeuse de nature intérieure, comparable à celles qui sont de nature extérieure. Comme le montre notre exemple de l'étudiante en philosophie, le point critique du traitement c'est le *transfert* et l'expérience vécue qu'il détermine. Mais, comme je l'ai déjà dit, il peut advenir que le malade contourne inconsciemment l'écueil du transfert[1]; dans ce cas, le transfert n'étant pas élevé à la dignité d'un problème central déclenchant tout un jeu complexe et subtil d'actions et de réactions, dont l'analyse apporterait au malade beaucoup d'éclaircissements, de prises de conscience et de mises au point, rien d'essentiel ne se produit. Certes, naturellement, le médecin, par goût de la commodité, peut souhaiter

1. Voir C.G. JUNG, *Psychologie du transfert,* ouv. cité (N. d. T.).

avoir beaucoup de malades de cette sorte. Mais, si les malades en question sont intelligents, ils découvrent d'eux-mêmes l'existence de ce problème.

Si le transfert se produit comme dans notre premier exemple – celui de l'étudiante en philosophie –, le médecin se voit transformé en une manière de père-amant et, partant, sent se déverser sur lui des flots d'exigences multiples; il se voit donc contraint, par la force des choses, à rechercher des moyens et des voies qui lui permettront de faire front à cet assaut afin, d'une part, de ne pas être lui-même entraîné dans le tourbillon; et, d'autre part, afin que le malade s'en tire sans dommages. En effet, la rupture brutale du transfert peut déclencher une rechute aussi grave que le mal initial, ou même pire : c'est pourquoi le problème doit être considéré et manié avec beaucoup de tact et de prudence.

La première possibilité se nourrit de l'espérance qu' « avec le temps », cette « absurdité » que constitue le transfert cessera d'elle-même. Certes, avec le temps, tout finit bien par cesser; mais, comme les délais requis peuvent être fort longs et la situation demeurer, pendant tout cela, chargée de grosses difficultés pour les deux protagonistes, malade et médecin, il vaut mieux d'emblée ne pas trop compter en la matière sur le facteur auxiliaire qu'est « le temps ».

Pour « lutter » contre le transfert, la théorie freudienne des névroses semble offrir un instrument bien supérieur : la dépendance du malade sera expliquée à celui-ci comme constituant une exigence sexuelle infantile, qui se substitue au lieu et place d'un usage normal et raisonnable de la sexualité. La théorie d'Adler[1], qui

1. Alfred ADLER, *Le Tempérament nerveux*, traduction française du docteur Roussel, Payot, 1926, Paris (N. d. T.).

voit dans le transfert une tendance infantile de volonté de puissance et une expression du « besoin de sécurisation », offre un avantage analogue. Ces deux théories concordent si bien avec la mentalité névrotique qu'il n'est pas un cas de névrose que l'on ne puisse en même temps expliquer à la lumière de chacune d'elles[1].

Ce fait, en soi très curieux, mais que tout praticien sans préjugés peut confirmer, ne souffre qu'une explication, à savoir que l' « érotisme infantile » de Freud et la « volonté de puissance » d'Adler sont une seule et même chose, en dépit de toutes les controverses qui opposent l'école de Freud à celle d'Adler. Cette seule et même chose est tout simplement un morceau de nature, un trait de la nature instinctive originelle, non maîtrisée et tout d'abord non maîtrisable, qui apparaît au jour dans le phénomène de transfert. Les formes archaïques de l'imagination, les fantasmes qui, petit à petit, au cours du développement et de l'analyse du transfert, surgissent à la conscience, sont autant de preuves de plus à l'appui de cette conception.

Grâce à ces deux théories, on peut essayer d'expliquer au malade combien ses exigences sont infantiles, absurdes et irréalisables... et peut-être qu'en définitive, si on a de la chance, il retrouvera le terrain solide d'un comportement de raison. Mais ma malade n'était pas la seule à n'en rien faire. Certes, à l'aide de ces théories, il est vrai, le médecin peut tenter de sauver la face et se tirer, avec plus ou moins d'humanité, d'une situation pénible. Il y en a effet des malades à l'égard desquels un effort plus grand ne se justifie point (ou, du moins, en faveur desquels un effort plus grand ne semble point se justifier); mais il est aussi des cas où une telle façon

---

1. En voir un exemple dans C. G. JUNG, *Psychologie de l'inconscient,* ouv. cité (N. d. T.).

de procéder, véritable tentative pour décapiter le transfert, entraînerait sans conteste un dommage insensé de l'âme du malade.

Dans le cas de mon étudiante, je ressentis obscurément ce danger et, par suite, j'abandonnai mes tentatives rationalistes pour donner à la nature – en dépit de la méfiance grondante que je n'arrivais pas à faire taire en moi – la possibilité de corriger elle-même son propre non-sens (ou ce qui me semblait tel). Comme je l'ai déjà montré plus haut[1], c'est à cette occasion et en cette circonstance que je découvris un facteur d'une importance qu'on ne saurait surestimer, à savoir l'*existence d'une autorégulation inconsciente. L'inconscient ne se borne pas à « désirer »; il peut aussi annuler ses propres désirs.* Cette connaissance nouvelle, si importante pour l'intégrité de la personnalité, demeure inaccessible au praticien qui reste accroché à des conceptions théoriques périmées, à savoir qu'il ne peut s'agir, sur le plan inconscient, que d'infantilisme. Et elle demeure, dès lors, aussi inaccessible à son malade qui, sur le seuil de cette connaissance, tournera court et se dira : « Tout cela bien entendu n'était que non-sens; je suis un rêveur à l'âme malade et je ferais mieux d'enterrer ou de jeter par-dessus bord mon inconscient et tout ce qui s'y rapporte[2]. » Il pensera que le seul sens possible de ce à quoi il aspirait si ardemment n'a pu et ne peut être qu'un non-sens. En se rendant compte de l'absurdité de ses désirs, il apprendra la tolérance à sa propre adresse et aussi la résignation. Que pourra-t-il faire

1. Voir p. 38 (N. d. T.).
2. C'est là une attitude piquante chez les malades qui souvent viennent consulter l'analyste dans le secret espoir que celui-ci pourra « les débarrasser de leur inconscient ». On ne peut que répondre à ces malades : « Si vous alliez consulter un cardiologue pour un trouble cardiaque, pourriez-vous lui demander, non seulement de vous guérir de votre maladie de cœur, mais aussi de vous extirper le cœur ? » (N. d. T.).

dorénavant? Il s'efforcera de revenir à l'état antérieur
au conflit et tentera, tant bien que mal, de reconstituer
régressivement sa *persona*, amputé qu'il se trouve de
toutes les attentes et de tous les espoirs qui avaient
fleuri en lui et l'avaient enthousiasmé lors de la période
de transfert. De ce fait, il se retrouvera plus petit, plus
rabougri, plus limité, plus rationaliste que jamais[1].

On ne saurait dire que cette issue soit *eo ipso* un
malheur pour tous les êtres, car il n'existe que trop
d'individus qui, du fait de leur insuffisance et de leur
médiocrité notoire, s'accommodent mieux d'un système
rationalisant que de la liberté. La liberté fait partie des
choses les plus difficiles. Celui qui se contente du faux
dénouement mentionné ci-dessus peut dire avec Faust[2] :

> *Le cercle de la terre m'est suffisamment connu.*
> *Vers l'au-delà la vue nous est barrée;*
> *Insensé qui dirige vers le ciel ses yeux éblouis,*
> *Et se figure par-delà les nuages des êtres pareils à lui !*
> *Que l'homme, dressé sur la terre, regarde autour de lui;*
> *Pour le vaillant, ce monde n'est pas muet.*
> *Qu'a-t-il besoin d'errer à travers l'éternité !*
> *Ce qu'il connaît, il peut le saisir.*
> *Qu'il marche ainsi tant que durera le jour de sa vie;*
> *Si des fantômes l'assaillent, qu'il passe son chemin...*

Cette issue serait heureuse si l'être parvenait vraiment à se déprendre de l'inconscient, à lui soustraire
une telle somme d'énergie qu'on réussît à le rendre
inefficace. *Or l'expérience a montré que l'énergie de
l'inconscient ne peut être soustraite à celui-ci que très
partiellement : en effet, il reste toujours actif et effi-*

---

1. C'est cette mentalité que l'on rencontre très précisément chez un
certain nombre de sujets qui ont subi avec plus ou moins de bonheur une
analyse freudienne, quand celle-ci a été un demi-succès et un demi-échec
(N. d. T.).
2. *Faust* II, acte V, scène 4.

cace, pour l'excellent motif qu'il renferme et constitue
lui-même la source de la libido[1] *dont émanent les élé-*
ments psychiques qui font notre vie. Croire que l'on
puisse arracher, grâce à une théorie ou une méthode en
quelque sorte magique, de façon définitive, la *libido* de
l'inconscient et exclure ce dernier, le court-circuiter, le
mettre sur la touche, serait donc une illusion. On peut
certes la caresser pour quelque temps, mais un jour
viendra où l'on se trouvera forcé de dire encore avec
Faust[2] :

> *Maintenant l'air est si plein de ce sabbat de fantômes,*
> *Que nul ne sait comment il pourrait y échapper.*
> *Quand bien même le jour nous sourit, clair et sensé,*
> *La nuit nous enserre dans le tissu du rêve;*
> *Nous rentrons, joyeux, dans la campagne rajeunie,*
> *Un oiseau croasse; que croasse-t-il ? Malchance.*
> *Captifs à tout instant dans les rets de la superstition :*
> *Nous voyons partout signes, apparitions, avertissements.*
> *Et ainsi, intimidés, nous nous trouvons seuls.*
> *La porte grince, et personne n'entre.*

Personne ne peut retrancher *arbitrairement* de l'inconscient la force agissante et créatrice. Tout au plus
peut-on s'abuser à ce sujet. Les choses se passent
comme Goethe le fait dire au Souci[3] :

---

1. La *libido*, de sexuelle qu'elle est pour l'essentiel chez Freud, et de
volontariste pour l'essentiel chez Adler, est, dans la conception de Jung,
l'énergie psychique en toute généralité, englobant, certes, la *libido* dans
le sens de Freud et dans celui d'Adler, mais, en outre, susceptible de se
manifester par les extériorisations les plus polymorphes, grâce à tous les
claviers de l'humain et à travers toutes ses possibilités expressives, sans
en oublier aucune.
   Voir dans ce livre les pages 206 et ss.
   Voir aussi C. G. JUNG : *Psychologie de l'inconscient* (ouv. cité, p. 105;
Métamorphose de l'âme et ses symboles (ouv. cité), IIe partie, chap. 2 :
« Du concept de libido », et *L'Energétique psychique* (ouv. cité), Ire partie
(N. d. T.).
   2. *Faust* II, acte V, scène 4.
   3. *Faust* II, acte V, scène 4.

Quand même nulle oreille ne m'entendrait,
Mes paroles n'en sonneraient pas moins en ton cœur;
Sous une forme changeante,
J'exerce un pouvoir cruel.

Une seule circonstance est en état de s'opposer avec efficacité à l'inconscient et de lui dresser un barrage, c'est une calamité extérieure indiscutable. Mais quiconque a une connaissance tant soit peu approfondie de l'inconscient discerne jusque dans la souffrance provoquée de l'extérieur, et dissimulé par les faces de celle-ci, ce même visage, ce même aspect des problèmes et des choses qui, auparavant, préoccupaient le sujet du dedans. Une détresse intérieure peut se métamorphoser, se concrétiser en un malheur extérieur, et, tant que règne l'état de besoin qu'il entraîne, tant qu'il règne sans affectation, mais dans sa vérité et son acuité premières, le problématisme psychique demeure muet et latent[1].

1. C'est ce fait qui, entre autres, rend compte des guérisons spontanées, brutales et spectaculaires qui, parfois, se produisent par exemple lors d'une déclaration de guerre. Nous avons suivi plusieurs cas où, la guérison apparente ayant persisté pendant toute la durée des hostilités, l'état et les symptômes névrotiques se réinstallèrent malheureusement la paix revenue, l'état d'urgence vital ayant cessé de régner.
Mais Jung dit bien qu'il faut, pour qu'elle soit même momentanément efficace, que la détresse soit réelle et sans affectation. Il nous revient à l'esprit le cas d'un malade qui, ayant été trop choyé sa vie, enfant unique d'une famille très fortunée, objet de soins excessifs, tenta pour se guérir de vivre dans une indépendance artificielle d'étudiant besogneux. Il espérait que cette décision aurait sur lui le même effet de coup de baguette magique que la déclaration de guerre pour les malades cités plus haut. A sa grande surprise et à sa grande déception, il n'en fut rien. Ses symptômes persistèrent comme devant. L'explication de cette déception pourtant était simple : sa « misère » n'était point réelle, c'était une simulation, un sport et un caprice supplémentaire d'enfant gâté, car il savait bien au fond de lui-même que de toute façon le riche héritage familial lui échoirait un jour et que, en cas de besoin réel et urgent, sa famille l'assisterait (N. d. T.).

C'est pourquoi Faust, finalement excédé par les tourbillons insensés de la vie sociale, reçoit de Méphisto le
conseil suivant[1] :

Bien ! C'est un remède qu'on a pour rien.
Sans médecin ni sorcellerie :
Va-t'en de ce pas aux champs,
Mets-toi à bêcher et piocher,
Confine-toi de corps et d'esprit
Dans un cercle tout à fait limité,
Nourris-toi d'aliments tout simples,
Vis comme une bête parmi le bétail, et ne regarde pas comme
                                              [au-dessous de toi
De fumer toi-même le champ où tu moissonneras...

Or, on le sait, il n'est pas possible de feindre « la vie
simple », et c'est pourquoi il est toujours impossible
d'acheter, grâce à de semblables singeries et simagrées,
l'insouciance, la quiétude et l'ignorance de certains
problèmes qui caractérisent une vie pauvre, livrée sans
défense à un destin impérieux et exigeant. Seul pourra
mener une vie dépouillée et simple celui qui porte en
lui la *nécessité* d'une telle existence et qui y est astreint
par sa nature, non pas celui qui ne fait qu'en entrevoir
la possibilité; le premier restera aveugle aux problèmes
qui tenaillent le second; il n'en sera pas atteint, sa tour-
nure d'esprit ne lui permettant même pas de les envisager. Car s'il est en état de discerner d'une façon même
confuse le problème faustien, c'en est fait de « sa vie
simple ». Certes, rien n'empêchera un tel sujet d'occuper un logis de deux pièces à la campagne, de bêcher
un jardin et de manger des carottes crues. Mais s'il peut
tromper tout le monde autour de lui, il ne peut se
tromper lui-même, et son âme rira de cette farce, se

1. *Faust* I, scène de la Taverne d'Auerbach.

moquera de cette tromperie. *Seul exerce une force de guérison ce que l'on est en vérité.*

La reconstitution régressive de la *persona* n'est une bonne solution de vie que pour un sujet qui doit l'échec décisif de son existence à la circonstance particulière qu'étant grenouille il a voulu se faire bœuf. Avec la diminution de sa personnalité, ce malade retourne à ses vraies dimensions, aux proportions et aux tâches qu'il est en état d'assumer.

Mais dans tous les autres cas, la résignation et l'amoindrissement de soi-même que cette solution entraîne ne sont qu'une fuite déguisée qui, à la longue, ne peut être maintenue qu'au prix d'un étiolement névrotique. Certes, le sujet, selon la perspective de son conscient, ne voit ni ne décèle rien dans son *nouveau* style de vie qui ressemble le moins du monde à une fuite ou à un escamotage de ses tâches; la diminution résignée ainsi provoquée lui semble répondre à l'impossibilité où il se sent d'attaquer le problème de front. En général, il est seul, très seul, il se sent même abandonné, et rien ou presque rien dans notre vie moderne ne lui offre un support secourable; pas même la psychologie, qui lui semble contraire ! Car elle ne lui montre tout d'abord que des conceptions réductives qui soulignent encore, si faire se peut, l'inévitable caractère infantile et archaïque des différents stades par lesquels il est passé; la psychologie se rend ainsi à ses yeux inacceptable. Qu'une théorie médicale puisse aussi servir à ce que le médecin se tire avec plus ou moins d'élégance d'un pas difficile, on ne saurait vraiment en vouloir à un malade, de n'y point songer. Si les théories réductives auxquelles nous faisions allusion plus haut semblent si excellemment adaptées à la nature des névroses, c'est parce qu'elles sont singulièrement utiles au médecin lui-même.

2. *L'identification avec la psyché collective.*

Nous venons de montrer les difficultés et les périls qui surgissent lorsque l'être, rencontrant le monde de la psyché, réagit selon le mode, tout spontané, que nous venons de décrire.

La seconde possibilité, la seconde voie par laquelle l'individu pourrait envisager de s'acheminer, consisterait à s'identifier avec la psyché collective. Cela reviendrait à accepter l'inflation, non plus implicitement et à son propre insu, mais sciemment, à élever en quelque sorte l'inflation à la dignité d'un système, c'est-à-dire que le sujet qui ferait sienne une telle attitude se sentirait dorénavant le détenteur heureux de la grande vérité, de cette fameuse vérité qui, lui semblait-il, restait encore à découvrir, de cette espèce de connaissance définitive qui est appelée à assurer le salut des peuples. Cette attitude n'entraîne pas nécessairement une *folie des grandeurs* dans sa forme banale et grossière; le plus souvent cette mégalomanie s'extériorise sous la forme atténuée bien connue de l'inspiration prophétique, de la vocation réformatrice ou de l'aspiration au martyre. Pour les esprits faibles qui, fréquemment, compensent leur débilité par une dose inversement proportionnelle d'orgueil, de vanité et de naïveté mal placée, le danger n'est pas mince de succomber à cette tentation. Qu'on le veuille ou non, l'accès à la psyché collective produit dans l'individu, par son ouverture même, un renouveau de vie, que la sensation qui en résulte soit ressentie comme agréable ou désagréable. Or, ce renouveau de vie, on entend le capter et le conserver; tantôt parce que tel sujet se sent exalté dans son être vital, tantôt parce qu'un autre s'en promet un vaste enrichissement de ses connaissances; tantôt enfin parce qu'un troisième y discerne une clé ou un moyen qui lui permettra de métamorphoser sa vie. C'est pourquoi tous ceux qui ont pressenti les grandes valeurs cachées ou enterrées dans la psyché collective ne veulent plus, pour un motif ou pour un autre, les laisser échapper, et ils s'efforceront tous de conserver, d'une façon ou d'une autre, ce contact nouveau, exaltant ou révélateur, qu'ils ont trouvé avec les fondements originels de la vie[1].

Pour ce faire, la voie la plus immédiate qui s'offre semble être l'identification à laquelle invite, en quelque sorte en bonne et due forme, la dissolution de la *persona*, qui se fond dans la psyché collective et s'y confond, s'unifie à ce gouffre qui l'absorbe et dans lequel elle peut s'engloutir sans laisser la trace même d'un souvenir. Ce comportement mystique peut être le fait de toute créature de qualité, comme la « nostalgie de la mère », ce regard en arrière vers la source, est inné en chacun.

Ainsi que je l'ai précédemment montré en détail, la nostalgie régressive du retour en arrière vers les sources, où Freud, on le sait, n'a vu que « fixation infantile » ou « désir d'inceste », comporte de grandes valeurs et une nécessité particulière; celles-là et celle-ci sont mises en évidence dans les mythes par le fait que, par exemple, c'est le plus fort et le meilleur, à savoir le héros, qui se laisse entraîner par la nostalgie régressive et qui s'expose intentionnellement au danger d'être englouti par le monstre de la matrice maternelle origi-

---

1. Rappelons ici une remarque intéressante de Kant : dans ses conférences sur la psychologie (Leipzig, 1789), il attire l'attention sur le « trésor caché dans le champ des représentations obscures, trésor qui constitue le socle profond des connaissances humaines, et que nous ne saurions atteindre ». Ce trésor, comme je l'ai montré en détail dans mon livre *Métamorphoses de l'âme et ses symboles*, est constitué par la somme des images originales dans lesquelles se trouve investie la *libido* ou qui, pour mieux dire, constituent l'autoreprésentation de la *libido*.

nelle. Et il est précisément un héros parce qu'il ne se laisse point engloutir définitivement, mais subjugue le monstre, et non pas une fois, *mais à de nombreuses reprises.* C'est dans la victoire remportée sur la psyché collective que réside la vraie valeur, la conquête du trésor, de l'arme invincible, du précieux talisman ou de tous autres biens suprêmes inventés par le mythe. Quiconque donc s'identifie à la psyché collective et s'y perd – c'est-à-dire, en langage mythique, se laisse engloutir par le monstre – va par conséquent se trouver au voisinage immédiat du trésor que garde le serpent, mais au détriment de toute liberté et pour son plus grand dommage. Qui a conscience du ridicule de cette identification n'osera l'élever à la dignité d'un principe. Mais le danger, c'est précisément que l'humour nécessaire pour se rendre compte de ce ridicule fait défaut au plus grand nombre, ou que précisément sur ce point il fait faillite : la plupart des sujets se sentent emportés par un souffle pathétique, grandis par une espèce de gestation lourde de signification, qui leur interdisent toute critique efficace à l'adresse d'eux-mêmes.

Je ne veux pas nier de façon générale qu'il puisse exister de vrais prophètes; toutefois, par prudence, je préfère adopter en faveur de chaque cas particulier une attitude dubitative; car ces affaires de prophétisme sont bien trop redoutables pour qu'on ose prendre position et décide à la légère de considérer le prophète en question comme authentique. D'ailleurs, tout véritable prophète commence par se défendre avec véhémence contre le rôle qu'on voudrait inconsciemment lui faire jouer. Aussi, dès qu'un prophète accède trop rapidement, et comme en un tour de main, à son personnage, il sera judicieux de penser tout d'abord à la possibilité d'une perte d'équilibre psychique.

Si l'une des possibilités, si l'une des séductions qui

s'offrent consiste à verser dans le prophétisme, il en est
une autre, plus subtile, et prometteuse en apparence de
joies plus légitimes, à savoir celle de se muer en *disci-*
ple d'un prophète. Pour un nombre important d'individus, cette séduction semble même constituer une technique idéale. Ses avantages sont multiples : l'*odium*
dignitatis – le poids de la dignité –, qui émane de la
responsabilité surhumaine du prophète, vous nimbe à
l'avenir, tout en se transformant en un *otium indignita-*
tis – la quiétude dans l'indignité – d'autant plus suave :
on se sent indigne et on prend humblement place aux
pieds du « maître » tout en se défiant de trop penser
par soi-même. La paresse intellectuelle devient vertu, et
on peut au moins se dorer au soleil d'une espèce de
demi-dieu. L'archaïsme et l'infantilisme des fantasmes
inconscients peuvent s'en donner à cœur joie sans risquer trop de pots cassés, puisque toute responsabilité
est rejetée sur le « maître ». Par sa glorification, qui en
fait l'égal d'un dieu, on se pousse du col, sans y prendre garde, semble-t-il, et en outre on a au moins reçu la
grande vérité, celle qui importait – à défaut de l'avoir
découverte soi-même – des mains mêmes du « maître ».
Naturellement, les disciples se réunissent, s'associent
toujours, non pas, d'aventure, par amour, mais mus
par un intérêt bien compris : en créant une atmosphère
et un accord collectifs, chacun espère être paresseuse-
ment confirmé dans sa propre conviction, sans avoir
d'efforts à fournir.

Ainsi, cette position de disciple entraîne une identification à la psyché collective qui semble infiniment plus
recommandable : c'est à un autre que reviennent et
l'honneur d'être prophète et, par le fait même, la
redoutable responsabilité; on se borne à l'état de simple
disciple, c'est-à-dire qu'on est dégagé pour l'essentiel
du plan responsable, tout en participant néanmoins à

la gestion du grand trésor qu'a découvert le « Maître ». On ressent la dignité et le poids d'une telle charge et l'on considère comme nécessité morale et devoir suprême de clouer au pilori, non seulement les adversaires, mais aussi les tièdes et les indifférents. On se croit obligé de faire des prosélytes et d'apporter à l'humanité la lumière nouvelle... comme si l'on était le prophète en personne[1]. Et ce sont précisément les êtres qui se sont glissés comme en rampant derrière la barricade d'une *persona* bien humble et bien modeste qui, soudain, se sentant enflammés et gonflés par l'identification à la psyché collective, se signalent à l'attention de la vie du monde. Car, si le prophète est une image originelle de la psyché collective, le disciple du prophète est au même titre également un archétype.

Dans les deux cas, celui du prophète et celui du disciple, se produit une inflation par une identification à une composante de l'inconscient collectif; dès lors, l'indépendance, l'autonomie de l'individualité ne peuvent pas ne pas en subir des dommages. Mais, après tout, rares sont les individualités qui ont la force d'aspirer à l'autonomie et la force de la posséder. Et, dès lors, peut-être que les fantasmes liés à l'existence de disciples sont le meilleur de ce que ceux-ci puissent atteindre. Les joies de l'inflation, implicitement inhérentes à cet état, sont au moins un petit dédommagement qui console de la perte de la liberté sur le plan de l'esprit. En outre, il ne faut pas sous-estimer non plus le fait que la vie d'un prophète, qu'il soit réellement un prophète ou s'imagine simplement l'être, est pleine de

---

1. Ce passage plein d'humour pourrait servir d'épigraphe à l'activité de bien des sociétés scientifiques et – *last but not least* – de bien des groupements psychologiques. Il éclaire d'admirable façon la vie singulière, pleine de tensions, de jalousie, d'excommunication majeures, de la plupart des groupements littéraires, artistiques, scientifiques, philosophiques, religieux, voire psychologiques (N. d. T.).

souffrances, de déceptions et de privations. Aussi le
chœur des fidèles qui entonne un *hosanna* a-t-il pour
lui la valeur d'une compensation. Tout cela est humainement si compréhensible qu'il faudrait presque s'étonner de trouver quelque instance psychologique, quelque démarche humaine, qui permît de surmonter cet
obstacle et qui menât au-delà.

Deuxième partie

L'INDIVIDUATION

I

La fonction de l'inconscient

Il existe une voie, une possibilité de parvenir au-delà des échelons psychologiques, des niveaux mentaux et humains décrits dans la première partie de cet ouvrage : *c'est la voie de l'individuation.* La voie de l'individuation signifie : tendre à devenir un être réellement individuel et, dans la mesure où nous entendons par individualité la forme de notre unicité la plus intime, notre unicité dernière et irrévocable, il s'agit de la *réalisation de son Soi,* dans ce qu'il a de plus personnel et de plus rebelle à toute comparaison. On pourrait donc traduire le mot d'« individuation » par « réalisation de soi-même », « réalisation de son Soi »[1].

Les possibilités de développement décrites dans les chapitres précédents sont, au fond, à y regarder de près, autant d'*aliénations de soi-même,* à savoir de *dépersonnalisations partielles,* tantôt au profit d'un

1. Que le lecteur n'aille pas s'imaginer qu'il y a là une recette facile : il s'agit d'une évolution fort délicate qui s'affirme être un destin : les épines y abondent ; en particulier les faiblesses, les complaisances que l'on a à l'égard de soi-même, les fausses commodités que l'on croit pouvoir s'accorder sont sanctionnées en soi-même ou en ses proches avec une susceptibilité et une cruauté à nulle autre pareilles. Il semble que, sur cette voie de l'individuation, plus que partout ailleurs, noblesse oblige. Tout se passe comme si, sur cette voie, les dieux – les dieux psychologiques –, une fois alertés, étaient doublement jaloux (N. d. T.).

rôle extérieur, tantôt au bénéfice d'une importance imaginée ou imaginaire. Dans le premier cas, le Soi est refoulé à l'arrière-plan au profit de l'adaptation et de la mise en valeur de l'individu dans le cadre social; dans le second cas, cela a lieu sous l'action de l'influence autosuggestive d'une image primordiale. Dans un cas comme dans l'autre, c'est le collectif qui prédomine et l'emporte. Or l'abdication de soi-même au profit du collectif correspond à un idéal social : elle passe même pour une vertu et un devoir vis-à-vis de la société, quoiqu'elle puisse donner lieu à des utilisations abusives et égoïstes. On dit d'un égoïste qu'il est « plein de lui-même », ce qui, naturellement, n'a rien à voir avec la notion du Soi, telle que je l'utilise ici.

La réalisation de son Soi se situe à l'opposé de la dépersonnalisation de soi-même. Prendre l'individuation et la réalisation de son Soi pour de l'égoïsme est un malentendu tout à fait commun; car les esprits font en général trop peu de différence entre l'individualisme et l'individuation. L'individualisme accentue à dessein et met en relief la prétendue particularité de l'individu, en opposition aux égards et aux devoirs en faveur de la collectivité. L'individuation, au contraire, est synonyme d'un accomplissement meilleur et plus complet des tâches collectives d'un être, une prise en considération suffisante de ses particularités permettant d'attendre de lui qu'il soit dans l'édifice social une pierre mieux appropriée et mieux insérée que si ces mêmes particularités demeuraient négligées ou opprimées. Car, enfin, que faut-il entendre par la « particularité d'un individu ? » Elle ne signifie point étrangeté de sa substance ou de ses composantes, mais essentiellement le rapport singulier du mélange de ses composantes et le degré infiniment nuancé et progressif de la différenciation de ses fonctions et de ses capacités, ces dernières étant de nature universelle. Le propre de chaque visage humain est de comporter un nez, deux yeux, etc., mais ces facteurs universels sont variables, et dans cette diversité réside ce qui détermine les particularités individuelles. C'est dire que l'individuation ne peut être qu'un processus qui accomplit les données et les déterminantes individuelles, en d'autres termes, qui fait, d'un individu donné, l'être que, une fois pour toutes et en lui-même, il doit être. De ce fait, il ne deviendra pas égoïste ou égocentrique dans le sens habituel du terme, mais accomplira simplement sa nature d'être, ce qui, comme je le disais plus haut, est précisément aux antipodes de l'individualisme et de l'égoïsme.

Dans la mesure où l'individu humain, en tant qu'unité vivante, est composé d'une foule et d'une somme de facteurs universels, il est totalement collectif et sans l'ombre d'une opposition à la collectivité. On ne peut pas porter l'accent sur la particularité individuelle d'un être sans contredire cette donnée de base de l'être vivant. Mais comme les facteurs, qui en eux-mêmes sont universels, n'existent et ne se présentent qu'en des formes individuelles, leur prise en considération totale détermine une *cristallisation, individuelle* au suprême degré, à côté de laquelle tout individualisme semble bien fade.

L'individuation n'a d'autre but que de libérer le Soi, d'une part des fausses enveloppes de la persona, *et d'autre part de la force suggestive des images inconscientes.* Ce que nous en avons dit a dû suffire pour faire comprendre ce que la *persona* signifie psychologiquement. En ce qui concerne l'autre perspective, celle de l'efficacité de l'inconscient collectif, nous nous mouvons ici dans un monde intérieur obscur et ténébreux, infiniment plus difficile à percevoir et à comprendre que la psychologie de la *persona*, accessi-

ble à tout un chacun. Chacun sait ce que veut dire
« prendre une mine de circonstance », ou « jouer un
rôle dans la société », etc. Grâce à la *persona*, on veut
apparaître sous tel ou tel jour, ou l'on se cache volontiers derrière tel ou tel *masque*; oui, on se construit
même une certaine *persona* donnée, pour s'en faire un
rempart. J'estime donc que le problème de la *persona*
n'offre pas de difficultés de compréhension très grandes.

Mais c'est un tout autre ordre de difficultés que de
décrire, de façon généralement compréhensible, les
processus intérieurs et subtils qui s'emparent du conscient avec tout leur pouvoir de suggestion. C'est à
l'aide d'exemples puisés dans les maladies mentales, les
inspirations créatrices et les conversions religieuses,
que l'on peut s'en faire le plus aisément une image.

Le roman de H. G. Wells *Le Père de Christine-
Alberte*[1] renferme la description d'une telle métamorphose intérieure remarquable par sa fidélité. De même
l'intéressant roman de Léon Daudet *L'Hérédo*[2]. L'ouvrage de William James *L'Expérience religieuse*[3]
apporte des matériaux et des renseignements aussi
abondants que précieux à ce sujet.

Bien que dans nombre de tels cas de transformation
de la personnalité on rencontre l'existence de facteurs
extérieurs qui, soit conditionnent directement la transformation, soit au moins la déterminent, il faut tout de
même constater que les facteurs extérieurs sont assez
rarement un motif suffisant d'explication qui rende
compte de la genèse de la transformation. On doit bien

1. *Christina Alberta's Father*, Londres et New York, 1925. Trad.
française de Louis Labat et Maurice Triollet, Albin Michel, Paris, 1940.
2. Paris, 1916.
3. *Varieties of religious Experience*, Londres, et Cambridge
(Massachusetts), 1902. Trad. française de F. Abouzit, 1906.

reconnaître que c'est à partir de motivations internes et subjectives, en vertu d'opinions et de convictions, que des métamorphoses de la personnalité peuvent prendre naissance, sans que les circonstances extérieures interviennent ou sans qu'elles jouent un rôle important. C'est même pour ainsi dire la règle dans les cas de modifications morbides de la personnalité. Les cas de psychose qui constituent des réactions claires et simples à un événement extérieur écrasant sont exceptionnels; et c'est pourquoi, en psychiatrie, le facteur étiologique essentiel est constitué par la disposition pathologique, qu'elle soit héréditaire ou acquise. Il en va de même de la plupart des intuitions créatrices; car on ne sera guère tenté de ne voir qu'un lien de cause à effet entre la chute d'une pomme et la théorie de la gravitation de Newton. De même, les conversions religieuses qui ne sont imputables ni à la suggestion ni à la contagion de l'exemple reposent pour la plupart sur des démarches intérieures autonomes qui culminent dans la modification de la personnalité[1].

Ces processus présentent en général la particularité de se dérouler tout d'abord de façon souterraine, c'est-à-dire d'être des décours inconscients qui n'émergent que petit à petit au conscient. Il est vrai que le moment de l'irruption, de l'intrusion dans le conscient, peut être soudain et très inattendu, le conscient se trouvant en un instant envahi, submergé par des contenus suprêmement insolites, en apparence totalement étrangers et insoupçonnés. C'est du moins l'impression qu'en aura le profane, et que peut même partager le sujet qui en est le théâtre. Il n'en ira pas ainsi pour l'homme de l'art, qui sait ce qu'il faut penser de ces coups de tonnerre dans un ciel serein. Car, en réalité,

1. Voir C. G. JUNG, *Psychologie et Religion* (ouv. cité) (N. d. T.).

une pareille irruption s'est trouvée préparée, en règle
générale, durant des années, souvent même durant la
moitié d'une vie; déjà dans l'enfance du malade, on
aurait pu déceler toutes sortes de singularités qui lais-
saient prévoir, de façon plus ou moins symbolique, des
développements mentaux anormaux.

Je me souviens par exemple d'un aliéné qui refusait
toute nourriture et qui s'opposait avec acharnement à
l'alimentation par la sonde nasale. Il fut même nécessaire de recourir à une narcose pour introduire la
sonde. Ce malade pouvait en effet, de façon bien singulière, avaler sa langue; il pouvait ainsi la presser en
arrière dans son pharynx – phénomène que jusque-là je
n'avais pas soupçonné. Dans un de ses moments de
rémission lucide, le malade m'apprit ce qui suit : adolescent, il jouait avec l'idée de savoir comment il pourrait se suicider, même si on tentait de l'en empêcher
par tous les moyens possibles et imaginables. Il avait
d'abord pensé y arriver en retenant sa respiration; mais
il dut constater que, parvenant à un état de demi-syn-
cope, il se remettait fatalement à respirer. Il abandonna
donc ce procédé et il pensa aboutir à ses fins par le
refus d'aliments. Ce fantasme le satisfit jusqu'à ce qu'il
découvrît qu'on avait la possibilité de lui faire ingurgi-
ter de force les aliments au moyen d'une sonde. Il cher-
cha alors un moyen d'obturer la voie d'accès et il en
vint ainsi à l'idée d'avaler pour ainsi dire sa langue. Au
début il n'y réussissait pas et c'est pourquoi il se mit à
s'exercer régulièrement, de sorte qu'il parvint à avaler
sa langue, un peu comme cela se passe parfois au cours
d'une narcose, manifestement grâce à un relâchement
total et artificiel de la musculature de la langue.

C'est de cette façon curieuse que notre malade, adolescent, se prépara à sa psychose. Après son second
accès, il sombra dans une aliénation mentale incurable.

Cet exemple, entre beaucoup d'autres, montre comment l'irruption ultérieure de contenus étrangers, brutale en apparence, ne l'est en aucune façon, mais que, bien au contraire, elle est le résultat d'un développement inconscient qui s'est déroulé sur de nombreuses années.

Nous voici à nouveau confrontés avec la question capitale, qui est de savoir en quoi consistent les processus inconscients, et de quelle nature ils sont. Naturellement, tant qu'ils demeurent inconscients on ne peut rien savoir ni rien dire à leur sujet. Mais, de temps en temps, en certaines occasions, ils se manifestent, soit par des symptômes, soit par des attitudes, des actions, des opinions, des émotions, des fantasmes, des imaginations et des rêves. En nous appuyant sur de telles observations soigneusement récoltées, nous pouvons tirer des conclusions indirectes concernant l'état et la nature des processus et des développements inconscients en cause. Ce faisant, il ne faut toutefois pas se leurrer et s'abandonner à l'illusion que l'on a décelé la *nature réelle* des processus inconscients. Nous ne dépassons jamais le plan des suppositions comparatives, qui nous font penser que les choses se passent « comme si ».

« Aucun être de la création ne peut sonder les voies secrètes de la nature », lit-on à peu près en ces termes dans *Faust*; et cela est vrai également de l'inconscient. Nous savons toutefois que l'inconscient n'est jamais au repos. Il semble être perpétuellement en activité, au travail, et même quand nous dormons, nous rêvons encore. Certe, bien des gens prétendent qu'en général ils ne rêvent jamais; fort probablement il n'en est rien, et leur impression provient simplement du fait qu'ils ne gardent aucun souvenir de leurs rêves. Mieux : on constate que des personnes qui parlent en dormant ne

peuvent le plus souvent, se remémorer non seulement
le rêve correspondant à leur discours, mais pas même
le fait d'avoir rêvé. Dans la vie quotidienne, il ne se
passe pas un seul jour sans que nous ne commettions
tel ou tel lapsus, sans que tel ou tel mot qui, à d'autres
moments, nous est fort familier, ne fuie notre mémoire,
sans que telle ou telle humeur, dont la cause nous
échappe, ne s'empare de nous. Ce sont là les symptômes d'une activité inconsciente, qui tisse sa trame de
façon permanente et cohérente, se manifestant directement la nuit, ne perçant de jour la rigidité contraignante qui caractérise le conscient qu'en des points de
moindre résistance, et à l'occasion de circonstances
favorables.

Toute notre expérience actuelle nous permet d'affirmer que *les processus inconscients se situent dans une
position de compensation par rapport au conscient.*

J'utilise à dessein le mot de « compensation » et non
celui de « contraste », car le conscient et l'inconscient
ne s'opposent pas nécessairement, mais se complètent
réciproquement, formant à eux deux un ensemble, le
Soi. Comme le laisse entendre cette définition, le Soi
est une entité « sur-ordonnée » au Moi. Le Soi
embrasse non seulement la psyché consciente, mais
aussi la psyché inconsciente, et constitue de ce fait
pour ainsi dire une personnalité plus ample, *que nous
sommes aussi.*

Certes, nous pouvons imaginer que nous possédons
des âmes parcellaires et nous les représenter. Ainsi,
nous pouvons, par exemple, sans difficultés, nous voir
sous les traits de notre *persona.* Mais cela dépasserait
nos possibilités et nos virtualités de représentation que
de nous discerner en tant que Soi, car cette opération
mentale présupposerait que la partie puisse embrasser
le tout. Il n'y a pas lieu d'ailleurs de nourrir l'espoir

d'atteindre jamais à une conscience approximative du Soi; car, quelque considérables et étendus que soient les secteurs, les paysages de nous-même dont nous puissions prendre conscience, il n'en subsistera pas moins une masse imprécise et une somme imprécisable d'inconscience qui, elle aussi, fait partie intégrante de la totalité du Soi. De sorte que le Soi restera toujours une grandeur, une entité « sur-ordonnée ».

Les processus inconscients qui compensent le Moi conscient détiennent tous les éléments nécessaires à l'*autorégulation de la psyché globale.*

Sur le plan personnel, ce sont les motivations efficientes qui nous meuvent à notre insu à l'abri des motivations de façade, et dont nous nous épargnons la prise de conscience, qui surgiront dans nos rêves; ou encore ce seront des significations véritables ou des conséquences de certains faits, de certaines situations de la vie quotidienne qui nous ont échappé, ou certaines implications que nous préférerions nier, ou certaines émotions que nous nous sommes interdites, ou certains affects auxquels nous avons tenté de nous soustraire, ou certaines critiques des autres ou de nous-même que nous avons cherché à nous épargner[1].

Plus on prend conscience de soi-même, grâce à la connaissance que l'on en acquiert petit à petit, et grâce aux rectifications de comportement qui en découlent, plus s'amincit et disparaît la couche de l'inconscient personnel déposée, tel un limon, sur l'inconscient *collectif.* En suivant pas à pas cette évolution, se crée petit à petit un conscient qui n'est plus emprisonné dans le monde mesquin, étroitement personnel et susceptible

---

1. C'est à partir d'observations de cette sorte que nous avons formulé la *loi de la double motivation.* Voir docteur Roland CAHEN, « La Loi de l'aveuglement spécifique », in *Evolution psychiatrique*, n° 4, 1969, Privat-Didier, Paris (N. d. T.).

du Moi, mais qui participe de plus en plus au vaste monde des choses. Ce conscient élargi se distancera peu à peu de cet écheveau égoïste et ombrageux de souhaits personnels, d'appréhensions, d'espoirs et d'ambitions, toutes tendances qui devraient trouver dans l'être des compensations ou même des rectifications, grâce aux tendances personnelles, opposées et inconscientes. Ce conscient renouvelé deviendra un foyer relationnel, une fonction jetant une passerelle vers l'objet et le monde des choses, qui impliquera et intégrera l'individu dans une communauté indissoluble avec le monde, communauté où l'être se sent engagé et responsable. Les complications humaines qui se produisent alors, dès que l'individu est parvenu à ce stade de son évolution, ne sont plus de vulgaires conflits de désirs égoïstement personnels, mais elles concernent des difficultés regardant tout un chacun. Sur ce plan, il s'agit en définitive de problèmes collectifs qui mobilisent l'inconscient collectif, car la compensation qu'ils nécessitent est d'ordre non plus personnel, mais collectif. Nous pouvons alors constater que l'inconscient de l'individu produit des contenus qui ne sont pas seulement valables pour le sujet lui-même, mais aussi pour beaucoup d'êtres et peut-être bien pour presque tous.

Un exemple : les Elgonyis, habitants des forêts vierges de l'Elgon[1], m'ont expliqué qu'il existe deux catégories de rêves, le rêve courant de l'homme ordinaire et la « grande vision », qui est l'apanage des hommes supérieurs, par exemple du sorcier ou du chef de la tribu. Les rêves courants ne méritent pas une attention particulière. Mais dès qu'un individu a un « grand rêve », il rassemble la tribu pour le raconter à tous.

1. Sur les pentes méridionale et occidentale du Mont Elgon, au Kenya, où Jung se rendit en 1926. Voir : *Ma Vie*, p. 290 (ouv. cité) (N. d. T.).

Mais comment le rêveur sait-il si son rêve est un « petit rêve » ou un « grand rêve » ? demandai-je.

Il le sait, m'a-t-on répondu, par une espèce de sentiment instinctif qui lui en fait deviner la haute portée et la signification, et il est tellement subjugué qu'il ne songe pas un instant à le garder pour lui : il *doit* le raconter, mû par la supposition psychologiquement exacte que ce rêve peut détenir une signification importante pour tous.

Le rêve collectif a aussi chez nous une valeur affective qui nous pousse à en faire part aux autres. Ces rêves, en effet, proviennent le plus souvent d'un conflit survenu dans notre vie de relation; aussi faut-il situer le message du rêve dans le contexte de cette vie de relation, dans le cadre des relations conscientes et vécues, car c'est sur elles que le rêve a quelque chose à nous dire, c'est elles, et non seulement un gauchissement interne personnel, que le rêve compense.

Les processus de l'inconscient collectif ne se préoccupent pas seulement des relations plus ou moins personnelles d'un individu avec sa famille ou son groupe social, mais aussi des relations à l'endroit de la société et de l'humanité en général. Plus le conditionnement qui détermine la réaction inconsciente est général et impersonnel, plus la manifestation compensatoire sera significative, inattendue et subjugante. Elle ne pousse pas seulement à la confidence privée, mais elle exige impérieusement que le sujet exprime en public sa révélation, sa profession de foi, et elle lui inspire même de les décrire par un comportement mimique aussi expressif que possible.

Montrons par des exemples comment *l'inconscient compense les relations conscientes* : j'ai soigné, dans le temps, un homme quelque peu arrogant. Il dirigeait une affaire en collaboration avec son frère cadet. Les relations entre les deux frères étaient très tendues, ce qui, parmi maintes autres, était l'une des causes principales de la névrose de mon patient. Je ne discernais pas clairement, à travers le récit du malade, le motif réel de la tension. Le malade trouvait beaucoup de choses à redire à la personne de son frère, des talents duquel il ne donnait pas une image très flatteuse. Or, ce frère apparaissait souvent dans les rêves, et toujours dans des rôles qui évoquaient les figures de Bismarck, de Napoléon ou de Jules César. La maison du frère dans les rêves semblait être le Vatican ou le Yildiz Kiosk[1].

Qu'est-ce que cela signifiait? Manifestement, l'inconscient de mon malade éprouvait le besoin d'élever considérablement le frère en dignité. C'est pourquoi nous en conclûmes, mon malade et moi, que dans son conscient il sous-estimait trop son frère par rapport à lui. La suite de l'analyse confirma en tous points cette conclusion.

Voici un autre cas : une femme malade qui nourrissait une passion exaltée pour sa mère, dans l'étroite dépendance de qui elle vivait, avait toujours à son propos des rêves où sa mère apparaissait sous un jour très peu flatteur, revêtue des traits d'une sorcière, d'un fantôme ou d'une marâtre qui la persécutait. Comment comprendre cela? C'était fort simple : La mère avait gâté sa fille au-delà de toute expression, et la tendresse qu'elle lui avait portée avait détruit chez sa fille, tant elle en était éblouie, toute possibilité de critique; de sorte que consciemment la jeune fille ne pouvait pas se rendre compte de l'influence désastreuse que sa mère exerçait sur elle; voilà pourquoi l'inconscient exprimait une critique acerbe, compensatrice à l'adresse de la mère.

1. Ancien palais du sultan de Turquie (N. d. T.).

Il m'est arrivé à moi-même une aventure analogue : j'avais une certaine malade que j'appréciais fort peu, aussi bien intellectuellement que moralement. Or, j'eus le rêve suivant : je vis un château bâti au sommet d'un haut rocher. Sur la plus haute tour s'ouvrait un balcon où était assise la malade. De toute évidence, je l'avais sous-estimée, et mon inconscient, par compensation, la plaçait très haut. Je n'hésitai pas à faire part immédiatement de ce rêve à ma malade, communication qui eut les meilleurs effets sur son traitement.

Il est bien connu que l'on se comporte souvent de façon très maladroite en présence de personnes que l'on sous-estime à tort; bien entendu le contraire peut aussi se produire, comme cela arriva à un de mes amis. Alors qu'il était encore tout jeune étudiant, il avait sollicité une audience de l'illustre professeur Virchow[1], tellement illustre que nous l'appelions familièrement « Excellence ». Quand, tout tremblant d'émotion, mon ami voulut se présenter, il balbutia : « Je m'appelle Virchow ! » A quoi son « Excellence » répliqua avec son sourire malicieux : « Ah, vous vous appelez aussi Virchow ! » Là encore, que s'était-il passé ? Au jugement de l'inconscient du jeune homme, le sentiment conscient de son propre néant, de sa médiocrité, semble avoir été trop loin, motif pour lequel l'inconscient suscita le lapsus qui l'amena à se présenter à Virchow d'égal à égal.

Dans ce dernier cas, où les relations sont surtout personnelles, celles-ci n'ont pas à avoir recours à des compensations bien collectives; mais dans le premier exemple cité, celui du frère, les figures utilisées par

1. Professeur de médecine en Allemagne. Ses travaux lui valurent une ère de grande et légitime célébrité (N. d. T.).

l'inconscient sont de nature très collective[1] : ce sont incontestablement et universellement des héros. Dans ce cas on ne peut retenir que deux possibilités d'interprétation : ou bien le frère cadet de mon malade était un homme de haute qualité et de grande importance collective, ou bien, si cela n'était pas, mon malade lui-même devait souffrir de surestimation personnelle, non seulement par rapport à son frère, mais aussi par rapport à n'importe qui. Rien ne venait témoigner en faveur de la première hypothèse, alors que tout confirmait la seconde. Comme l'arrogance de mon malade ne se faisait pas seulement sentir à l'encontre de son frère, mais aussi envers tout son entourage, la compensation elle aussi eut recours à une image collective.

Il en va de même du second cas. La « sorcière » est une image collective; aussi avons-nous été amené à penser que la dépendance aveugle de la jeune malade n'existait pas seulement à l'adresse de la mère personnelle, mais aussi à l'égard de tout l'entourage social. Cela s'est trouvé confirmé, car la jeune fille vivait encore dans un monde exclusivement infantile où l'univers est encore identique aux parents.

Les exemples que nous venons de donner illustrent des relations d'ordre personnel. Mais il existe aussi des relations impersonnelles qui réclament à l'occasion une

---

1. Il semble en effet, ainsi que nous l'avons fait remarquer p. 26, que les choses se déroulent de la façon suivante : quand l'inconscient a un contenu d'ordre quelconque à exprimer, tout se passe comme s'il allait chercher, dans le magasin aux accessoires (la masse des matériaux que lui offrent le vécu, la mémoire, les souvenirs), les figures représentatives qui sont à la fois les plus proches et les plus aptes à illustrer avec une pertinence toujours étonnante ce qu'il s'agit précisément d'exprimer. Cela est si vrai qu'il faut en général bien des phrases et bien des périphrases pour traduire dans le langage conscient ce que l'inconscient, grâce à son vocabulaire imagé, étonnamment précis bien qu'archaïque, exprime en une seule image frappante (N. d. T.).

compensation inconsciente. Dans ces cas apparaissent des images collectives revêtues plus ou moins clairement d'un caractère mythologique. Les problèmes moraux, philosophiques et religieux sont ceux qui suscitent le plus souvent des compensations mythologiques, précisément à cause de la portée générale qui les caractérise. Dans le livre de H. G. Wells déjà cité[1], nous rencontrons une compensation classique : Mr. Preemby, personnalité des plus falotes, découvre qu'il est au fond une réincarnation de Sargon, le roi des rois. Heureusement, le génie de l'auteur évite au pauvre Sargon de succomber à la malédiction du ridicule et du pathologique, et il donne même au lecteur la possibilité de discerner le seul sens tragique et éternel de cette lamentable absurdité : Mr. Preemby, une nullité parfaite, s'imagine être le lien de transition entre tous les siècles écoulés et les temps à venir. Payer une telle connaissance d'un léger état de folie ne semble point une rançon excessive, à la condition que le pauvre Preemby ne soit pas englouti définitivement par le monstre en quoi peut se métamorphoser l'image primitive, danger auquel il faillit succomber.

Le problème du mal et du péché, en toute généralité, est un des aspects de nos rapports impersonnels avec le monde. C'est pourquoi, plus qu'aucun autre, il a le don de susciter des compensations collectives. Un de mes malades, par exemple, eut à seize ans, comme symptôme initial d'une névrose obsessionnelle grave, le rêve suivant : le rêveur se voit suivre une rue inconnue. Il fait noir. Il entend des pas derrière lui qui le suivent. Légèrement inquiet il accélère sa marche. Mais les pas se rapprochent et son angoisse augmente. Il se met à courir. Il a la sensation qu'il va être rejoint. Finale

1. P. 118, n. 1 (N. d. T.).

ment, il se retourne et voit le diable. Pris d'une horrible peur, il fait un grand saut et reste suspendu dans les airs. Ce rêve se répéta deux fois, comme pour souligner sa grande importance.

La névrose obsessionnelle, on le sait, par ses scrupules et son cérémonial contraignant, offre non seulement l'apparence superficielle d'un problème d'ordre moral, mais recèle également intérieurement tout un monde inhumain, fait de criminalité virtuelle et de méchanceté invétérée, contre l'intégration desquelles le reste de la personnalité finement organisée se révolte et se hérisse de façon désespérée.

C'est précisément à cause de cette lutte que tant de gestes doivent être accomplis avec un rite et un cérémonial « exacts », cette minutie servant en quelque sorte de contrepoids à tout le mal qui gît, menaçant, à l'arrière-plan. C'est après le rêve que nous venons de citer que la névrose commença. Pour l'essentiel, elle consistait en ceci : le malade devait se maintenir, ainsi s'exprimait-il, dans un état « provisoire » de « non-contamination et de pureté », en supprimant ou en rendant « nul et non avenu » tout contact avec le monde et avec tout ce qui rappelait le caractère transitoire de la vie, et cela grâce à des actions propitiatoires follement compliquées, à des cérémonies de purification scrupuleusement conduites et à l'observation anxieuse de préceptes innombrables, dont les complications dépassent la description. Avant même que le malade n'ait eu la moindre idée de l'existence infernale qui l'attendait, son rêve lui montrait que s'il voulait reprendre contact avec la terre il devait conclure un pacte avec le Mal[1].

1. C'est-à-dire en envisager et en accepter au moins le problème (N. d. T.).

J'ai mentionné ailleurs un rêve[1] qui décrit la compensation d'un problème religieux chez un jeune étudiant en théologie. Ce jeune homme était torturé par toutes sortes de doutes religieux, de difficultés de croyance, empêché d'adhérer à sa foi, comme cela se produit si souvent pour l'homme moderne. Dans son rêve, il était le disciple du « mage blanc », mais qui était vêtu de noir. Celui-ci l'instruisit jusqu'à un certain point et, ce degré atteint, lui dit qu'il avait besoin de l'enseignement du « mage noir » pour continuer à progresser. Le mage noir apparut alors, mais il était vêtu de blanc. Il prétendait avoir trouvé la clé du paradis, mais il avait besoin de la sagesse du mage blanc pour être capable d'utiliser cette clé. Ce rêve contient manifestement le problème des contraires qui, on le sait, a trouvé, par exemple dans la philosophie taoïste, une solution entièrement différente de celle qu'a proposée notre conception occidentale. Les personnages que ce rêve utilise sont des images collectives impersonnelles, qui correspondent à la nature impersonnelle du problème religieux. A l'opposé du point de vue chrétien, le rêve souligne la relativité du bien et du mal[2] d'une façon qui rappelle directement le symbole taoïste bien connu du Yang et du Yin.

Des exemples de compensations ci-dessus il ne faudrait pas conclure que plus le conscient se perd dans des problèmes universels, plus l'inconscient, lui aussi, crée et fabrique des compensations d'égale valeur. Car il faut souligner qu'il est – si l'on peut dire – *tantôt*

---

1. C. G. JUNG, *Psychologie et Education*, trad. de Yves Le Lay, Buchet-Chastel, Paris, 1963, p. 93 et ss. ; et *Les Racines de la conscience*, trad. de Yves Le Lay, Buchet-Chastel, Paris, 1971, p. 11 et ss : « Des archétypes de l'inconscient collectif » ; et « Zur Phänomenologie des Geistes im Märchen », in *Symbolik des Geistes*, Rascher, Zurich, 1948, p. 16 et ss., *Ges. Werke*, vol. IX, I, § 398 et ss.
2. Et même leur complémentarité (N. d. T.).

légitime, tantôt illégitime de s'occuper des problèmes
impersonnels. Légitimes sont ces incursions dans l'impersonnel quand elles répondent à un besoin individuel
profond et vrai; par contre, elles sont illégitimes quand
elles ne procèdent que d'une curiosité intellectuelle ou
qu'elles constituent des tentatives pour fuir une réalité
pénible. Dans ce dernier cas, l'inconscient produit
alors des compensations qui ne sont que personnelles
et humaines, trop humaines, et qui poursuivent le but
manifeste de ramener le conscient au terre à terre des
réalités quotidiennes. Les êtres qui planent de façon
illégitime dans l'irréel, qui errent dans l'infini, qui se
complaisent dans un monde imaginaire et se passion-
nent pour lui, ont souvent des rêves d'une banalité
risible qui cherchent manifestement à tempérer
l' « emballement » excessif. Ainsi, la nature des
compensations nous permet d'apprécier le sérieux,
la légitimité et le bien-fondé des aspirations conscientes.

Nombreux sont les penseurs qui se refusent à supposer et à admettre que l'inconscient puisse avoir de
« grandes idées ». On m'objectera : « Mais croyez-vous
vraiment que l'inconscient soit capable de formuler
une sorte de critique constructive de notre mentalité
occidentale ? » Sans aucun doute, si l'on envisage ce
problème de façon intellectuelle, comme si l'inconscient était capable d'intentions rationalisantes, la chose
apparaît absurde.

Certes, il ne faut pas attribuer à tort à l'inconscient
une psychologie du conscient. L'inconscient possède
une mentalité instinctive; il ne connaît pas de fonctions
différenciées; il ne *pense* pas ainsi que nous entendons
l'action de « penser ». Il se borne à créer une image qui
répond, un peu à la manière d'un écho, à la situation
du conscient, image qui recèle aussi bien des senti-

ments que des idées, et qui n'est rien moins qu'un produit de réflexions rationnelles. Une telle image se rapproche beaucoup plus d'une vision artistique que de la
réflexion intellectuelle.

On oublie facilement qu'un problème comme celui
qui s'exprime dans le dernier rêve cité ne répond pas
non plus, pour le conscient du rêveur, à une interrogation d'ordre intellectuel, mais bien à une question profondément émotionnelle. Un problème éthique constitue pour un être normal un thème passionnant, qui
plonge des racines aussi bien dans ses processus ins-
tinctifs les plus profonds que dans ses aspirations les
plus idéales. Pour lui, un pareil problème détermine un
véritable ébranlement. Rien d'étonnant donc si, des
profondeurs de sa nature, surgissent réponses et témoignages. *Le fait que tout un chacun vit implicitement
dans un espace où sa psychologie est nécessairement,
obligatoirement, la mesure de toute chose* – même si,
d'aventure, le sujet en question n'est pas très futé, et
qu'il puisse prétendre que pareil problème ne l'a jamais
effleuré et qu'il ne l'a jamais observé –, tout cela ne
saurait arrêter le psychologue, qui doit prendre les choses objectivement, telles qu'elles se présentent et sont,
sans les soumettre aux distorsions de présuppositions
subjectives.

Dès lors, nous comprenons que, dans la mesure où
les êtres plus riches et plus différenciés peuvent être
empoignés légitimement par un problème impersonnel,
leur inconscient, lui aussi, peut répondre dans cette
même mesure, et dans un style identique. De même que
le conscient peut se demander : « Pourquoi règne cet
épouvantable conflit entre le bien et le mal ? », de
même l'inconscient peut répondre : « Regarde les choses de près; ces deux pôles sont nécessaires l'un à l'autre et solidaires; dans le meilleur, oui, précisément dans

ce que le bien a de meilleur, se cache le germe du mal;
et au demeurant rien n'est si mauvais qu'il ne puisse en
découler un bien. »

Le rêveur pourrait entrevoir que ce conflit, en apparence insoluble, n'est dû peut-être qu'aux présupposés
qu'entraîne notre forme d'esprit – chaque forme d'esprit en effet comporte ses avantages et ses limitations –
dépendante du lieu et du temps. Les images en apparence complexes du rêve pourraient alors se révéler
aisément comme l'expression imagée d'une espèce de
bon sens instinctif, la première esquisse d'une élaboration raisonnable de pensées à laquelle un esprit plus
mûr aurait pu tout aussi bien aboutir par des démarches conscientes. En tout cas, la philosophie chinoise
depuis très longtemps a fait sienne une pareille notion.
L'élaboration imagée, singulière, mais singulièrement
pertinente, donnée à la pensée de notre rêve, est une
prérogative de cet esprit naturel et primitif qui vit en
chacun de nous et qui n'a pu être obscurci que par un
conscient unilatéralement développé.

Si nous considérions sous cet angle les compensations créées par l'inconscient, on pourrait nous repro-
cher à bon droit qu'avec semblable procédé nous
jugeons beaucoup trop l'inconscient selon la perspective du conscient. Il est de fait que, dans ces réflexions,
j'ai procédé comme si l'inconscient avait simplement
réagi aux contenus conscients, de façon, il est vrai, on
ne peut plus fine, intelligente et nuancée, mais comme
si l'initiative personnelle faisait défaut à l'inconscient.
En réalité que l'on ne s'y trompe pas : je ne voudrais
pas que le lecteur ait l'impression que je suis convaincu
que la seule prérogative de l'inconscient consiste à être,
dans tous les cas, réactionnel.

Au contraire, de nombreuses expériences semblent
prouver non seulement que l'inconscient est capable de

spontanéité, mais qu'il peut même aussi s'approprier la direction des opérations. Innombrables sont les êtres qui demeurent dans une inconscience mesquine et qui s'y enlisent jusqu'à en devenir névrosés. Grâce à la névrose suscitée par l'inconscient, ils sont contraints de sortir de leur torpeur obtuse, au grand dam le plus souvent de leur paresse invétérée qui, entre autres, suscite des résistances désespérées.

Toutefois, à mon sens, on commettrait une erreur en supposant que l'inconscient agit en quelque sorte en fonction d'un plan général quasiment réfléchi, comme s'il visait quelque but ou qu'il tendît à sa réalisation. Je n'ai jamais rencontré de situations ou d'éléments qui soient venus confirmer cette hypothèse. La motivation efficiente, dans la mesure où il nous est possible de l'appréhender, semble pour l'essentiel être la recherche et la poursuite instinctive de la réalisation de soi-même.

S'il s'agissait d'un processus vital (qui serait comme une loi téléologique), tous les individus qui jouissent encore d'une inconscience excessive devraient être mus par une poussée irrésistible vers un degré de conscience plus élevé. Or, manifestement, il n'en est rien. Des couches entières de population, malgré l'inconscience notoire dans laquelle elles vivent, ne présentent[1] aucune propension à la névrose.

Les victimes en sont, au fond, paradoxalement, des êtres « d'une essence plus élevée » qui, pour des motifs d'un ordre quelconque, sont demeurés longtemps sur un plan primitif, et qui n'ont pas atteint un stade normal de leur développement. Leur nature ne supportait plus, à la longue, de persévérer dans une torpeur pour eux anormale. Etant donné l'étroitesse de leur conscient et les horizons bornés de leur existence, il se

1. Vues superficiellement (N. d. T.).

faisait en eux des économies d'énergie qui, petit à petit, inconsciemment, s'accumulait pour finalement exploser sous forme d'une névrose plus ou moins aiguë.

Ce mécanisme simple ne recouvre pas nécessairement un « plan ». L'existence, que chacun comprend et connaît, d'une impulsion instinctive tendant à la réalisation de soi-même, voilà, semble-t-il, une explication tout à fait suffisante. On pourrait parler aussi d'une maturation retardée de la personnalité.

Il est infiniment probable que nous sommes encore fort éloignés du sommet d'une conscience absolue; il en résulte par conséquent que chacun est vraisemblablement capable d'un degré de conscience plus élevé; c'est pourquoi on est en droit de supposer que les processus inconscients rameutent partout et toujours des contenus, pour les mener vers le conscient, qui, s'ils y étaient accueillis et reconnus, élargiraient considérablement son périmètre et son horizon. Dans cette perspective, le conscient apparaît comme un domaine d'expérience d'une extension indéterminée et imprécisable.

Si l'inconscient n'était que réactif et réactionnel au conscient, il serait licite de n'y voir qu'un *monde de reflets psychologiques*. Si tel était le cas, la source essentielle de tous les contenus et de toutes les activités serait dans le conscient, et l'on ne trouverait dans l'inconscient de façon systématique – et dans les cas les plus favorables – que des images réfractées et distordues de contenus conscients. Les processus créateurs auraient leur siège dans le conscient et toute innovation, toute inspiration, toute créativité ne seraient que les trouvailles d'un conscient fureteur.

Or les faits et l'expérience s'inscrivent en faux là-contre. Tout être créateur sait, pour l'avoir vécu d'innombrables fois, que la spontanéité involontaire est la marque essentielle de la pensée créatrice. C'est parce que l'inconscient n'est pas simplement un monde réactif de reflets, mais parce qu'il est une activité indépendante, créatrice, que son domaine d'expérience constitue un monde en soi, une réalité propre et *sui generis*, dont nous devons bien voir qu'elle agit sur nous, comme nous agissons sur elle. C'est dire qu'il nous faut accomplir vis-à-vis du monde inconscient la même démarche et prendre la même distance relationnelle qu'à l'endroit du monde extérieur. Et, de même que dans ce dernier les objets matériels sont ses éléments constituants, de même les facteurs psychiques sont les équivalents des « choses » dans le monde inconscient[1].

La pensée d'un « chosisme psychique » n'a rien d'une découverte nouvelle; c'est même une des « conquêtes » les plus précoces et les plus répandues de l'humanité : on crut à un *monde d'esprits* existant réellement. Cette découverte du monde des esprits ne fut toutefois jamais une découverte comme celle, par exemple, du feu; mais ce fut l'expérience ou la prise de conscience d'une réalité qui, en tant que telle, ne le cédait en rien au monde matériel. Je doute qu'il existe des primitifs qui ne connaissent « l'action ou la substance magique ». (« Magique » n'est à ce niveau qu'un autre terme pour exprimer la dimension du psychique.) Il semble également qu'à peu près tous les

---

1. Certes, il serait souhaitable de ne pas parler des facteurs inconscients en termes de qualités existentielles, car cela constitue un raisonnement sur le mode de l'objet. Et pourtant, l'esprit humain est ainsi fait qu'il est bien contraint, *nolens volens*, d'utiliser le seul langage dont il dispose. Ce faisant, il faut rester toujours attentif au fait que l'utilisation de ce langage est peut-être abusive et ne jamais perdre de vue que le conscient, traitant de l'inconscient, n'échappe guère à l'étreinte du schéma négatif (N. d. T.).

primitifs sont plus ou moins familiarisés avec l'existence d'esprits[1].

Les « esprits » sont un phénomène psychique. De même que nous distinguons notre propre corporalité des corps étrangers, de même les primitifs font une distinction entre leurs âmes et les esprits (pour autant qu'ils aient la notion d'âme), les esprits étant ressentis comme étrangers et d'une autre obédience : ils sont l'objet de perceptions extérieures; tandis que leur propre âme (ou l'une d'elles, si plusieurs sont implicitement postulées) n'est pas, en règle générale, l'objet d'une prétendue perception sensorielle, quoiqu'elle soit ressentie comme étant d'une nature qui n'est pas sans avoir des affinités avec les esprits. L'âme (ou l'une des différentes âmes) se transforme après la mort en un esprit qui survit au défunt; ce phénomène s'accompagne souvent d'une distorsion du caractère qui devient maléfique, ce qui n'est pas sans contredire en partie l'idée d'une immortalité personnelle. Les Bataks[2] affirment même que les hommes qui, dans la vie, ont été bons, comme esprits deviennent malveillants et dangereux. D'ailleurs, à peu près tout ce que les primitifs racontent des tours que les « esprits » jouent aux vivants, de façon plus générale même, l'image qu'ils donnent des « revenants », correspondent jusque dans les détails aux phénomènes décrits par les expériences spirites.

A l'instar des communications des « esprits » spirites, à travers lesquelles on peut distinguer qu'elles émanent de l'activité de parcelles psychiques plus ou moins

---

1. Pour ce qui est des récits négatifs à ce propos, il ne faut pas perdre de vue le fait que la peur des esprits peut être d'une intensité telle qu'elle conduit à nier même cette peur. J'ai pu observer cela personnellement chez les Elgonyis.

2. Joh. WARNECK, « Die Religion der Batak », in *Religionsurkunden der Völker*, éd. J. Böhmer, Leipzig, 1909.

autonomes, les « esprits » des primitifs sont les manifestations de complexes inconscients[1]. L'importance
que la psychologie moderne confère au « complexe des
parents » est la continuation immédiate de l'expérience
primitive, qui sait l'efficacité dangereuse des esprits
parentaux. L'erreur de jugement que commettent les
primitifs en supposant que les « esprits » appartiennent aux réalités du monde extérieur trouve sa continuation dans la supposition implicite et courante des
modernes – mais vraie en partie seulement – selon
laquelle les parents de chair et d'os sont responsables
du complexe parental. Cette supposition, dans la vieille
théorie traumatique de la psychologie freudienne, et
encore au-delà, avait même la dignité d'une explication
scientifique. C'est pour pallier cette confusion latente
que j'ai proposé en son temps l'expression d'« *imago
parentale* »[2].

L'être naïf n'a naturellement pas conscience que les
êtres les plus proches qui l'entourent et qui l'influencent suscitent en lui une *image* qui ne correspond qu'en
partie aux êtres extérieurs, étant faite pour le reste de
matériaux qui procèdent du sujet lui-même. Cette
image intrapsychique ou *imago* procède d'une double
appartenance, les influences des parents d'une part et
les réactions spécifiques de l'enfant d'autre part; elle est
donc une image qui ne reproduit son modèle que de
façon fort conditionnelle. L'être naïf n'en porte pas
moins naturellement en lui la conviction que ses
parents sont tels qu'il se les représente et qu'ils se
confondent avec l'image qu'il s'en fait. L'image inté-

1. C. G. JUNG, « Fondements psychologiques de la croyance aux
esprits », in *L'Energétique psychique*, ouv. cité (N. d. T.).
2. Cette expression a acquis droit de cité dans la psychanalyse
freudienne, alors qu'elle a été remplacée dans la psychologie analytique
par les expressions « image originelle » ou « archétype des parents »
(N. d. T.).

rieure se trouve inconsciemment projetée et, lorsque les
parents viennent à mourir, elle demeure active et dynamique, comme si elle était un esprit existant en soi. Les
primitifs parlent alors des esprits des morts qui reviennent les hanter la nuit (les « revenants »); les modernes, eux, appellent cela le complexe du père et de la
mère.

Plus le champ de conscience d'un être est limité, plus
ses contenus psychiques (ses *imagines*) lui apparaîtront
avec un caractère d'externalité, c'est-à-dire quasiment
extérieurs à lui-même, sous forme par exemple d'instances magiques ou d'esprits projetés sur des êtres
vivants (ces derniers se trouvent dès lors investis de
pouvoirs surnaturels à ses yeux); ainsi naissent magi-
ciens et sorcières.

A un niveau plus élevé du développement, où existent déjà des représentations de l'âme, les *imagines* ne
seront plus toutes projetées (tant qu'elles le sont, les
arbres et les pierres elles-mêmes se parlent les uns aux
autres), mais tel ou tel complexe se rapprochera du
conscient au point que celui-ci ne le ressentira plus
comme lui étant étranger, mais comme lui appartenant
en propre. Toutefois, ce sentiment d'appartenance n'ira
pas en général jusqu'à incorporer et intégrer le
complexe en cause dans les contenus subjectifs de la
conscience. Le contenu complexuel demeure en quelque sorte entre l'inconscient et le conscient[1] comme
dans un clair-obscur; il est ressenti, certes, par le sujet,
d'une part comme appartenant à sa conscience ou
ayant des affinités avec elle; mais, d'autre part il reste
une existence autonome qui, en tant que telle, peut
s'opposer au conscient ou qui, en tout cas, n'obéit pas
nécessairement aux intentions subjectives; le complexe

1. Etat fréquent au cours de l'analyse (N. d. T.).

peut même sembler être « sur-ordonné » au conscient et constituer souvent une source d'inspiration, de prémonitions ou d'informations « surnaturelles ». D'un point de vue psychologique, un tel contenu psychique constitue un complexe partiellement autonome qui n'est pas totalement intégré au conscient. Les âmes primitives, les *ba* et les *ka* égyptiens, sont des complexes de cet ordre. A un échelon plus élevé, et en particulier chez tous les peuples de culture occidentale, ce complexe apparaît toujours sous forme féminine (*anima* et *psyché* : ψυχή), il va sans dire que ce n'est ni sans fondements ni sans entraîner de multiples conséquences.

II

L'« anima » et l'« animus »

Chez les primitifs, ce sont les « esprits du père et de la mère » qui, de tous les « esprits » agissants, présentent pratiquement la plus grande importance; c'est pourquoi le *culte des ancêtres*, universellement répandu et originellement destiné à apaiser les « revenants », se transforma, à un stade supérieur de civilisation, en une institution essentiellement morale et éducative (en Chine, par exemple). Les parents sont évidemment, pour l'enfant, les êtres les plus proches et les plus influents. Mais, à l'âge adulte, cette influence devra avoir été surmontée; l'adolescent, dans son processus d'émancipation, se posera en s'opposant; il s'efforcera de minimiser les influences reçues, c'est-à-dire qu'il refoulera et dissociera les séquelles psychologiques de son éducation. Les « *imagines* parentales » se trouveront donc encore plus, si faire se peut, niées et refoulées hors du conscient; et elles se verront même aisément grevées, à cause des effets contraignants qui émanaient d'elles et qui souvent persistent, d'un indice péjoratif. Ces circonstances concourent à fixer les « *imagines* parentales » dans une extériorité psychologique où elles restent étrangères.

Or, pour l'homme adulte, ce qui à l'avenir va remplacer les parents en tant qu'influence de l'ambiance immédiate, c'est la *femme*. La femme est la compagne de l'homme; elle fait partie de sa vie et lui appartient. Etant sensiblement du même âge que lui, elle partage son existence et ses préoccupations. Elle ne le surpasse ni en âge, ni en autorité, ni en force physique; elle n'en constitue pas moins un facteur majeur d'influences, qui se cristallise, comme celui des parents, en une *imago* de nature relativement autonome; pourtant cette *imago*, à l'opposé de celle des parents, ne doit pas être dissociée, mais devra être maintenue associée au conscient de l'homme.

La femme, avec sa psychologie si différente de celle de l'homme, est pour lui – et a toujours été – une source d'informations sur des chapitres à propos desquels l'homme n'a ni regard, ni discernement. Elle peut être pour lui source d'inspiration; ses potentialités d'intuition souvent supérieures à celles de l'homme lui permettent de donner à celui-ci d'utiles avertissements, et son sentiment, qui est axé sur les particularités personnelles, peut lui indiquer des voies qui resteraient fermées au sentiment de l'homme, qui, lui, est peu orienté et attiré vers les plans personnels. Ce que Tacite dit de la femme germanique est à ce point de vue parfaitement pertinent[1].

Ici réside à coup sûr une des principales sources de la qualité féminine de l'âme masculine; mais elle ne semble pas être la seule. Aucun homme, en effet, n'est si totalement masculin qu'il soit dépourvu de tous traits féminins. En fait, au contraire, des hommes précisément très mâles possèdent une vie du cœur, une vie intime très tendre et très vulnérable (que, certes, ils protègent et cachent de leur mieux, bien qu'on ait sou-

---

1. *La Germanie.*

vent tort de voir en elle une « faiblesse féminoïde »).

Il semble admis une fois pour toutes que c'est une vertu chez l'homme de refouler tout trait féminin, autant que faire se peut; de même que pour la femme, jusqu'à présent du moins, le genre hommasse était peu apprécié. Le refoulement par l'homme de ses tendances et de ses traits féminins détermine naturellement l'accumulation de ces besoins et de leurs exigences dans l'inconscient. L'*imago* de la femme – qui figure l'âme dans l'homme – en devient tout aussi naturellement le réceptable; et c'est pourquoi l'homme, dans le choix de la femme aimée, succombe souvent à la tentation de conquérir précisément la femme qui correspond le mieux à la nature particulière de sa propre féminité inconsciente : il aspirera ainsi à trouver une compagne qui puisse recevoir avec aussi peu d'inconvénients que possible la projection de son âme. Quoiqu'un tel choix amoureux soit le plus souvent considéré et éprouvé comme le cas idéal, il n'en résulte pas moins que l'homme, de la sorte, peut épouser l'incarnation visible de la faiblesse la plus insigne. (Là se trouve l'explication de bien des mariages disparates et surprenants[1].)

---

1. En marge de l'expérience clinique, la thèse de Jung se trouve pertinemment confirmée et, au sens propre du terme, illustrée, par les caricatures de Dubout. Prenant pour thème le couple constitué d'un gringalet et d'une matrone joufflue, il tire en effet un comique irrésistible des tensions internes de pareil assemblage. Mais pourquoi choisit-il le thème unilatéral du petit homme chétif et de la virago corpulente et mafflue? Sans aucun doute, précisément parce que le couple de l'homme malabar et d'une faible femme, étant conforme aux exigences du sens commun, n'aurait aucun effet comique. Ainsi, Dubout fait rire parce que dans sa critique implicite des mœurs, en montrant avec talent le ridicule qui naît quand on s'écarte lourdement de ces positions humaines qui répondent au bon sens des nations, il confirme l'attente courante que l'homme doit être entièrement un homme et la femme seulement féminine.

Toutefois, si la masculinisation excessive de la femme et la féminisation disproportionnée de l'homme ont enrichi la verve du caricaturiste, il n'en demeure pas moins qu'une des tâches psychologiques de l'avenir

Donc, me semble-t-il, à côté de l'influence de la femme[1], c'est la féminité propre de l'homme qui explique le fait de la féminité de l'ensemble complexe que

consistera à aider la femme à prendre conscience de ses potentialités caractérielles masculines, et l'homme de ses potentialités caractérielles féminines. Car ces tendances caractérielles acceptées, intégrées et mises à leur place, ne déterminant plus ni compensations excessives, ni culpabilité, ni agressivité, c'est ainsi que la femme réalisera le mieux, et dans son sens le plus plein, son destin de femme, l'homme, son destin d'homme (N. d. T.).

1. Le docteur Henry Ey faisait remarquer au cours d'une des conférences de « L'Evolution psychiatrique » que si, pendant longtemps, le fin mot de l'étiologie avait été dit en invoquant l'influence de la syphilis, on faisait jouer actuellement un rôle analogue à l'influence de la mère, et qu'à son sens cette dernière « mythologie » ne valait pas mieux que la première.

Il nous paraît y avoir là une comparaison boiteuse. Car si la pathogénie syphilographique s'est effectivement révélée, en tant que telle, comme une « mytho-pathogénie », on n'en saurait dire autant de l'influence de la mère.

En effet, plus nos connaissances psychologiques vont s'élargissant et s'approfondissant, en particulier celles qui concernent le développement psychique de l'enfant, plus l'influence psychologique de la femme sur l'homme et de la mère sur le fils semble monumentale, écrasante.

Nous ne voulons pas ici entrer dans le détail, mais il est certain que tous les progrès que fait la psychologie soulignent – bien loin de l'infirmer – l'importance fondamentale de cette donnée.

Et cette donnée prend tout son relief si l'on songe qu'à toutes les influences conscientes, à toutes les voies perceptives qui placent déjà l'enfant dans une dépendance vitale et formative de la mère, viennent s'ajouter les modalités infra-perceptives, les imprégnations inconscientes, qui doublent, et au-delà, l'emprise rationnelle et normative du psychisme adulte sur le psychisme en voie de formation.

Sans vouloir anticiper sur le chapitre en cours, il est aujourd'hui évident que le grand malaxeur du caractère enfantin, c'est le côté masculinoïde inconscient de la femme : c'est l'*animus* inconscient de la femme, que celle-ci porte en général en elle-même à son insu, qui est souvent le principe formateur essentiel du caractère de l'enfant – pour le pire comme pour le meilleur.

Nous disions pour le pire comme pour le meilleur, car il est certain aussi que l'exercice de cette influence demeure indispensable au développement psychique normal de l'enfant. Ce n'est pas résoudre le problème que supprimer la mère et son *animus*.

C'est pourquoi une des exhortations majeures de la psychologie actuelle peut, en parodiant une formule célèbre, se résumer ainsi : « Faites-moi des mères équilibrées et je vous ferai des enfants équilibrés. » Ce qui, traduit en langage psychologique, peut se formuler

l'on dénomme son âme. Il ne saurait s'agir là d'un de ces « hasards » linguistiques comme par exemple celui qui fait qu'en allemand le soleil (*Die Sonne*) est du genre féminin, alors qu'il est du genre masculin dans d'autres langues. Le témoignage de la féminité de l'âme masculine nous est apporté par l'art de tous les temps et en outre par la célèbre interrogation : *habet mulier animam*? (La femme a-t-elle une âme ?) La plupart des hommes possédant le moindre sens psychologique saisissent ce qu'entend Rider Haggard quand il parle de « celle-qui-doit-être-obéie » (*She-that-must-be-obeyed*)[1], ou encore quelles cordes vibrent en eux quand ils lisent la description que fait Pierre Benoit d'Antinéa[2]; ils connaissent aussi d'habitude quel est le

de la façon suivante : puisque l'importance du rôle biologique de la femme pour l'enfant n'a d'égale que l'importance de son rôle psychologique, que la femme prenne à cœur l'importance des tâches psychologiques qui lui incombent. L'inconscience béate, naïve, satisfaite d'elle-même, narcissique, mégalomane, inconsciemment matriarcale, dans laquelle la femme ne s'est que trop longtemps complu, cette attitude a fait son temps, je veux dire a fait la preuve de sa nocivité.

C'est la femme qui doit être le porteur de l'hygiène mentale des générations montantes, et elle ne le pourra qu'en assumant – j'allais dire virilement – les tâches et les devoirs psychologiques qui sont les siens, c'est-à-dire en prenant conscience de la dimension inconsciente qui vit en elle.

En prenant conscience du problématisme inconscient qui lui est propre, la femme accomplira ce pas décisif grâce auquel elle sortira de son puérilisme séculaire, état dans lequel elle vit sa seule vie consciente, le reste de sa psyché étant projeté sur l'homme, qui s'en défend souvent fort mal, et surtout sur l'enfant, qui n'en peut mais, qui ne s'en défend pas du tout, buvant à plein bord avec le lait maternel son intoxication psychologique future.

Prenant conscience d'elle-même et évitant dès lors de « se projeter » sur l'enfant – l'enfant souvent alibi majeur du narcissisme féminin –, la femme apportera une contribution décisive à la désintoxication psychologique et à la « dénévrotisation » des générations montantes. Ces mutations psychologiques ne pourront se réaliser que progressivement, mais devront se réaliser (N. d. T.).

1. Rider HAGGARD, *She*, 1887; *Elle*, trad. de René Lecuyer, Cres, Paris, 1930.

2. Pierre BENOIT, *L'Atlantide*, 1919.

genre de femme qui incarne le mieux ce côté de leur
nature qui, pour être secret, n'en est que plus clairement pressenti.

La large diffusion et le succès que rencontrent précisément de tels ouvrages indiquent qu'il réside à coup
sûr dans cette image de l'*anima* féminine de l'homme
un facteur supra-individuel, qui ne doit pas une existence éphémère à quelque unicité individuelle, mais qui
au contraire a quelque chose de typique plongeant des
racines profondes en quelque lieu, par-delà les liens
superficiels visibles auxquels je viens de faire allusion.
Rider Haggard dans *She* et Pierre Benoit dans *L'Atlantide*, en soulignant l'*aspect historique* des personnages
incarnant l'*anima*, se sont faits, sans malentendu possible, les interprètes de cette notion intuitive.

Il n'est pas d'expérience humaine, on le sait – et
aucune expérience n'est d'ailleurs possible –, sans l'adjonction d'une disponibilité subjective. Mais en quoi
consiste, et où réside cette disponibilité subjective à
l'expérience? Elle consiste en dernier recours en une
structure psychique innée qui est le facteur permettant
à l'homme, en toute généralité, de faire et de vivre une
telle expérience. Ainsi, toute la nature de l'homme présuppose la femme et sa nature, aussi bien physique-
ment que psychiquement. Le système vivant appelé
homme est *a priori* adapté à la femme, axé sur la
femme, de la même façon qu'il est préparé à vivre dans
un certain monde où se rencontrent l'eau, la lumière,
l'air, le sel, les hydrates de carbone, etc.

La forme et la nature du monde dans lequel l'être
naît et grandit sont innées et préfigurées en lui sous
forme d'*images virtuelles*. Ainsi les parents, la femme,
les enfants, la naissance et la mort sont innés en lui
sous forme de disponibilités psychiques préexistantes,
sous forme d'images virtuelles. Ces catégories, évidem-

ment de nature collective, sont les images des parents, de la femme et des enfants en général, par-delà la prédestination individuelle et préalable à celle-ci.

Tant que ces images, de virtuelles qu'elles étaient, ne sont pas meublées de contenus déterminés par le vécu, il faut les penser comme des cadres vides; à cause de cela elles demeurent invisibles et inconscientes[1]. Elles n'acquièrent teneur et par conséquent influence sur le sujet, et finalement conscience, qu'en tombant en concordance avec une donnée vécue; alors se produit, en un lieu quasi géométrique, point de recoupement de la disponibilité intérieure et du concret extérieur, comme un point d'impact : sous ce choc révélateur, la disponibilité inconsciente se trouve éveillée à la vie.

Ces images virtuelles sont comme le sédiment de toutes les expériences vécues par la lignée ancestrale; elles en sont le résidu structurel, non les expériences ellesmêmes. C'est du moins ce que nous permettent de

---

1. Il y a là un problème humain général, à la fois irritant et captivant : irritant puisque l'individu, chemin faisant, au cours et au rythme de la vie, devra troquer l'universalité des images virtuelles intérieures contre certains noms, certains visages, certaines têtes, certains choix. De là, en partie, les exigences d'absolu que l'on adresse à l'autre, car chacun cherche à retrouver dans l'autre l'absolu de son image virtuelle.

Problème captivant aussi puisque cette image virtuelle ne prend vie et ne devient puissance de vie que si elle est associée à un vécu concret. Ainsi donc, le dilemme demeure constamment entier, l'image virtuelle la plus ample où pourraient s'engouffrer toutes les possibilités de la vie n'est elle-même vécue et ne devient vie qu'en s'amputant de sa virtualité et de son ampleur. Or, tout en voulant la vie, elle ne consent pas sans d'innombrables reculs à ces auto-amputations. C'est le problème de l'*adhésion* et de l'*engagement*; d'un seul élan, les natures harmonieuses (les sujets syntones) y souscrivent; par contre, pour certains êtres divisés (les sujets schizoïdes), c'est un drame caractérisé par une farouche ambivalence et par de terribles déchirements. Ce faisant, les sujets syntones sous-estiment la légitimité de l'ambivalence et ses potentialités équilibrantes, tandis que les sujets schizoïdes sous-estiment l'importance de l'engagement et de la créativité qu'implique aussi l'acceptation de l'acte vécu (N. d. T.).

conjecturer nos connaissances dans leur état actuel. (Je dois avouer n'avoir encore jamais trouvé de preuves irréfutables témoignant de la transmission héréditaire des images-souvenirs; je n'en considère pas moins qu'en marge des sédiments collectifs, qui ne contiennent aucune particularité individuelle, il n'est pas absolument exclu que puissent exister aussi certains souvenirs individuels et hérités.)

Dans l'inconscient de l'homme, il réside de façon héritée une image collective de la femme à l'aide de laquelle il appréhende l'essence féminine. Cette image héritée est la troisième source importante de la féminité de l'âme masculine.

Comme le lecteur l'a déjà compris, *il ne s'agit nullement dans cet exposé d'un concept philosophique ou religieux de l'âme, mais de l'acceptation psychologique de l'existence d'un complexe psychique demi-conscient possédant un fonctionnement partiellement autonome.*

Evidemment, cette constatation possède des points de contact avec un concept philosophique ou religieux de l'âme, dans l'exacte mesure où la psychologie est en relation avec la philosophie ou la religion. Loin de moi l'idée de m'engager ici dans une « dispute entre les Facultés » et de tenter de montrer au philosophe et au théologien en quoi consiste au fond ce qu'ils entendent par le mot âme; pourtant, force m'est d'interdire à l'un comme à l'autre de prétendre prescrire au psychologue ce qu'il devrait entendre sous ce terme.

La qualité de l'immortalité personnelle, que les conceptions religieuses confèrent volontiers à l'âme, voilà un aspect que la science ne peut retenir que comme indice psychologique qui, pour elle, relève de la notion même de l'autonomie de l'âme. Dans les conceptions primitives, l'âme ne va pas toujours de pair avec la qualité de l'immortalité personnelle, ni même avec celle de l'immortalité en soi. Abstraction faite de cette dernière, qui est une de ces notions inaccessibles à la pensée scientifique, que signifie l'« immortalité » ? Dans une acception psychologique, l'immortalité veut tout d'abord et tout simplement désigner une activité psychique qui transgresse les frontières du conscient. « Par-delà la tombe ou la mort » est psychologiquement synonyme de « par-delà le conscient ». Cela d'ailleurs ne saurait avoir d'autre signification, puisque l'immortalité est toujours proclamée par un homme vivant, qui, précisément comme vivant, ne saurait valablement discourir de ce qui est situé dans l'« au-delà ».

L'autonomie du complexe de l'âme sous-tend naturellement et renforce la représentation d'une entité invisible, personnelle, vivant en apparence dans un monde différent du nôtre. Dans la mesure où l'activité de l'âme est ressentie comme la vitalité d'un être indépendant, qui ne semble pas même lié à notre propre corporalité éphémère, la représentation peut facilement prendre force que cet être, dans l'absolu, existe en soi, peut-être dans un monde de choses invisibles. Toutefois, on ne voit pas dès l'abord, sans autre forme d'explication, pourquoi l'invisibilité d'un être indépendant serait en même temps synonyme de son immortalité. L'attribut de l'immortalité tire sans doute son origine d'un autre fait déjà cité, à savoir l'aspect historique singulier de l'âme. Rider Haggard a donné une des meilleures descriptions que je connaisse de ce caractère dans *She*. Lorsque les bouddhistes disent qu'en progressant sur la voie de la perfection, grâce à l'intériorisation et à la contemplation, il se produit une réminiscence et une remémoration d'incarnations passées, ils se rapportent sans doute à la même donnée psychologique de base, avec cette différence toutefois qu'ils attribuent la composante historique, non pas à l'âme elle-même, mais au Soi.

Il est entièrement conforme à l'attitude mentale extravertie, telle qu'elle a régné jusqu'à maintenant en Occident, d'attribuer intuitivement et sentimentalement (et aussi traditionnellement) l'immortalité à une âme que l'on sépare plus ou moins du Moi correspondant, séparation qui est d'ailleurs soulignée par les qualités et les potentialités féminines de l'âme masculine[1]. Il serait profondément logique que chez nous, en Occident, grâce à un approfondissement de la culture introvertie de l'esprit jusqu'ici négligée, se produisît une transformation qui rapprochât notre vie mentale de la forme d'esprit orientale, l'attribut de l'immortalité passant de l'entité ambiguë de l'âme (figure de *l'anima*) au Soi. Car, pour l'essentiel, c'est bien la surestimation de l'objet extérieur, matériel, qui suscite dans l'intérieur de l'homme la constellation d'une figure spirituelle et immortelle (naturellement à une fin de compensation et d'autorégulation). Au fond, la composante historique

---

1. Ce passage va offrir quelques difficultés de compréhension au lecteur, car l'auteur fait entrer en jeu, ne serait-ce que par allusion, sa fameuse notion centrale du Soi, dont il ne parlera plus longuement que dans les derniers chapitres (p. 255 et ss.) Le lecteur voudra bien se rappeler simplement pour l'heure que Jung entend par Soi un centre nouveau de la personnalité globale, qui se précise et se cristallise au cours de l'analyse, et en particulier vers la fin de celle-ci. C'est autour de ce nouveau centre, qui fera contrepoids au Moi et à ses arbitraires, que s'établira le nouvel équilibre de la personne. Ici encore, il ne s'agit pas, dans cette notion du Soi, d'une entité philosophique ou d'un concept purement théorique : le Soi est une notion de psychologie empirique que Jung a été conduit à redécouvrir expérimentalement. Cela n'exclut naturellement point que le Soi, notion psychologique, structurale et dynamique essentielle, comporte des implications philosophiques des plus riches, ni qu'on ait retrouvé un matériel comparatif dans les domaines les plus divers, ce qui ne fait d'ailleurs que confirmer l'extraordinaire valeur théorique et pratique de ce concept (N. d. T.).

n'adhère pas seulement à l'archétype de la féminité, mais, d'une façon générale, à tous les archétypes, c'est-à-dire à tous les éléments hérités du corps comme de l'esprit. Notre vie est bien fondamentalement la même que celle qui se poursuit depuis les temps immémoriaux. En tout cas, dans le sens où nous l'entendons ici, elle ne présente pas un caractère éphémère, car les mêmes décours physiologiques et psychologiques qui constituaient la vie de l'homme depuis des centaines de millénaires durent toujours, et confèrent au sentiment intérieur l'intuition la plus profonde d'une continuité « éternelle » du vivant. Notre Soi, en tant que quintessence de tout notre système vivant, non seulement renferme la sédimentation et la somme de toute la vie vécue, mais il est aussi et la matrice, et la semence, et la source, et l'humus créateur de toute vie future, dont la prescience enrichit le sentiment tout autant que la connaissance du passé historique. C'est de ces données psychologiques de base, de ces fondements tournés à la fois vers le passé et vers l'avenir, que se dégage avec légitimité l'idée de l'immortalité.

Le monde oriental, dans sa conception des choses et de l'univers, ignore la notion de l'*anima* telle que je l'ai établie; il ignore aussi, ce qui est logique, la notion d'une *persona*. Cela ne me semble pas dû au hasard. Car – j'y ai fait allusion plus haut –, il existe une relation compensatoire entre la *persona* et l'*anima*.

La *persona* est un ensemble compliqué de relations entre la conscience individuelle et la société; elle est, adaptée aux fins qui lui sont assignées, une espèce de masque que l'individu revêt ou dans lequel il se glisse ou qui, même à son insu, le saisit et s'empare de lui, et qui est calculé, agencé, fabriqué de telle sorte parce qu'il vise d'une part à créer une certaine impression sur

les autres, et d'autre part à cacher, dissimuler, camoufler, la nature vraie de l'individu.

Qu'il soit superflu de cacher sa vraie nature, seul
peut le prétendre celui qui s'identifie à sa *persona* à un
tel degré qu'il se tient au demeurant dans une ignorance profonde de lui-même; et, de même, peut seul
imaginer inutile de faire une certaine impression sur les
êtres de son entourage celui qui méconnaît la nature
vraie des humains qui l'entourent. La société attend et
se doit d'attendre de chaque individu qu'il assume et
joue de façon aussi parfaite que possible le rôle qui lui
est imparti; ainsi, par exemple, d'un individu qui est un
pasteur, la société escompte non seulement qu'il
assume sans heurts les obligations de sa charge, mais
aussi qu'il soit à tous moments et en toutes circonstances impeccablement dans la peau du personnage du
pasteur. La société exige cela comme une sorte de
garantie et de sécurité. Que chacun demeure à sa place
et se cantonne dans son domaine : celui-ci est cordonnier et cet autre, poète. Nul n'est venu d'être, à la fois,
l'un et l'autre. Il ne semble d'ailleurs pas recommandable d'être les deux à la fois, car on devient vite suspect :
cela a quelque chose d'inquiétant. Car un tel homme ne
répond plus à la norme habituelle, il « diffère » des
autres et excite la défiance. Dans le monde universitaire on le qualifierait de « dilettante », dans le monde
politique d'« homme aux réactions imprévisibles »; du
point de vue religieux et pour les dévots, ce serait un
« esprit libre »; bref, face à la société convaincue que
seul le cordonnier qui n'est point poète fait des chaus-
sures selon les règles de l'art, il serait un individu peu
sérieux, un fumiste, suspect d'insuffisance et d'impré-
paration. Ainsi, il est important, dans la pratique,
qu'une personnalité se montre sous une seule étiquette;
car la société, qui ne connaît que l'homme moyen, sait

que celui-ci doit déjà se concentrer sur une seule occupation pour faire quelque chose de valable et de présentable, et que s'il s'éparpille sur deux, c'en est déjà, en général, trop pour lui.

Notre société est incontestablement construite à partir de tels stéréotypes. Rien d'étonnant donc à ce que, pour quiconque veut arriver, il soit nécessaire d'en tenir compte. Or, naturellement, en tant qu'individualité, personne ne peut satisfaire entièrement cette attente, et chacun se voit confronté inéluctablement avec la nécessité d'édifier une personnalité artificielle. Les exigences d'un conformisme non choquant et des bonnes mœurs apportent leur contribution à la fabrication d'un masque présentable et acceptable.

Derrière ce masque se développe ce qu'on appelle la « vie privée ». Cette séparation archiconnue du conscient en deux frères siamois différant entre eux jusqu'au ridicule représente une opération psychologique profonde, qui ne peut pas rester sans conséquences pour l'inconscient.

L'élaboration d'une *persona* soumise aux normes collectives auxquelles elle satisfait constitue une concession énorme au monde extérieur, un vrai sacrifice de soi-même, qui contraint directement le Moi à s'identifier avec la *persona*, de sorte qu'il existe réellement des individus qui croient être ce qu'ils représentent[1]. Mais l'« absence d'âme » inhérente à une telle

1. C'est certainement une caractéristique de notre civilisation extravertie que de donner à l'adaptation au monde extérieur force de loi : dans la psychologie la plus couramment vécue par une majorité d'êtres contemporains, se trouvent ainsi curieusement projetées sur le monde extérieur des valeurs d'absolu. Dès lors, la soumission et l'adaptation à ce monde qui incarne « par délégation » un absolu de l'esprit deviennent une manière de « nécessité religieuse ». C'est ainsi, le plus souvent, que « l'homme sans qualité » d'aujourd'hui, l'homme en apparence banal, qui s'est perdu dans l'agitation et les écartèlements de la vie contemporaine, « sauve » certaines potentialités spirituelles de son

attitude ne peut être qu'apparente, l'inconscient ne tolérant en aucune façon semblable déplacement du centre de gravité. Quand nous examinons d'un œil critique de pareils cas, nous découvrons rapidement que l'admirable façade est en fait compensée par une « vie privée »[1]. Le pieux Drummond s'est plaint un jour que « la mauvaise humeur fût le vice des gens dévots ». Naturellement, quiconque se paie le luxe d'édifier un personnage survalorisé et trop avantageux récoltera en échange les humeurs d'une émotivité trop irritable. Bismarck avait des crises de larmes hystériques; la correspondance de Wagner abonde en détails sur les rubans de soie de ses robes de chambre; Nietzsche écrivait des lettres à un « Cher lama »; Goethe s'entretenait avec Eckermann.

Mais il survient aussi des événements plus subtils que ces faiblesses banales, que ces lapsus des grands hommes. Je fis une fois la connaissance d'un homme admirable, digne en tous points de respect – on aurait pu facilement dire de lui que c'était un saint. Nous passâmes trois jours ensemble durant lesquels je l'observai à la dérobée sans pouvoir découvrir en lui la moindre de ces insuffisances qui caractérisent le commun des mortels. A ce contact, je sentis grandir en moi, jusqu'à atteindre des dimensions menaçantes, un sentiment d'infériorité, et je commençais à penser sérieusement à la nécessité de m'améliorer, lorsque le qua-

âme. Cette psychologie, toutefois, en dépit de ses vertus substitutives, n'est pas sans inconvénients majeurs : elle renforce l'inconscience et bloque sur l'objet des qualités appartenant au sujet, ce qui interdit et stérilise le dialogue de l'être avec lui-même.

Cette extraversion contemporaine forcenée est tellement courante que, dans notre société actuelle, l'introverti fait presque figure de désadapté d'un autre âge. (N. d. T.).

1. Ce ne sont pas les scandales qui émaillent la vie publique ou, à une moindre échelle, secouent les foyers familiaux, qui viennent s'inscrire en faux contre cette constatation (N. d. T.).

trième jour sa femme manifesta le désir de me consulter... Depuis cette rencontre, je me suis trouvé de temps en temps dans des situations analogues, mais je ne me suis plus laissé prendre aux apparences de la sainteté. Car j'avais ainsi appris et compris qu'un homme qui s'identifie à sa *persona* peut, sans y prendre garde, laisser dégouliner et glisser sur sa femme tous les éléments de sa propre psychologie qui le gênent et qu'il voudrait rejeter; sa femme les incarnera et les vivra sans qu'il le remarque; souvent, sans avoir une claire conscience des causes de ce qui lui arrive, elle paiera son sacrifice d'elle-même du prix d'une lourde névrose.

Ces identifications avec le rôle social constituent d'ailleurs une source abondante de névroses : ce n'est pas sans dégâts et sans en être cruellement puni que l'homme peut s'aliéner lui-même au profit d'une personnalité artificielle. Déjà la moindre sollicitation à l'adresse de l'homme intérieur dans ce sens et le moindre abandon de l'homme extérieur à une telle démarche déterminent, dans tous les cas banals, des réactions inconscientes, des humeurs, des affects, des peurs, des représentations obsédantes, des faiblesses ou des vices. L'homme qui dans la vie social se présente comme « l'homme fort », « l'homme de fer », est bien souvent dans la vie « privée », en face de ses sentiments et de ses états d'âme, comme un enfant : la discipline qu'il affiche (et qu'il exige tout particulièrement des autres) se trouve, sur le plan privé, honteusement et caricaturalement contredite et bafouée. Son « allant au travail », sa « disponibilité professionnelle », son « amour du devoir », ont, dans le cadre de son foyer, un visage mélancolique; sa morale officielle « exemplaire » a, quand on soulève le masque, bien singulière allure. Et nous nous référons ici moins aux actes qu'aux mouvements de l'imagination. D'ailleurs, les femmes de tels hommes pourraient nous en apprendre beaucoup sur leur compte; quant à leur fameux altruisme... leurs enfants sont en général bien placés pour en connaître la valeur.

Dans la mesure où le monde sollicite insidieusement l'individu de s'identifier avec son masque, et dans la mesure où l'individu succombe à ces séductions, celui-ci sera livré aux influences qui émanent du monde intérieur, et il en sera le plus souvent victime. « Le haut repose sur le bas », dit Laô-Tseu. Lorsque l'individu s'identifie à son masque, la contradiction sourd de l'intérieur de lui-même et agit sur le Moi; tout se passe comme si l'inconscient opprimait le Moi avec une puissance égale à celle avec laquelle la *persona* attire ce Moi, comme si la soumission aux sollicitations extérieures et aux séductions de la *persona* signifiait une faiblesse analogue face aux forces intérieures et aux pouvoirs de l'inconscient. Tandis que l'individu assume, dans son rapport avec le monde, le rôle d'une personnalité forte et efficace, se développe au fond de lui une faiblesse efféminée en face de toutes les influences qui émanent de l'inconscient : il est de plus en plus enclin à des caprices, des humeurs, des accès de frayeur; il n'est pas jusqu'à sa sexualité qui ne s'efféminé (ce qui peut culminer dans une impuissance).

Ainsi donc, la *persona*, l'image idéale de l'homme tel qu'il devrait et voudrait être, se trouve intérieurement de plus en plus compensée par une faiblesse toute féminine; et, dans la mesure où extérieurement il joue l'homme fort, intérieurement il se métamorphose en une manière d'être féminoïde, que j'ai appelé *anima*[1];

---

1. Voir la définition de l'*anima* dans C. G. JUNG, *Types psychologiques* (ouv. cité), à l'article « âme », p. 409 et ss., ainsi qu'à l'article « image de l'âme », p. 438 et ss.

car c'est alors l'*anima* qui s'oppose à la *persona*[1]. Or,
pour la conscience extravertie, l'intériorité demeure
obscure et invisible; en outre, l'individu peut d'autant
moins percevoir ses propres faiblesses qu'il s'identifie
davantage à sa *persona*; dès lors, on comprend que
l'*anima*, le pôle opposé à la *persona*, persiste reléguée
dans l'obscurité la plus totale, dans une nuit impénétrable à la conscience.

C'est pourquoi[2] l'*anima* se trouvera automatiquement projetée, processus qui fera passer le héros sous
la pantoufle de sa femme. Si la puissance de cette dernière s'accroît considérablement, comme cela est alors
coutumier, si elle exerce une domination trop absolue
sur l'homme, elle supportera mal cet accroissement de
force potentielle, dont elle ne sait que faire et dans
laquelle elle s'empêtre. Elle développe alors un complexe d'infériorité, témoigne corrélativement d'un comportement de qualité inférieure, ce qui, en retour,
apporte à l'homme la preuve bienvenue que ce n'est
pas lui, le « héros », qui dans la vie privée manque de
« classe » et de capacité, mais que c'est bel et bien sa
femme. Celle-ci – abstraction faite de sa propre incapacité, voire de sa nullité – récupère alors au moins cette
illusion, si séduisante au cœur de la majorité des femmes, d'avoir épousé un héros. C'est ce jeu réciproque,
ce va-et-vient de chimères que l'on appelle bien
souvent : contenu d'une vie.

Comme il est indispensable, en vue de l'individuation, de la réalisation de soi-même, qu'un être

1. L'homme en incarnant ses potentiels féminins actualise naturellement en lui des éléments psychologiques parfaitement embryonnaires.
Et c'est pourquoi la féminité se manifeste alors en lui sous ses traits
distinctifs les plus infantiles, les plus inférieurs, les plus légitimement
décriés (N. d. T.).
2. Comme chaque fois qu'un contenu est à la fois inconscient et actif
(N. d. T.).

apprenne à se différencier de l'apparence qu'il a incarnée aux yeux des autres et à ses propres yeux, de même il est indispensable, dans un but identique, qu'il prenne conscience du système interrelationnel invisible qui relie son Moi et son inconscient, à savoir son *anima*, afin également de pouvoir se différencier d'elle. Car on ne peut se différencier de quelque chose d'inconscient.

Pour ce qui est de la *persona*, il est naturellement relativement simple de faire percevoir clairement à quelqu'un que sa fonction et lui sont deux choses différentes.

Pour ce qui est de l'anima, par contre, on ne parvient à se différencier d'elle qu'au prix des plus grandes difficultés et des plus grands efforts, pour la bonne raison précisément qu'elle est invisible et difficilement discernable. On a même tout d'abord le préjugé que tout ce qui monte de l'intérieur émane des fondements les plus intimes et participe au prestige de sa propre essence. Notre « homme fort » nous concédera peut-être qu'il témoigne effectivement dans sa « vie privée » d'une absence un tantinet inquiétante de discipline; mais il enchaînera en nous disant que c'est là précisément sa *faiblesse*, de laquelle il se déclare en quelque sorte solidaire[1]. Il y a dans cette attitude un héritage culturel qu'il ne faut pas sous-estimer : si notre « homme fort » reconnaissait, en effet, que sa *persona* idéale est responsable de son *anima*, qui n'est rien

1. Il nous a été donné de soigner et d'observer un certain nombre d'« hommes forts »... Si leur rigidité caractérielle est vraiment excessive, nous voulons dire si elle atteint des limites qu'ils ne peuvent eux-mêmes plus supporter, ce que nous sommes contraints d'appeler leur « rationalisme morbide » fait naturellement fonctionner des soupapes de sûreté compensatoires. Les deux principales que nous ayons rencontrées sont la répercussion physique (la somatisation) de leur désordre psychologique, entraînant une maladie, et, encore plus souvent, l'accident, ou les accidents en série, ceux d'automobile, par exemple (N. d. T.).

moins qu'idéale, ses idéaux s'en trouveraient ébranlés, l'image qu'il se fait du monde deviendrait ambiguë, et il se convertirait en une énigme pour lui-même. En face du problème du bien et du mal, il serait saisi d'une incertitude et, fait plus grave encore, il serait amené à révoquer en doute la validité de sa bonne volonté. Si l'on pense combien de présupposés historiques puissants conditionnent notre conception la plus intime de la bonne volonté, on comprendra qu'il est plus agréable, dans le sens de la conception générale des choses qui a prévalu jusqu'ici, de s'accuser d'une faiblesse personnelle plutôt qu'attenter à des idéaux vénérables.

Or, les facteurs inconscients sont des données qui exercent des pouvoirs tout aussi conditionnants que les forces et les grandeurs qui régularisent la vie de la société; et les premiers sont aussi collectifs que les secondes.

Dès lors, de même que je puis distinguer ce que ma fonction exige et attend de moi de ce que je veux, je puis apprendre à faire la distinction entre ce que je veux et ce que mon inconscient a tendance à m'imposer.

Certes, tout d'abord on n'arrivera à appréhender que les exigences incompatibles qui émanent de la vie intérieure et de la vie extérieure, et le Moi se sentira coincé entre ces exigences incompatibles comme entre marteau et enclume. Mais, en face du Moi, plus précisément en marge de ce Moi et à côté de lui – de ce Moi qui n'est le plus souvent qu'un jouet ballotté au gré des exigences extérieures –, il existe une autre instance, difficile à déterminer et à préciser, que l'on serait tenté de nommer en invoquant la « conscience morale ».

Cependant, je suis contraint de renoncer à cette dénomination (ce qui est d'ailleurs fort dommage, car, prise dans son acception la meilleure, elle désignerait à la perfection l'instance dont je veux parler). En effet, Spitteler a décrit avec un humour insurpassable ce qui est advenu de la conscience morale[1]. C'est pourquoi il est infiniment préférable, à cause de la proximité de sa signification abâtardie, d'éviter ce terme; et il vaut mieux se représenter ce jeu et cette opposition tragiques des contraires existant entre l'intérieur et l'extérieur (ce que le Livre de Job et *Faust* évoquent et décrivent sous la forme d'un pari divin[2]) en se disant qu'il s'agit au fond de l'énergétisme même inhérent à tout processus vital, et que cette opposition des contraires est inéluctable pour l'autorégulation.

Aussi diverses que soient ces puissances contraires, dans leur apparence comme dans leur finalité, elles n'en veulent pas moins tout de même au fond la vie de l'individu; elles oscillent à partir d'un centre, la faisant osciller avec elles[3].

Précisément parce que ces tendances contraires sont secrètement et souterrainement en rapport les unes avec les autres, elles sont susceptibles de trouver leur accord dans une certaine moyenne, dans un certain compromis, qui, en quelque sorte nécessairement, sourd volontairement ou involontairement de l'individu lui-même, ce dont ce dernier ne peut pas ne pas avoir une certaine prescience intuitive. Chacun a un sentiment de ce qui devrait être, de ce qui pourrait être, de ce qu'il devrait être. Ne pas tenir compte de cette intuition, s'en écarter et s'en éloigner, c'est faire fausse route, c'est s'engager dans la voie de l'erreur et, à plus

1. Carl SPITTELER, *Prometheus und Epimetheus*, Jena, 1915; trad. française de Charles Baudoin, Delachaux et Niestlé, Neuchâtel et Paris, 1943. Et C. G. JUNG, *Types psychologiques* (ouv. cité), p. 258 et ss.
2. Voir C. G. JUNG, *Réponse à Job*, trad. du docteur Roland Cahen, Buchet-Chastel, Paris, 1964 (N. d. T.).
3. Au gré de l'instance momentanément triomphante, comme les plateaux d'une balance, dont l'axe malgré tout demeure fixe (N. d. T.).

ou moins long terme, déboucher dans la maladie[1].

Ce n'est certainement pas dû au hasard si nos notions modernes de « personnalité » et de « personnel » viennent du mot *persona*. Tout aussi bien que je puis dire de mon Moi qu'il m'est personnel ou qu'il constitue une personnalité, je puis dire de ma

1. Ce lien secret et souterrain entre les tendances contraires nous semble avoir une importance que l'on ne saurait surestimer. Sur le plan phénoménologique d'abord : c'est lui qui réunit les contraires en des paires opposées; sans lui, il n'y aurait dans l'individu qu'un conglomérat de forces écartelantes occasionnelles, anarchiques. C'est ce lien qui unit ces forces et les structures en des couples de facteurs opposés, écartelants certes toujours, mais formatifs et équilibrants aussi.

Pour le dire en langage imagé, c'est grâce à ce lien que la voile, dans l'homme comme dans un bateau bien construit, s'élèvera précisément dans l'axe de la quille, ou que la selle reposera au bon endroit de la colonne vertébrale du cheval.

De la qualité de ce lien entre les forces contraires qui habitent un individu, beaucoup dépendra. Si ce lien fait défaut plus que de raison, plus que de nature, l'être mental se dissociera en éléments dès lors sans rapport les uns avec les autres; c'est l'incohérence, la folie, et le monde de la schizophrénie. Si ce lien est trop étroit, manquant de souplesse et d'élasticité, il déterminera rigidité psychologique, raideur du comportement et de la pensée, morbidité de la pétrification, qui déboucheront aisément dans les parages de l'obsessionnel.

Ainsi donc, l'équilibre de l'être nous semble dépendre pour une bonne part de la qualité de ce lien qui unit les contraires : s'il est insuffisant, l'être mental s'effondre comme un château de cartes; s'il est excessif, il entraîne l'ankylose et la paralysie de l'obsession, bloquant la vie présente et l'évolution de la personnalité. Si, par contre, il est en juste quantité et de qualité, il assurera un équilibre souple, une démarche aisée entre les pôles contraires, telle une bille de bel ivoire qui, ballottée entre les bandes opposées du billard, reste néanmoins semblable à elle-même.

Sur le plan doctrinal aussi, ce lien entre les contraires mérite qu'on s'y arrête. Le processus d'individuation a beaucoup surpris en effet, et il a semblé à certains une philosophie fumeuse, voire une spéculation hasardeuse et fourvoyée. Et même s'ils accordaient à Jung le mérite d'un certain empirisme, ces esprits bienveillants ne pouvaient faire mieux que de rester médusés devant un fait auquel ils concédaient une certaine dignité de découverte objective, mais qui leur paraissait totalement inattendu et imprévisible. Or, à partir de cette notion du lien souterrain unissant les contraires dans l'être, le jeu dialectique, dont ce lien est le vecteur vivant et créateur, révèle que le processus d'individuation est le devenir normal de la nature contrapunctique de l'humain vivant (N. d. T.).

persona qu'elle est aussi une personnalité et je puis m'identifier plus ou moins avec elle. Certes, si je m'identifie à ma *persona*, j'aurai dès lors deux personnalités, celle de mon Moi et celle de ma *persona*; le fait ne doit pas nous sembler autrement singulier, puisque aussi bien tout complexe autonome, et ne fût-il même que relativement autonome, présente la particularité de surgir sous forme d'une personnalité[1], c'est-à-dire de surgir, sur l'écran du fond mental, *personnifié*.

1. Il y a là un fait essentiel, une donnée qui a les plus vastes conséquences pratiques et qui doit aussi nous inviter à quelques réflexions théoriques.

Théoriquement, pourquoi un contenu complexuel surgit-il sur l'écran de la vie mentale sous forme personnifiée? Pour notre part, nous inclinons à répondre à cette question par l'hypothèse suivante : pour l'homme, l'expérience de la personne de l'autre à côté de la sienne a été, au cours de la phylogénie, une parmi les expériences les plus marquantes et les plus saisissantes qui, à l'instar du lever et du coucher du soleil, ont probablement imprimé leur sceau sur l'humain. Encore le soleil possède-t-il un cours à peu près régulier, alors que l'autre et sa personne, détenteurs d'une liberté et d'un libre arbitre, pouvaient avoir à l'adresse du Moi les réactions les plus imprévisibles.

Cette constatation, qui venait s'adjoindre pas à pas à la découverte du propre Moi de l'être, de son fonctionnement, a dû être une des origines de la constitution de l'archétype de l'Anthropos, dont on voit le déploiement au cours de l'évolution psychologique de l'enfant, et qui forme comme l'arrière-plan, comme la toile de fond sur laquelle se situent et s'organisent les acquisitions de la vie ascendante.

Dès lors, on s'explique que, comme fait de base, la personne constitue l'un des stéréotypes des structures fondamentales autour desquelles et grâce auxquelles s'articule la vie mentale.

Par suite, lorsque surgit dans le champ de ma conscience un fait nouveau, mouvant, évolutif et vivant, on comprend qu'il met en jeu ce module fondamental de la pensée qu'est la personne. Ce contenu nouveau m'a frappé comme m'a frappé la personne, il est comparé à une personne et, archaïquement, primitivement, il est compréhensible qu'il apparaisse aux yeux de ma conscience sous les traits d'une personne.

C'est sans doute à un mécanisme comme celui que nous venons d'essayer de décrire, et qui remonterait ainsi aux données les plus anciennes de la phylogénie, répétées dans chaque vie par l'ontogénie, que serait due l'émergence du complexe sous forme personnifiée.

Cette forme d'apparition a, naturellement, dans la pratique, les conséquences à la fois les plus vastes et les plus immédiates : l'être, appréhendant son contenu mental complexuel sous les traits significa-

C'est dans les manifestations dites « spirites », comme par exemple l'écriture automatique, qu'on peut le plus aisément constater ces phénomènes. Les phrases écrites sont toujours des déclarations personnelles, énoncées dans la forme personnelle qu'emploierait un Moi, comme si, derrière chaque fragment de phrase émise, existait une personnalité qui en serait l'auteur. C'est pourquoi la raison naïve pense aussitôt à des esprits. On peut observer des faits analogues, on le sait, dans les hallucinations des malades mentaux, encore plus clairement que par les phrases de l'écriture automatique –, il s'agit alors souvent de pensées ou de fragments de pensées dont le lien et l'appartenance à la personnalité consciente du malade sautent aux yeux sans difficulté ni mystère.

La tendance des complexes relativement autonomes à surgir en se personnifiant est aussi le motif pour

tifs ou symboliques d'une personne ou d'une personnalité parcellaire, tend naturellement – en fonction de mécanismes d'externalisation décrits par Lipp – à en chercher la cause, le support, la correspondance, dans une personne extérieure à lui-même. De là l'attribution de son contenu mental à une personne extérieure à lui-même, phénomène qui est la définition en propre de la projection psychologique :

Ainsi donc, si les phénomènes de projection tiennent un si grand rôle dans notre vie mentale, cela est dû à *l'émergence personnifiante* de ces noyaux idéo-affectifs qui peuplent notre cosmos inconscient et que Jung a appelés des « complexes ». Et, en retour, si cette émergence est précisément personnifiante, c'est que, en fonction de l'intrication réciproque des phénomènes de perception et de projection, la perception de la personne a été pour l'être une des expériences les plus normatives de son devenir.

C'est dans ce va-et-vient entre perception et projection, dont on ne saura jamais quel est le *primum movens*, dans ce cercle fermé sur lui-même, que doit jaillir l'étincelle illuminante de la prise de conscience; celle-ci, en dissipant les brouillards de fantasmes qui enveloppent la perception, permettra à l'humanité d'accomplir un et des pas en avant, et d'intégrer les contenus psychologiques intra-psychiques que chacun devra désormais reconnaître et assumer en tant que tels, au lieu de les aller perdre dans les plis et replis des labyrinthes de quelque fallacieux objet avec lequel ils n'avaient d'autres liens que ceux d'une identification archaïque (N. d. T.).

lequel la *persona* apparaît tellement personnifiée que le Moi se met facilement à douter et à se demander, s'abusant aisément, quelle est sa « vraie » personnalité[1].

Tout ce que nous venons de dire des complexes autonomes en général et de la *persona* en particulier s'applique également à l'*anima* : elle aussi est une personnalité, et c'est pourquoi elle est si aisément projetée sur une femme; plus précisément, il faut dire de l'*anima* qu'elle est toujours projetée tant qu'elle est inconsciente, *car tout ce qui est inconscient est projeté.*

Le premier réceptacle de l'image de l'âme pour l'homme est pratiquement toujours la mère[2]; plus tard, les réceptacles qui apporteront à l'homme un reflet vivant de son *anima* seront les femmes qui font vibrer les sentiments de l'homme, que ce soit, d'ailleurs, indifféremment dans un sens négatif ou positif. C'est parce que la mère est le premier réceptacle de l'image de l'âme que l'émancipation du fils et la séparation d'avec la mère représentent un tournant évolutif tout aussi important que délicat, et de la plus haute portée éducative. C'est pourquoi nous trouvons déjà chez les primitifs un grand nombre de rites qui organisent les modalités de cette séparation. L'arrivée à l'âge adulte et la séparation extérieure d'avec la mère ne suffisent pas; il faut encore toutes sortes d'initiations masculines décisives très particulières, des cérémonies opérant une renaissance, pour parfaire efficacement la séparation de l'individu d'avec sa mère et, par voie de conséquence, d'avec son enfance.

1. C'est aussi sans doute pourquoi un sujet fait en général preuve d'une telle susceptibilité pour tout ce qui concerne sa *persona* (N. d. T.).

2. Ou ses substituts quand celle-ci vient à manquer, substituts dont la fonction vitale est de recréer le réceptacle possible de l'image maternelle (N. d. T.).

Alors que le père, en protégeant l'enfant contre les dangers de la vie extérieure, devient de la sorte pour le fils un modèle de la *persona*, la mère constitue pour lui une sauvegarde contre les dangers qui peuvent surgir des mondes obscurs de l'âme. C'est pourquoi, dans les initiations masculines, l'initié sera instruit des choses de l'au-delà, ce qui doit le mettre en état de se passer de la protection de la mère[1].

L'adolescent qui grandit dans la civilisation actuelle se voit privé – en dépit de toute la primitivité qui demeure en lui – de ces mesures éducatives qui étaient au fond très remarquables. Il s'ensuit que l'*anima*[2], en

1. Dans cette perspective, on peut tenter de schématiser le rôle du père et de la mère.
Le père – modèle de présentation légitime au monde, lien au monde extérieur, à la fois protecteur et conquérant – incarne aux yeux et pour le sentiment de l'enfant la *légitimation*.
La mère, elle, nourricière et « sécurisante » en face des puissances obscures du monde intérieur, incarne pour l'enfant, grâce à l'amour qu'elle lui porte, l'*accueil inconditionnel*.
Ainsi, le père *rend* l'être grandissant *légitime*, malgré l'individualité et la ségrégation individuelle, et la mère assure en lui la pérennité du *sentiment d'appartenance au groupe*.
A partir de ce schéma, on peut imaginer les dégâts structurels qu'entraîne la carence du père ou de la mère, voire des deux (N. d. T.).
2. L'*anima* en jachère est une *anima* avec laquelle aucun commerce n'est possible, soit qu'il n'ait jamais été instauré, soit que tout mode relationnel avec elle ait été interrompu et suspendu.
Le commerce avec l'*anima*, qui semble naître à travers les premiers babillages adressés à la mère et reçus d'elle, peut, par la suite, revêtir bien des formes : contact introspectif avec soi-même, lien avec l'être aimé, adhésion de l'être à un dogme que le sujet ressent et vit, à une liturgie à laquelle il participe ; vie spirituelle d'une orientation ou d'une nature fort variées, etc.
Beaucoup des particularités, voire des débordements de la vie moderne actuelle, surbooms désordonnées, vamps et pin-up girls élevées au rang d'une institution nationale, etc., peuvent être, dans une certaine mesure, comprises comme des tentatives de retrouver, par et au-delà d'un contact plus ou moins projectif, le contact et le commerce avec l'éternel féminin qui sommeille dans l'homme, c'est-à-dire avec son *anima*.
Malheureusement, l'incompréhension du vrai problème de base bloque cette recherche, en son essence spirituelle et psychologique, à une

jachère sous forme de l'*imago* de la mère, va être projetée en bloc sur la femme, ce qui va avoir pour conséquence que l'homme, dès qu'il contracte mariage,
devient enfantin, sentimental, dépendant et servile, ou,
dans le cas contraire, rebelle, tyrannique, susceptible,
perpétuellement préoccupé du prestige de sa prétendue
supériorité virile[1]. Cette dernière attitude, naturelle-

place et à un niveau uniquement sensuels où, tournant en rond, il
s'exacerbe et débouche sur des absurdités promues à la dignité d'une
philosophie, dans laquelle la jeunesse actuelle recherche vainement
une autojustification. C'est alors le drame des *Tricheurs*, le drame
d'une adolescence qui se cherche en vain, au milieu des débris mentaux
et sociologiques des générations qui l'ont précédée, quelque raison
d'être et de vivre, quelque espoir de survie, quelque cohésion personnelle aussi entre les contrastes qui l'écartèlent. Il nous semble que ce
n'est qu'à travers un retour psychologique sur elle-même que cette
adolescence parviendra à surmonter son mal du siècle.

Certains philosophes et critiques de notre monde actuel déplorent
que les progrès psychologiques et moraux ne suivent pas le rythme des
progrès techniques et matériels. Cela suppose à tout le moins un certain optimisme qui revient à dire que, si le rythme du développement
moral et psychologique est plus lent que le développement technique, il
n'en existe pas moins.

Nous sommes navrés de ne pouvoir partager cette conviction. Il nous
semble même que, bien loin de progresser, l'état psychologique, moral
et mental de l'humanité a très sérieusement rétrogradé : privé des
mesures spontanées de la psychologie et des rites primitifs, n'adhérant
plus dans la plupart des cas – sinon de façon vaguement et superficiellement formaliste – au mythe vivant et vibrant du courant judéo-chré-
tien, coincé dans un rationalisme qui n'a su faire qu'un inventaire bien
incomplet de l'humain vivant et qui a stérilisé tout ce qu'il n'a su
percevoir, l'homme moderne nous apparaît en général dans une situation psychologique et mentale fâcheuse.

Rien ne sert de se détourner de la vision objective des choses, car
notre jeunesse vient nous rappeler qu'elle est le galvanomètre ultra-sen-
sible de la réalité existante, non pas telle que nous la souhaitons, mais
telle qu'elle est. Nous pensons donc que, bien loin de condamner la
jeunesse, il faut prendre au signal d'alarme au sérieux, voir dans ses
débordements l'exercice de soupapes de sûreté et l'aider à recouvrer à la
fois équilibre individuel, sens des responsabilités, joie de vivre. Nous ten-
drons ainsi à promouvoir l'homme psychologique de demain (N. d. T.).

1. Cette alternative décrit deux positions contraires. En fonction de
son *anima*, l'homme qui se marie pour obéir à l'obscur besoin de
posséder cette *anima* incarnée risque petit à petit, insensiblement, de se
situer face à sa femme comme face à une mère, ce qui le fait rétrogra-

der à une « psychologie de pouponnière »; par infantilisme et commodité, il s'y complaira; ou bien, à l'inverse, s'il se révolte contre ce danger double que lui offrent d'une part les mirages de son *anima* et d'autre part l'*animus* de la femme – qui n'est fréquemment que trop prêt à jouer le rôle auquel on l'invite, à savoir celui de laminoir de la psychologie masculine –, il risque de basculer dans une exécration du féminin, incarné par la conjointe.

Mais la description de cette alternative ne mentionne pas le cas heureux où les deux êtres s'épanouissent psychologiquement l'un par l'autre, le mariage étant alors le cadre commun offert à deux évolutions qui s'épaulent réciproquement pour le meilleur et pour le pire, ce meilleur et ce pire n'étant pas compris dans le sens strictement matérialiste, mais incluant aussi tous les problèmes psychologiques que chacun porte en soi.

Ce cas heureux, qui s'établit parfois spontanément entre deux êtres, est naturellement encore rarissime, car le « mode relationnel ouvert » entre les deux conjoints suppose une sincérité et un effort de loyauté réciproques qui permettent de communiquer à l'autre tous ses problèmes, que ce soit des problèmes qui relèvent du plan de l'ombre – dont on a naturellement honte – ou des plans de son être spirituel – dont on a souvent encore plus de peine et de pudeur à s'entretenir, même avec l'être aimé. Or, si ce dialogue vrai, véridique et profond, condition d'une union valable et en particulier d'une union solide des âmes, n'est pas supporté par une conscience claire de ses vertus majeures et par un effort, délibérément accepté, d'en surmonter les épreuves, voire les affres, il est évident que ce dialogue, du fait de l'un, ou de l'autre, ou des deux partenaires, tournera rapidement court, les coinçant dans l'impasse des cachotteries et des secrets, les privant des bénéfices d'une union prolongée sur les plans psychologiques.

Dès lors, quelle sera la situation de ce couple qui avait si bien commencé, disons dans l'emballement des projections victorieuses et la découverte de joies sensuelles partagées? Dans cet emballement, le dialogue psychologique des conjoints s'était institué, permettant une connaissance de l'un par l'autre et un jeu conscient de certaines des interférences qui avaient lieu entre eux.

Qu'adviendra-t-il si leur dialogue se tarit et si leur relation, d'ouverte qu'elle était au début, se transforme malencontreusement en une relation fermée?

L'arrêt de leur dialogue vrai n'implique pas pour autant l'arrêt des interférences vitales dont leur couple est le théâtre. Ces interférences continuant de jouer, mais passant des plans de la conscience claire, où elles étaient librement acceptées et où elles pouvaient même sembler grisantes, aux plans du déroulement inconscient, chacun des deux partenaires se sentira petit à petit saisi dans des champs de forces obscures qui seront naturellement facilement ressenties comme autant d'astreintes et de contraintes insupportables.

L'individu éprouvera même souvent comme une manière de devoir sacré de se libérer de ces liens qui l'enserrent à l'aveuglette, pour préserver ce qu'il ressent comme étant les devoirs et les droits de son individualité.

ment, n'est faite que du renversement de la première.
L'homme moderne n'a rien trouvé qui remplace la protection contre l'inconscient que la mère apportait, que
la mère signifiait; c'est pourquoi il modèle inconsciemment son idéal du mariage de telle sorte que sa femme
soit amenée si possible à pouvoir assumer le rôle magique de la mère. Sous le couvert protecteur du mariage
idéal, exclusif, il cherche au plus profond de lui-même
protection auprès d'une mère, tendant dangereusement
la perche à l'instinct possessif de la femme[1]. Sa crainte
et son angoisse, en face des obscurités insondables et
des forces imprévisibles de l'inconscient, confèrent à la
femme une puissance illégitime et soudent le ménage
en une « communauté si intime » que, à force de tensions intérieures, il menace en permanence d'éclater. A
moins que l'homme, par protestation, ne prenne, en
face de cette surpuissance de la femme, une attitude de
contre-pied, ce qui entraînera d'ailleurs les mêmes
conséquences.

Naturellement, cette dégradation interrelationnelle du couple entraînera dans son sillage une dégradation de la relation quotidienne, que ce
soit sur le plan de la vie banale ou de la vie sensuelle; elle entraînera
aussi en général, fréquemment, un retrait projectionnel et une nouvelle
projection de l'*anima* ou de l'*animus* sur un autre partenaire, ce qui
mènera naturellement le couple primitivement constitué aux limites de
la dissolution la plus totale.
   Ainsi donc, la recrudescence des divorces dans le monde moderne
nous semble intimement liée au manque de culture et à la dégradation
du dialogue entre les membres du couple.
   Car il est certain que si ce dialogue, avec ses vertus d'enrichissement
et de fécondation réciproques, fait défaut, tous les charmes sensuels qui
ont pu exister au début et tous les liens que créent par la suite les
habitudes et les enfants se montrent impuissants à résister à ces lames
de fond déferlant sur les êtres interdits puis médusés, et qui sont consti-
tuées par leurs problèmes et leurs dynamismes psychologiques profonds et ignorés (N. d. T.).
   1. Ainsi le mariage dans sa forme occidentale reconnaîtra entre
autres ses deux racines psychologiques fondamentales : d'une part,
l'instinct de possession et de nidification de la femme et son besoin de
foyer; d'autre part, chez l'homme, la recherche d'une protection mater-

Mon avis est qu'il existe pour certains êtres d'aujour-
d'hui la nécessité de se différencier de leur *persona* et
aussi de leur *anima*, et de percevoir clairement la différence entre leur Moi, leur *persona* et leur *anima*.

Comme notre conscient – conformément au style
occidental – est pour l'essentiel orienté vers le monde
extérieur et seulement réceptif à ce qui en vient, les
éléments du monde intérieur gisent dans l'obscurité et
demeurent dans l'ombre. Cette difficulté serait aisément surmontable si nous essayions d'observer et d'éla-
borer, avec un effort soutenu et un esprit critique, les
matériaux psychiques qui apparaissent, non pas dans
la vie officielle, mais dans la vie privée. Cependant,
comme nous avons l'habitude de taire avec une pudeur inflexible cet autre côté de nous-même (nous trem-
blons même souvent devant notre propre épouse à
l'idée qu'elle pourrait nous trahir), et comme, si
nos « faiblesses » viennent à être découvertes, nous
n'avons plus que la possibilité de les avouer et de nous

nelle; cette recherche, quoique constituée par une survivance infantile
inconsciente, précisément parce qu'inconsciente détient un potentiel
dynamique considérable.

Pour que le mariage se soit imposé comme institution sociale, il est
psychologiquement évident qu'il faut qu'il réponde, chez les deux partenaires, à des besoins non seulement physiologiques et sociaux, mais
aussi psychologiques.

Certes, il semble bien que le mariage doit beaucoup aux structures et
aux influences matriarcales de la femme sur la vie et la constitution
des sociétés. Mais il semble non moins évident au point de vue psychologique que l'homme n'y aurait pas consenti où à tout le moins, dans
son égoïsme, n'y consentirait plus, s'il n'y trouvait la satisfaction de
besoins psychologiques fondamentaux. De ceux-ci, Jung met particulièrement en évidence dans ces pages l'acquisition d'une mère de remplacement. Il en est d'autres, tels que la possession de l'objet réceptacle de
la projection de son *anima*.

Mais l'ambivalence de l'homme, en face du phénomène social, familial et personnel que constitue le mariage, est démonstrativement exprimée par le fait que l'homme tempère l'institution universelle du
mariage par l'institution, presque non moins universelle (il faut bien le
dire parce que cela relève du domaine général), de l'adultère (N. d. T.).

en repentir, la seule solution et la seule méthode éducative en honneur de nos jours consistent à opprimer et à
refouler nos faiblesses autant que faire se peut, ou, à
tout le moins, à les dérober aux yeux du public. Ce
faisant, nous demeurons Gros-Jean comme devant.

Pour expliquer et pour illustrer ce qu'il conviendrait
au fond de faire, je prendrai l'exemple de la *persona*.
Et si je choisis la *persona* c'est que, pour nous autres
Occidentaux, tout en elle est visible et limpide, alors
que tout ce qui concerne l'*anima* demeure dans l'obscurité. Quand l'*anima* se met, avec une insistance
inquiétante, à la traverse des intentions les meilleures
du conscient, suscitant une vie privée qui contraste de
la façon la plus pénible avec le clinquant et les dorures
de la *persona*, les choses se passent comme si, toutes
proportions gardées, un homme naïf qui n'aurait pas la
moindre idée de la *persona* et des nécessités de la vie
sociale commettait dans le monde les impairs les plus
malencontreux.

En fait, il existe aussi des êtres qui ne possèdent
qu'une *persona* sous-développée ou même, pour ainsi
dire, pas de *persona* du tout – « des Canadiens qui
ignorent la politesse trop raffinée des Européens » –;
ils sont comme des ours mal léchés qui d'une gaffe
passent à la balourdise, totalement innocents de l'une
comme de l'autre (sinon inoffensifs); ce sont des gaf-
feurs impénitents, tellement pleins de trémolos senti-
mentaux qu'on n'arrive pas à leur en vouloir; ils sont
comme des enfants touchants; s'il s'agit de femmes, ce
seront des créatures que leur manque de tact fera crain-
dre, qui mettent les « pieds dans le plat » et jouent les
Cassandre, éternelles incomprises qui ne savent pas ce
qu'elles font, présupposant toujours qu'il leur sera par-
donné; des créatures qui s'exilent en ne voyant pas le
monde et en lui substituant leurs rêves. Ce sont là des

cas qui peuvent nous montrer les conséquences qu'entraîne une *persona* négligée et qui nous permettent de voir ce qu'il importerait de faire pour remédier à de telles carences. Car, en effet, de tels êtres ne pourront éviter les déceptions et les souffrances de toutes sortes, les scènes et les brutalités dont ils risquent d'être victimes, qu'en apprenant à s'adapter au monde et comment il y a lieu de se comporter dans le monde. Ils doivent apprendre à comprendre qu'il y a dans le monde des facteurs et des personnes qui les dominent de très loin; ils doivent se rendre compte de ce qu'ils font et de ce que leurs actes signifient pour autrui, etc. Pour quiconque a développé sa *persona* de façon courante, cela ressemble au plan éducatif d'un jardin d'enfants.

Mais si maintenant nous renversons les perspectives et si nous confrontons un sujet qui a une *persona* brillante avec l'*anima* et ses problèmes, et si nous prenons comme point de comparaison cet être dépourvu de *persona* que nous venons de décrire, nous verrons que le premier est aussi enfantin et désarmé en face de l'*anima* que le second en face du monde, et que le second, en revanche, est aussi familier avec le monde de son *anima* que le premier avec le monde. L'utilisation que ces deux individus font de leurs connaissances peut naturellement être un abus et l'est très probablement.

Pour celui dont la vie se limite aux plans de la *persona* en s'identifiant avec elle, la perspective de l'existence de réalités intérieures semble naturellement totalement inconcevable; il se montre imperméable et impénétrable à cette dimension de la réflexion, tout autant que l'être doté d'une forte *anima* l'est à la réalité du monde, monde qui pour ce dernier a tout au plus la valeur d'une cour de récréation amusante, voire fantastique. Or l'acceptation sans réserves des données que constituent les réalités intérieures est naturellement la condition *sine qua non*, le préalable indispensable de toute prise en considération sérieuse du problème de l'*anima*.

Si, en effet, le monde extérieur ne me semble être qu'une fantasmagorie évanescente, il est certain que je ne m'astreindrai pas aux sérieux efforts nécessaires pour établir avec lui le système compliqué de relations et d'adaptations indispensables. Et de même, pour la polarité inverse, l'idée que « ce n'est qu'un songe creux » ne pourra m'inciter à voir dans les manifestations de mon *anima* que des faiblesses stupides et sans intérêt.

Si, par contre, je fais mien le point de vue que le monde est à l'extérieur, et à l'intérieur, que la dignité du réel appartient tant à l'intérieur qu'à l'extérieur, je suis bien contraint de concevoir, si je veux rester conséquent avec moi-même, les incompatibilités qui sourdent et les perturbations qui émergent de mon monde intérieur comme les symptômes d'une adaptation insuffisante aux conditions de ce monde intérieur.

De même que l'oubli et que le refoulement moral ne suffisent pas à guérir les rebuffades et les coups que l'être exagérément naïf a reçus dans le monde, de même il ne suffit pas de comptabiliser avec résignation ces « faiblesses » pour en supprimer les conséquences. Car chaque faiblesse a ses causes, ses motifs, ses intentions, ses suites, au sein desquels la volonté et la compréhension peuvent intervenir. Prenons l'exemple de cet homme, honorablement connu et sans tache et qui a la réputation d'être un bienfaiteur, mais en face duquel sa femme et ses enfants vivent dans la crainte à cause de ses humeurs capricieuses imprévisibles et de ses explosions de colère. Quel rôle joue l'*anima* dans un cas de cette sorte ?

Pour l'observer, il suffit de laisser aux circonstances leur cours naturel : sa femme et ses enfants s'éloigneront intérieurement de lui et lui deviendront étrangers; une manière de vide se constituera autour de lui. Sa réaction sera alors naturellement de se lamenter, de prendre le ciel à témoin de la dureté de cœur de sa famille, et il se comportera, si faire se peut, de façon encore plus nocive et extrême qu'avant : le dépaysement deviendra dès lors total. Si notre homme sans reproches n'est pas abandonné de tous ses anges gardiens, il constatera, après quelque délai, son isolement; et dans sa solitude il commencera à rechercher ce qui a amené la séparation, puis à comprendre et ses causes et qu'il en est partiellement responsable. Etonné, il se demandera peut-être « Quel démon s'est donc emparé de moi ? » sans d'ailleurs sentir tout le sens de cette métaphore. Mais, quoi qu'il en soit, cela suffit à déclencher des sentiments de regret, de repentir, des promesses réciproques de s'améliorer et d'oublier, bref tout ce qu'il faut pour que le refoulement et ses pompes démarrent sur nouveaux frais, amenant au prochain tournant... une nouvelle explosion et une nouvelle crise. Manifestement l'*anima* essaye d'imposer une séparation entre cet homme et sa famille. Naturellement, cette tendance à la séparation n'est dans l'intérêt d'aucun des partenaires. L'*anima* s'insinue entre cet homme et sa famille comme une amante jalouse qui veut détourner cet homme de sa cellule familiale. Certes, une fonction sociale exigeante ou quelque position honorifique avantageuse peut avoir le même effet; en ce cas, alors, nous comprenons où réside la puissance de séduction. Mais quand c'est l'*anima* qui est l'instigatrice de ces crises, où puise-t-elle donc sa puissance attractive et fascinante ? Si on raisonne par analogie avec ce qui se passe pour la *persona* et les avantages réels ou les privilèges extérieurs auxquels elle succombe, nous devons nous dire qu'il doit y avoir à l'arrière-plan des valeurs ou quelques autres motivations importantes et influentes, telles que des promesses implicites et séduisantes. Mais il nous faut nous garder, dans de telles perspectives, d'habitudes rationalisantes de pensée. On serait par exemple tout près de supposer que l'« homme sans défauts » est attiré par quelque autre femme. Cela, d'ailleurs, peut être le cas et peut même être utilisé par l'*anima*, qui trouve là un moyen on ne peut plus puissant de parvenir à son but. Il ne faudrait pas prendre un tel « arrangement » pour une fin en soi. Car, notre homme sans défauts et sans taches, qui s'est marié correctement selon les lois, pourrait tout aussi correctement divorcer de même, ce qui ne changerait strictement rien au problème fondamental : ce dernier, qu'il traîne avec lui et en lui, aurait simplement changé de cadre.

En effet, naturellement, ce genre d'arrangement est une méthode très fréquemment employée pour amener à leur terme des séparations latentes... et aussi pour obscurcir et retarder les solutions réelles[1]. Il est donc plus raisonnable de ne pas supposer qu'une éventualité aussi flagrante représente le but dernier recherché par la séparation. Au contraire, il semble nécessaire et tout indiqué de rechercher les motifs cachés qui peuvent

---

1. Il n'y a, naturellement, de solutions réelles qu'intérieures et psychologiques. Autrement dit, seules la prise de conscience par le sujet de sa position vraie dans le monde et parmi les êtres et ses proches, d'une part, et la prise de conscience de ses problèmes intra-psychiques, d'autre part, peuvent amener, grâce à une maturité plus grande et à un niveau de conscience plus élevé, une détente, une désintoxication des problèmes interrelationnels et une évolution vraie de la personnalité (N. d. T.).

être à l'origine de la tendance séparatrice de l'*anima*.

Le premier pas de cette recherche consiste en ce que je désire appeler l'*objectivation de l'anima*, à savoir l'interdiction catégorique de voir dans la tendance à la séparation l'expression d'une faiblesse personnelle du Moi[1]. Ce n'est que lorsque cela est établi que l'on peut en quelque sorte adresser à l'*anima* la question : « Pourquoi recherches-tu cette séparation ? » Poser la question sur ce mode personnel a un gros avantage : ainsi, en effet, la personnalité de l'*anima* se trouve reconnue et acceptée et une relation entre le Moi et l'*anima* devient possible. Plus cette relation se fait intime et personnelle, mieux cela vaut.

Naturellement, pour quelqu'un qui est habitué à un cheminement de pensée purement intellectuel et rationaliste, cette dialectique doit sembler ridicule et risible. Il serait certes plus qu'absurde que quelqu'un veuille entretenir une manière de dialogue avec sa *persona*, qu'il sait ne constituer pour lui qu'un condensé de ses moyens relationnels à l'adresse de la société. Mais cela ne serait absurde que pour quelqu'un qui précisément possède une *persona*. Or, un être qui n'en possède pas est à cet égard *en tous points comparable à un primitif* qui, on le sait, n'a qu'un pied dans ce que nous appelons couramment le monde des réalités; alors que l'autre est dans le monde des esprits, lequel comporte pour lui une absolue réalité.

Or, notre homme sans reproches est un Européen moderne dans le monde quotidien; mais, pour ce qui est du monde des esprits, il se situe au niveau d'un enfant des temps paléolithiques. C'est pourquoi il doit passer par une espèce d'école maternelle des temps pré-

---

1. Car cette tendance n'appartient pas au Moi mais à l'*anima* (N. d. T.).

historiques, pour y acquérir des notions saines et exactes à propos des facteurs et des puissances de cet autre monde. C'est pourquoi il fait bien de concevoir la figure de l'*anima* comme une personnalité autonome, et de lui adresser des questions personnelles.

Il faut élever ce dialogue avec l'*anima* à la hauteur d'une véritable technique. Chacun, on le sait, a la particularité et aussi l'aptitude de pouvoir converser avec lui-même. Chaque fois qu'un être se trouve plongé dans un dilemme angoissant, il s'adresse, tout haut ou tout bas, à lui-même la question (qui d'autre pourrait-il donc interroger ?) : « Que dois-je faire ? »; et il se donne même (ou qui donc la lui donne en dehors de lui ?) la réponse. Dans l'intention qui est la nôtre de sonder le plus profondément possible les fondements de notre nature, vivre en quelque sorte selon une métaphore n'est pas fait pour nous gêner. Que nous soyons capables, tout comme les nègres le font avec « leur serpent », de nous entretenir avec nous-mêmes, nous devons l'accepter comme un symbole de l'arriération primitive qui nous caractérise (ou de la spontanéité naturelle qui, Dieu merci[1], est encore présente en nous).

La psyché n'étant en rien une unité, mais étant faite d'un assemblage de complexes contradictoires, nous n'avons guère de peine à réaliser la dissociation nécessaire à la confrontation dialectique avec l'*anima*. Tout l'art de ce dialogue intime consiste à laisser parler, à laisser accéder à la « verbalisation » le partenaire invisible, à mettre en quelque sorte à sa disposition momentanément les mécanismes de l'expression, sans

---

1. « Dieu merci », car, ainsi que l'a écrit si justement Voltaire : « Il me paraît que la liberté spontanée est à l'âme ce qu'est la santé au corps; quelques personnes l'ont tout entière et durable; plusieurs la perdent souvent; d'autres sont malades toute leur vie » (N. d. T.).

nous laisser accabler par le dégoût que l'on ressent naturellement vis-à-vis de soi-même au cours de cette procédure qui semble un jeu d'une absurdité sans limite, et sans non plus succomber aux doutes qui nous assaillent à propos de l'« authenticité » des paroles de l'interlocuteur intérieur.

Précisément, ce dernier point est techniquement important : nous sommes en effet tellement habitués à nous identifier à la pensée qui sourd en nous que nous supposons toujours implicitement que nous l'avons fabriquée. En fonction d'un paradoxe bizarre, il faut d'ailleurs constater que ce sont souvent à juste titre les pensées les plus imprévues et les plus fantasques qui nous inspirent les plus grands sentiments de responsabilité subjective. Si nous avions davantage conscience des lois universelles et rigides auxquelles sont soumis tout aussi bien les fantasmes les plus échevelés et les plus extravagants, nous serions mieux en mesure de considérer ces contenus mentaux comme des décours objectifs, un peu comme des rêves, dont on ne prétend tout de même pas qu'ils sont des trouvailles volontaires et intentionnelles. Certes, il faut faire preuve d'une objectivité et d'une absence de préjugés peu communes pour tenter de donner à « l'autre côté en soi-même » l'occasion d'une activité psychique perceptible[1].

Etant donné la tendance habituelle qui pousse le conscient au refoulement, « l'autre côté » en était réduit, avant l'avènement de l'ère analytique, aux seules extériorisations et aux seules manifestations indirectes et symptomatiques, la plupart du temps de nature émotionnelle. Ce n'était que dans les moments où un

---

1. C.G. JUNG rapporte dans *Ma Vie* (ouv. cité), dans le chapitre « Confrontation avec l'inconscient » (p. 198 et s.), son expérience personnelle : « Je laissais la parole aux images et aux voix intérieures... » (N. d. T.).

affect prenait le dessus que des bribes des contenus idéatifs ou imagés de l'inconscient faisaient surface. Mais ces circonstances ne pouvaient manquer d'entraîner dans leur sillage une conséquence inséparable de toute explosion affective, le Moi s'identifiant alors momentanément aux teneurs brutalement extériorisées, quitte d'ailleurs, l'affect passé, à les révoquer aussi brusquement. Quand on considère, à l'occasion, la tête froide, tout ce qui peut émerger et tout ce qu'on peut être amené à proférer au cours d'un affect, on ne saurait guère ne pas y voir les éléments d'une folle aventure. Mais, on le sait, on les oublie vite, ou même on a tendance à les nier. Il faut naturellement tenir compte de ces mécanismes de dévaluations et de négations si l'on aspire à une attitude objective.

L'habitude qu'a le conscient d'interrompre le cheminement des éléments intérieurs, de les corriger, de les critiquer et de les remanier est déjà traditionnellement très forte. Or, en règle générale, elle sera encore renforcée par la peur que l'on ne veut avouer ni aux autres, ni à soi-même – peur de certaines vérités qui, reconnues, saperaient notre point de vue coutumier des choses, peur de découvertes dangereuses pour notre paresse et notre inertie, de constatations désagréables, en bref, peur de toutes ces choses qui incitent tant d'êtres à éviter comme la peste de rester seuls avec eux-mêmes. On dit que c'est faire preuve d'égoïsme ou qu'il est « malsain » de s'occuper de soi-même; on dit qu'on est pour soi-même la plus mauvaise des sociétés; « la solitude rend mélancolique, » – voilà les brillants témoignages dont se voit accablée notre nature humaine. Ils sont caractéristiques de notre mentalité occidentale. Mais quiconque a ce point de vue n'imagine sans doute jamais le plaisir douteux que doivent éprouver les autres personnes à vivre en la compagnie de ces couards qui ne sont même pas capables de se supporter eux-mêmes.

Nous sommes partis de la constatation que, au cours d'un affect, on livre souvent involontairement les vérités de « l'autre côté »; c'est pourquoi il est indiqué d'utiliser ces moments d'émotion pour donner à « l'autre côté » l'occasion de s'exprimer. C'est pourquoi l'on pourrait dire qu'il faut se cultiver dans l'art de se parler à soi-même, au sein de l'affect, et d'utiliser celui-ci, en tant que cadre de dialogue, comme si l'affect était précisément un interlocuteur qu'il faut laisser se manifester, en faisant abstraction de tout esprit critique. Mais, ceci une fois accompli, l'émotion ayant en quelque sorte jeté son venin, il faut alors consciencieusement soupeser ses dires comme s'il s'agissait d'affirmations énoncées par un être qui nous est proche et cher. Il ne faut d'ailleurs pas s'arrêter en cours de route, les thèses et les antithèses devant être confrontées les unes avec les autres jusqu'à ce que la discussion ait engendré la lumière et acheminé le sujet vers une solution satisfaisante. Pour ce qui est de cette dernière, seul le sentiment subjectif pourra en décider. Naturellement, en pareil débat, biaiser avec soi-même et chercher des faux-fuyants ne nous serviraient de rien. Cette technique de l'éducation de l'*anima* présuppose une honnêteté et une loyauté pointilleuses à l'adresse de soi-même, et un refus de s'abandonner de façon prématurée à des hypothèses concernant les *desiderata* ou les expressions à attendre de « l'autre côté ».

Il nous faut nous arrêter encore à cette crainte que nous les Occidentaux entretenons à l'égard de « l'autre côté ». Il nous faut en effet nous avouer – en faisant abstraction du fait même qu'elle est une réalité existante – qu'elle n'est pas dénuée de tout fondement.

Nous n'avons aucune difficulté à comprendre la

peur de l'enfant ou du primitif devant les mystères du vaste monde. Or, c'est la même peur que nous éprouvons sur le versant intérieur de notre être, où nous sommes encore pareils à des enfants balbutiants. Ainsi, cette angoisse de « l'autre côté », nous l'éprouvons comme une émotion, comme un affect, sans nous douter qu'elle est la peur d'un monde, monde qui nous demeure invisible. Envers ce dernier, nous avons tout au plus ou de simples préjugés théoriques ou des représentations superstitieuses. Notre situation n'est vraiment pas enviable : ainsi, nous ne pouvons même pas prononcer le terme d'inconscient en présence de certaines personnes, fussent-elles cultivées, sans nous voir aussitôt accusés de mysticisme. Or, il faut bien avouer que la peur de « l'autre côté » est fondée dans la mesure où notre conception rationnelle des choses, avec ses sécurités morales et scientifiques, auxquelles on s'accroche avec tant de passion (précisément parce qu'elles sont douteuses), se trouve ébranlée par les données qui proviennent de « l'autre côté ». Si on pouvait « y couper », la formule emphatique du philistin « *quieta non movere* » serait la seule vérité recommandable.

Ceci m'amène à souligner expressément que je ne recommande à personne de s'adonner à la technique que je viens de décrire, comme si celle-ci était utile, voire nécessaire. Je ne puis la recommander qu'aux personnes qui sont contraintes de l'employer sous l'emprise de la dure nécessité, c'est-à-dire qui en ont réellement besoin. Les degrés de conscience et de maturité, on le sait, sont innombrables. Et il est des vieillards qui meurent sans être jamais sortis d'un état mental voisin de celui du nourrisson; et en l'an du Seigneur 1927 on trouve encore des troglodytes. Il y a des vérités qui ne seront vraies qu'après-demain, d'autres qui l'étaient hier encore; enfin, il y en a d'autres qui ne le seront jamais.

Je pourrais toutefois imaginer qu'un être s'adonne à cette technique, poussé par une espèce de sainte curiosité, un adolescent par exemple qui cherche à acquérir des ailes non parce que ses jambes sont paralysées, mais parce qu'il a la nostalgie des hautes sphères. Mais un adulte qui a senti fondre tant et tant de ses illusions au feu de la vie ne condescendra sans doute que forcé et contraint à ce qu'il éprouve comme une humiliation intérieure : il trouve que c'est se mortifier par trop que s'abandonner encore une fois au déroulement des peurs de l'enfance. Avouons que ce n'est point une petite affaire que se sentir assis entre deux chaises, celle d'un monde diurne, dont les idéaux sont ébranlés et dont les valeurs sonnent creux, et celle d'un monde nocturne, mû par une fantasmagorie apparemment insensée.

Cette situation, à cheval entre les deux mondes, est en fait tellement lourde à supporter qu'il n'est d'être qui en l'occurrence ne tende des bras désespérés vers quelque sécurité, même si la sécurité qui s'offre à lui n'est qu'une sécurité rétrograde, comme par exemple celle que représente la mère qui protégeait son enfance des angoisses de la nuit et de l'obscurité. Quiconque éprouve de l'angoisse a besoin d'un appui, d'un soutien. C'est pourquoi l'esprit primitif, obéissant à cette nécessité psychologique on ne peut plus intense et profonde, a déjà créé, en quelque sorte sécrété des doctrines religieuses incarnées dans sorciers et prêtres. *Extra Ecclesiam nulla salus* – hors de l'Eglise pas de salut – traduit une vérité toujours valable... au moins pour ceux qui peuvent y avoir recours. Pour tous les autres, pour lesquels ce recours à la foi traditionnelle de leur enfance demeure impossible, il ne leur reste que la possibilité de dépendre d'un autre être. Ce qui me semble constituer une dépendance à la fois on ne peut plus humble, on ne peut plus fière, on ne peut plus faible, on ne peut plus forte. Que dire dès lors dans cette perspective au protestant? Il n'a plus ni église, ni prêtres; il n'a plus que Dieu... mais son Dieu lui-même lui apparaît vacillant et douteux.

Le lecteur se demandera étonné : « Mais à quoi faut-il donc s'attendre avec l'*anima* pour que l'affronter nécessite de tels efforts d'assurance et de réassurances? » Je voudrais recommander à mon lecteur d'étudier une histoire comparée des religions en animant les récits qu'on y trouve et qui sont comme morts pour le lecteur habituel, en les remplissant de cette vie émotionnelle que devaient éprouver les croyants qui vivaient leur religion. De la sorte, par ce truchement le lecteur éprouvera une impression approximative de ce qui vit et de ce qui trouve « de l'autre côté ». Car les religions anciennes avec leurs symboles cruels ou bons, ridicules ou solennels, ne sont pas nées d'un ciel serein, mais ont été créées par et dans cette âme humaine, telle qu'elle fut depuis toujours et telle qu'elle vit en ce moment en chacun de nous.

Toutes ces choses, par leurs structures de base, par leurs formes archétypiques, vivent en nous et peuvent à tout moment fondre sur nous avec la puissance destructrice d'une avalanche, à savoir sous forme de suggestion de masse contre laquelle l'individu isolé est sans défense. Nos dieux terrifiants ne se sont prêtés qu'à un changement de nom et leurs nouvelles appellations riment en « isme ». Quelqu'un aurait-il le front de prétendre que la guerre mondiale ou le bolchevisme, avec leur cortège de catastrophes, ont été des trouvailles ingénieuses? De même que, extérieurement, nous vivons dans un monde où à tout moment un continent peut s'effondrer, un pôle se déplacer, une nouvelle épidémie éclater, de même intérieurement nous vivons dans un monde où un cataclysme comparable peut survenir, certes uniquement sous forme d'idéologie, avec pour point de départ une idée, mais cette forme n'en est pas moins dangereuse et imprévisible. La non-adaptation à notre cosmos intérieur est une lacune susceptible d'avoir des conséquences tout aussi néfastes que l'ignorance et l'incapacité dans le monde extérieur.

Seule d'ailleurs une parcelle minime de l'humanité, celle qui, pour l'essentiel, habite dans cette péninsule surpeuplée de l'Asie qui s'avance dans l'océan Atlantique, et qui s'arroge le titre de « civilisée », en est venue, conséquence d'un contact insuffisant avec la nature, à l'idée que la religion est un étrange dérangement mental au but inexplicable. Vue de loin, du centre de l'Afrique ou du Tibet, il semble au contraire que cette parcelle de l'humanité, inversant les choses, a projeté sur les peuples aux instincts encore sains le « dérangement mental » singulier dont elle est inconsciente.

Les éléments du monde intérieur nous influencent subjectivement de façon d'autant plus puissante qu'ils sont inconscients; aussi, pour quiconque est désireux d'accomplir un progrès dans sa propre culture (et n'est-ce pas chez l'individu isolé que la culture commence ?), est-il indispensable d'objectiver en lui les efficacités de l'*anima*, afin de tenter de découvrir quels sont les contenus psychiques à l'origine des efficiences mystérieuses de l'âme. *De la sorte, le sujet acquerra adaptation et protection contre les puissances invisibles qui vivent en lui.*

Cette adaptation naturellement ne saurait se faire sans concessions aux nécessités et aux conditions des deux mondes intérieur et extérieur. C'est en tenant compte des exigences des mondes interne et externe, et, pour mieux dire, en assumant leur conflit, que s'esquisseront les profils du possible et du nécessaire. Malheureusement, notre esprit occidental, en conséquence de son manque de culture dans cette perspective, n'a même pas encore trouvé une notion et encore moins une dénomination pour exprimer l'*union des contraires à mi-chemin*, cette cheville ouvrière fondamentale de l'expérience intérieure, telle que l'exprime par exemple le « Tao » des Chinois. Une telle union des contraires constitue à la fois le fait le plus individuel et l'accomplissement le plus rigoureux, le plus universel de la vie en nous et de son sens.

Dans les descriptions qui précèdent, je n'ai considéré jusqu'à présent que la *psychologie masculine*. L'*anima* est féminine; elle est uniquement une formation de la psyché masculine et elle est une figure qui compense le conscient masculin.

Chez la femme, à l'inverse, l'élément de compensation revêt un caractère masculin, et c'est pourquoi je l'ai appelé l'*animus*. Si, déjà, décrire ce qu'il faut entendre par *anima* ne constitue pas précisément une tâche aisée, il est certain que les difficultés augmentent quand il s'agit de décrire la psychologie de l'*animus*.

Le fait qu'un homme attribue naïvement à son Moi les réactions de son *anima*, sans même être effleuré par l'idée qu'il est impossible pour quiconque de s'identifier valablement à un complexe autonome, ce fait qui est un malentendu se retrouve dans la psychologie féminine dans une mesure, si faire se peut, plus grande encore. C'est cette identification avec un complexe autonome qui rend compte pour l'essentiel de la difficulté qu'il y a à comprendre et à écrire ce problème de l'*anima* et de l'*animus*, même en faisant abstraction de ses dimensions inconnues et de l'obscurité qui l'entoure. Nous procédons toujours de l'idée simpliste que nous sommes le seul maître dans notre propre maison. Notre compréhension doit d'abord se familiariser avec la pensée que, même dans la vie la plus intime de notre âme, tout se passe comme si nous vivions dans une espèce de demeure qui, pour le moins, présente des portes et des fenêtres qui ouvrent sur un monde dont les objets et les présences agissent sur nous, sans que nous puissions dire pour cela que nous les possédons. Nombreux sont les êtres pour lesquels ce préalable offre beaucoup de difficultés; ils ont la même difficulté à l'accepter qu'à accepter vraiment et à comprendre que leur proche n'a pas nécessairement la même psychologie qu'eux-mêmes.

Le lecteur pense peut-être que cette dernière remarque est quelque peu exagérée parce que l'on a en général conscience des diversités et des différences individuelles. Mais il faut tenir compte du fait que notre psychologie consciente individuelle a émergé d'un état originel d'inconscience, et par conséquent de non-différenciation, état que Lévy-Bruhl a désigné sous le nom de « participation mystique ». Il s'ensuit que la conscience des différences est une acquisition relativement tardive de l'humanité et qu'elle ne concerne probablement qu'un fragment relativement petit prélevé sur une masse beaucoup plus considérable, dont on ne saurait préciser l'étendue d'identité primitive. La différenciation constitue l'essence même de la condition *sine qua non* du conscient. C'est pourquoi tout ce qui est inconscient reste indifférencié et tout ce qui se déroule inconsciemment procède d'une indifférenciation : l'appartenance ou la non-appartenance au Soi des éléments en cause demeure totalement indéterminée. On ne saurait préciser *a priori* s'ils résident en moi, s'ils procèdent de l'être du partenaire, s'ils gisent seulement chez l'un des deux, ou chez les deux. Le sentiment, en cette matière, est lui aussi un principe insuffisant d'orientation.

Il serait faux d'attribuer *ipso facto* aux femmes un conscient inférieur à celui des hommes : leur conscient est seulement différent du conscient masculin. Mais de même que la femme a souvent clairement conscience de choses ou de circonstances au sein dequelles l'homme cherche péniblement à y voir et à discerner sa voie à tâtons, de même il existe naturellement des domaines de l'expérience et du vécu où l'homme se sent parfaitement à son aise, alors qu'ils demeurent encore plongés, pour la femme, dans les ténèbres de l'indifférenciation : la femme ne les distingue même pas; il s'agit en général de domaines qui ne retiennent guère son intérêt.

En règle générale, les rapports personnels présentent à ses yeux plus d'intérêt et d'importance que les données ou les rapports objectifs. Les vastes domaines de l'économie, de la politique, de la technique et de la science, tous les domaines où a fait merveille l'esprit masculin qui s'y est appliqué, restent pour la femme dans une pénombre de conscience, alors qu'à l'opposé elle édifie en général une conscience étendue des interrelations personnelles, dont les nuances infinies en général échappent à l'homme.

C'est pourquoi il y a lieu de s'attendre à trouver dans l'inconscient de la femme des structures et des aspects essentiellement différents de ceux que présente l'inconscient de l'homme. Pour décrire en bref ce qui fait la différence entre l'homme et la femme à ce point de vue, donc ce qui caractérise l'*animus* en face de l'*anima*, disons : alors que l'*anima* est la source d'*humeurs* et de *caprices*, l'*animus*, lui, est la source d'*opi-*

nions; et de même que les sautes d'humeur de l'homme procèdent d'arrière-plans obscurs, les opinions acerbes et magistrales de la femme reposent tout autant sur des préjugés inconscients et des *a priori*. Les opinions de l'*animus* ont très souvent le caractère de convictions solides, qui ne sont pas faciles à ébranler, ou de principes d'allure intouchable, de valeur apparemment infaillible. Si nous soumettons ces opinions à l'analyse, nous nous heurtons tout d'abord aux préjugés inconscients qui les motivent et qu'il nous faut inférer : je veux dire que la femme sent et pense les opinions acerbes qu'elle émet comme si ces préjugés existaient réellement. En réalité, ces opinions ne sont ni motivées, ni le fruit d'un acte de pensée; elles existent toutes faites, comme préfabriquées et prêtes à la consommation; elles sont présentes dans l'être mental de la femme, qui les formule et les répète parce qu'elles ont dans son esprit un tel caractère de réalité et une telle force de conviction immédiate qu'elle n'est même pas effleurée par l'idée de les soumettre à la possibilité d'un simple doute.

On serait peut-être tenté de supposer que l'*animus*, sur le mode de l'*anima*, se personnifie sous les traits d'un homme. Mais, comme l'expérience le montre, cela n'est vrai que de façon conditionnelle; car, de la manière la plus inattendue, intervient chez la femme une circonstance qui détermine une situation psychologique fondamentalement différente de celle de l'homme : si, chez l'homme, l'*anima* apparaît sous les traits d'une femme, d'une personne, chez la femme l'*animus* s'exprime et apparaît sous les traits d'une *pluralité*.

Dans *Le Père de Christine-Alberte*, déjà cité, de H. G. Wells, l'héroïne est soumise dans tous ses actes, et jusqu'aux plus insignifiants, à une instance morale supérieure qui lui dicte de façon sèche et précise, avec une dureté implacable et un manque absolu d'imagina-

tion, ce qu'elle doit faire et pourquoi elle doit le faire.
Wells nomme cette instance une *Court of Conscience*[1].
Cette assemblée de plusieurs juges en exercice, cette
espèce de « Sacré Collège » moral qui profère décrets
et jugements, voilà ce qui correspond à une personnification de l'*animus*.

L'*animus* est quelque chose comme une assemblée
de pères ou d'autres porteurs de l'autorité, qui tiennent
des conciliabules et qui émettent *ex cathedra* des jugements « raisonnables » inattaquables. Mais, à y regarder de plus près, ces jugements prétentieux sont pour
l'essentiel un amoncellement de mots et d'opinions qui
se sont accumulés dans l'esprit de la petite fille, puis de
l'adolescente depuis l'enfance, et qui, recueillis, choisis
et collectionnés peut-être inconsciemment, finissent par
former un canon, une espèce de code de vérités banales, de raisons et de choses « comme il faut ». Cette
codification du raisonnable correspond donc à une
réserve de préjugés; et dès qu'un jugement conscient,
compétent et valable manque (ce qui, dans les complications de la vie, est souvent le cas), il y est fait appel
comme à un arsenal inépuisable d'opinions disparates
où l'on trouvera celle qui semblera convenir à la situation donnée[2]. Ces opinions apparaîtront, tantôt sous
forme de ce qu'il est convenu d'appeler le bon sens,
tantôt sous forme de principes, emblèmes de l'éducation reçue. Et la femme dira par exemple : « C'est ainsi
que cela s'est fait depuis toujours », ou encore : « Mais
tout le monde dit que... »

Naturellement, l'*animus* sera tout aussi fréquemment
projeté que l'*anima*. Mais sur qui et sur quoi va-t-il

1. Une Cour de conscience morale (N. d. T.).
2. La femme puise dans cette réserve comme elle prendrait dans son
armoire le linge de table nécessaire à un dîner imprévu (N. d. T.).

être projeté ? Les hommes sur qui l'*animus* est le plus susceptible de se projeter, les plus aptes par suite à servir de réceptacle à la projection de l'*animus*, devront être d'un genre tel que la femme en mal de projection puisse y voir une réédition vivante du Bon Dieu, des hommes qui savent tout, qui comprennent tout; ou bien il s'agira de novateurs méconnus, disposant de grands charmes rhétoriques où l'humain trop humain ne s'entrelacera que trop fréquemment avec une terminologie pompeuse, du genre « du vécu créateur ». Car ce serait en effet caractériser insuffisamment l'*animus* que de n'y voir qu'une manière de conscience collective conservatrice : l'*animus* est aussi un novateur qui, tout à l'opposé de ses opinions codifiées par l'usage, témoigne d'une incroyable faiblesse pour les termes inconnus et difficilement compréhensibles, pour « les grands mots », qui suppléent, de la façon la plus séduisante, à ce que la femme ressent être particulièrement odieux, à savoir la réflexion. [1]

A l'instar de l'*anima*, l'*animus* est un amant jaloux à même de substituer à un être réel l'opinion qu'il se fait de lui, opinion dont les bases absolument critiquables ne seront jamais soumises à la moindre critique. Les opinions de l'*animus* sont toujours de nature collective; en tant que telles, elles sont aux antipodes de la dimension de l'individu et de la dimension que requiert son appréciation individuelle; elles forment, de la femme à l'homme, un écran en tout point comparable à celui qu'avec ses anticipations et ses projections de sentiment l'*anima* glisse de l'homme à la femme.

Dans la mesure où la femme est jolie, les opinions de son *animus* ont pour l'homme quelque chose d'enfan-

1. Il semble qu'il faille faire une exception pour les femmes dont la fonction principale est la pensée (N. d. T.).

tin et de touchant qui l'incite à une attitude bienveillante de guide et d'éducateur paternel; mais, dans la
mesure où le côté sentimental de l'homme ne se sent
pas concerné par le charme de la femme en question,
dans la mesure où le charme féminin ne constelle pas
la disponibilité sentimentale chez l'homme, celui-ci
escompte chez la femme compétence et aide valable et
non plus incapacité touchante et bêtise solennelle[1]; dès
lors les opinions toutes faites de l'*animus* de la femme
ont, aux yeux de l'homme, quelque chose de suprêmement irritant, surtout à cause de leur manque de
fondement : dans la bouche de la femme, l'homme
perçoit trop d'opinions pour l'amour de l'opinion, opinions trop souvent formulées seulement pour avoir dit
quelque chose. En général, quand les choses en sont
arrivées là, les hommes deviennent virulents, car c'est
une constatation inébranlable que l'*animus* détermine
l'intervention, l'entrée en jeu de l'*anima* (et vice versa
aussi naturellement), ce qui rend sans espoir toute
continuation de la discussion.

Chez les femmes intellectuelles, l'*animus* suscite des
arguments et des raisonnements qui voudraient être
logiques et critiques, mais qui, pour l'essentiel, se bor-
nent la plupart du temps à ceci : un point faible qui est
secondaire sera transformé, au prix d'un contresens, en
la thèse essentielle. Ou encore une discussion, claire en
soi, se verra compliquée à l'extrême par l'adjonction de
nouveaux points de vue, qui, à l'occasion, n'ont rien à
faire avec la discussion en cours. A leur insu, de telles
femmes ne poursuivent qu'un seul but : irriter l'homme
et le faire sortir de ses gonds, le but inconscient de

---

1. Beaucoup de nos lectrices pourraient se sentir quelque peu cho-
quées par ces jugements un tantinet sévères de Jung; mais qu'elles
veuillent bien considérer qu'ils ne concernent que des femmes qui
s'abandonnent sans critique à leur *animus* (N. d. T.).

la manœuvre étant qu'à travers la discussion, voire l'éclat, elles n'en seront que d'autant plus rejetées psychologiquement vers leur *animus* et soumises à sa toute-puissance. « Malheureusement, j'ai toujours raison », m'avoua une fois une femme de ce type.

Ces diverses manifestations, aussi fréquentes que désagréables, ont pour seule et unique cause l'*extraversion de l'animus*. Le rôle de l'*animus* est de rendre possible la relation entre le Moi féminin et l'inconscient, et il ne devrait pas être mêlé aux fonctions conscientes de relation [1]. En face d'une situation extérieure

1. Ceci vaut aussi pour l'*anima*, qui doit présider aux relations entre le Moi masculin et l'inconscient, et qui ne devrait jamais s'immiscer dans les relations concrètes. Oui, mais voilà, cette formule « ne devrait pas » suppose, soit l'inactivité de l'*anima* et de l'*animus*, soit que le sujet possède un degré élevé de conscience à leur adresse. Car, sans cela, *comme tout ce qui demeure inconscient et actif est projeté*, l'*anima* et l'*animus* viendront tisser leurs fantasmagories au cœur même des relations les plus vécues de la vie concrète. Cela est si vrai que c'est dans ces situations que les auteurs puisent la matière de presque toutes les pièces de théâtre. Car, en effet, comme cela a été exprimé plus haut, la plupart des malentendus qui s'insinuent dans les relations entre l'homme et la femme pourraient être schématiquement caricaturés comme suit : l'homme cherche la rencontre, la réalisation, l'incarnation de son *anima* vue dans et à travers *les* femmes, car l'*anima* déborde de toutes; alors que la femme cherche à l'inverse la rencontre, la réalisation et l'incarnation de son *animus*, en « focalisant » sa pluralité sur *un seul* homme.
En bref, bien des malheurs viennent de ce que l'homme cherche la Femme dans toutes les femmes et que la femme cherche à retrouver tous les hommes en un seul homme. La femme voudrait que l'homme aimé incarne tous les aspects de l'homme : l'homme intelligent, l'homme sportif, l'homme sensible, l'homme artiste, l'homme compréhensif, l'homme héros, l'homme travailleur et aussi l'homme rêveur, l'homme altruiste, entreprenant et bon, l'homme sociable, l'homme spirituel, tendre, aimant, protecteur, etc. Elle doit bien s'avouer un jour que l'être précédemment idéalisé qui vit à ses côtés et dans lequel elle voyait une incarnation bien vivante et polyvalente de l'*Anthropos* offre de nombreuses lacunes.
L'homme, de son côté, qui la plupart du temps aura fait collection d'expériences féminines, et aura ainsi vécu avec chacune de ses partenaires un secteur féminin correspondant à sa projection du moment, retrouve dans chaque femme un peu de Celle qu'il voudrait trouver, alors qu'aucune n'est tout à fait « Celle qu'on attend toujours ». D'ail-

donnée, au lieu de s'abandonner à des opinions toutes faites qui vous viennent à l'esprit, armées de pied en cap, il y a lieu de faire appel à l'effort *conscient de réflexion.*

leurs si on croit l'avoir trouvée et si l'on croit être arrivé au bout de sa quête, cela ne correspond trop souvent qu'à un ajustement réciproque par identification. Car, en définitive, le problème pour l'homme et pour la femme semble bien être voisin : il se ramène, pour l'un comme pour l'autre, à une sensation d'insuffisance, d'inachevé, à la constatation d'un manque, qui entraînent un sentiment dit d'« incomplétude ».

Dès lors comment comprendre les réactions si différentes de l'un et de l'autre en face d'une situation qui semble superficiellement la même ? Représentons-nous l'homme, dans son sentiment d'incomplétude, dans son sentiment d'insatisfaction, dans la tension entre son *anima* rêvée, parée de mille charmes de l'imagination et de l'imaginaire, et une compagne souvent médiocre, rassie, volontiers tracassière, bobonne, qui n'a su garder aucun des potentiels du rêve, qui a sombré dans le matériel et le concret; dans cette situation, l'homme aura inconsciemment tendance à aller voir plus loin et à tenter une nouvelle fois sa chance. Quand je dis que l'homme aura « inconsciemment tendance », je veux dire par là que ce n'est pas par une démarche délibérée et par un propos volontaire et conscient que l'homme, par exemple, trompera sa femme, mais que c'est la plupart du temps à son insu que se constituera, alors qu'il s'efforce de demeurer dans la tiédeur bourgeoise et la tradition conventionnelle, que se constituera, dis-je, un *brûlot projectif* qui l'imbriquera dans de nouvelles interrelations humaines et qui le poussera sur la route d'une nouvelle conquête.

La femme, dans une situation identique d'incomplétude, pourra certes avoir la tentation d'un comportement analogue et elle n'y manquera pas à l'occasion; mais quand cela est le cas, elle y figure rarement comme le *primum movens*; le plus souvent, c'est que son incomplétude a rencontré celle d'un homme qui était dans la situation que nous venons à l'instant de décrire et que le destin féminin s'est imbriqué avec l'incomplétude masculine en mal de projection. Longtemps avant de se laisser entraîner, la réaction de la femme aura été d'essayer de surmonter ses reproches en disant « évidemment, il n'est pas ceci ou cela, mais par contre... »

Faut-il nous extasier sur la vertu de nos compagnes et dire qu'elles sont plus douées que l'homme pour la vie à deux durable et stable ? Rien ne serait plus faux.

En effet, ces comportements si différents et complémentaires de l'homme et de la femme ne répondent point à des vertus particulières, mais sont l'expression *de structures et de textures* : l'*anima* unitaire de l'homme donne par compensation des dynamismes pluralistes au conscient masculin, alors que l'*animus*, qui est chez la femme un pluriel, imprime aussi par compensation, et comme pour sauvegarder, outre les plans physiologiques, une unité de la personnalité et une cohésion du conscient féminin, une quête monoandre.

C'est en face des situations intérieures que l'*animus*, fonction inspiratrice de l'esprit féminin, doit avoir son terrain d'élection, laissant émerger les contenus de l'inconscient.

La technique de la confrontation entre le Moi conscient et l'*animus* est, dans son principe, la même que dans le cas de l'*animà*, avec cette différence toutefois que ce ne sont plus des fantasmes et des caprices, mais des *opinions* que la femme doit considérer d'un œil critique, non, certes, pour les refouler, mais pour étudier leurs origines afin de pénétrer dans leurs arrière-plans obscurs, arrière-plans où elle rencontrera leurs images originelles, de façon tout à fait parallèle à ce qui se passe chez l'homme dans sa confrontation avec l'*anima*.

L'*animus* est une manière de condensation de toutes les expériences accumulées par la lignée ancestrale féminine au contact de l'homme; mais pas seulement cela : l'*animus* est aussi un être créateur, une matrice, non pas dans le sens de la créativité masculine, mais dans le sens qu'il crée quelque chose que l'on pourrait appeler un *Logos spermatikos* – un verbe fécondant. De même que l'homme laisse sourdre son œuvre, telle une créature dans sa totalité, à partir de son monde intérieur féminin, de même le monde intérieur masculin de la femme apporte des germes créateurs qui sont en état de faire fructifier le côté féminin de l'homme. C'est là l'origine de la « femme inspiratrice » qui, si elle est mal formée, recèle aussi en elle la possibilité de devenir

Nous avons évoqué ces aspects du problème car il nous semble que la compréhension réciproque des situations humaines, telles qu'elles résultent des données physiologiques et psychologiques de nature, sera le meilleur ciment des couples de demain, la meilleure façon d'éviter les conflits de la vie à deux, la possibilité en tout cas de les aplanir, de les désintoxiquer et de leur donner une solution. La compréhension psychologique des conjoints sera certainement à l'avenir la principale protection de la cellule familiale et la prévention la plus efficace de ses perturbations (N. d. T.).

la pire des viragos – au nom des grands principes et de ses ratiocinations elle ferait battre des montagnes – un *animous hound*, un *animus* qui est une « véritable carne », comme me le dit une fois une de mes malades.

Une femme possédée par son *animus* est toujours en danger de perdre sa féminité, son personnage féminin adapté, exactement comme l'homme, dans des circonstances analogues, risque de devenir efféminé.

De telles transformations, de telles inversions psychologiques du sexe d'un être proviennent uniquement de ce qu'une fonction, dont la vocation est d'être intérieure, se trouve déroutée vers l'extérieur. Naturellement, le motif de ce renversement réside dans une reconnaissance insuffisante, voire dans la non-reconnaissance, du monde intérieur qui fait contrepoids de façon autonome au monde extérieur et qui pose, pour ce qui est de l'adaptation, des exigences aussi considérables que ce dernier.

En ce qui concerne la pluralité de l'*animus*, qui s'oppose ainsi à la personnalité une de l'*anima*, ce fait singulier me semble devoir être compris en corrélation avec l'attitude consciente. L'attitude consciente de la femme est, en général, bien plus personnellement exclusive que celle de l'homme.

Le monde des femmes se compose de pères et de mères, de frères et de sœurs, de maris et d'enfants; hors de leur cercle à elles, le reste du monde leur semble se composer de familles analogues qui se côtoient et se font des courtoisies, mais qui au demeurant et pour l'essentiel ne s'intéressent qu'à elles-mêmes. Le monde de l'homme au contraire, c'est le peuple, « l'Etat », les affaires et les entrecroisements d'intérêts, etc. Pour lui, la famille est simplement un chaînon de la chaîne, un moyen vers un but, un des fondements de l'Etat, et sa femme n'est pas nécessairement *la* femme (en tout cas

pas *la* femme dans le sens qu'elle exprime en disant
« mon mari »). Pour l'homme, le général est plus proche que le personnel; c'est pourquoi son monde se
compose d'une multiplicité, de facteurs coordonnés
alors que la femme, dès qu'elle regarde par-delà son
mari, sent sa vision du monde se heurter à une espèce
de brouillard cosmique où elle se perd.

C'est en raison de ces circonstances que, par compensation, l'*anima* de l'homme est marquée au coin
d'un exclusivisme passionné, et que l'*animus* de la
femme s'exprime par une pluralité indéterminée. Tandis que l'homme voit, à travers son imagination, flotter
devant ses yeux la silhouette pleine de signification et
finement découpée d'une Circé ou d'une Calypso,
l'*animus* de la femme sera au contraire exprimé par un
personnage comme le Hollandais Volant, ou autre
spectre voguant par les mers du globe, et qui est à la
fois insaisissable et protéiforme. De telles images de
l'*animus* apparaissent en particulier dans les rêves,
alors que dans la réalité concrète l'*animus* pourra être
incarné par un chanteur de charme, un champion de
boxe ou tout autre grand homme habitant de préférence dans les villes lointaines.

Ces deux figures, l'*anima* et l'*animus*, personnages
de pénombre et de clair-obscur, qui sont comme les
sentinelles des sombres arrière-plans (pour employer la
terminologie pompeuse en honneur chez les théosophes,
on pourrait dire d'eux qu'ils sont en vérité les semi-gro-
tesques « gardiens du seuil »), ont des aspects presque
inépuisables dont la description exigerait des volumes[1].

1. Le lecteur qui aimerait en savoir davantage sur les multiples
formes que peut revêtir l'*anima* dans les rêves masculins consul-
tera C. G. JUNG et Ch. KERÉNYI, « Contribution à l'aspect psychologique de la figure de Korè », *in Introduction à l'essence de la mythologie*, trad. de H. E. Del Medico, Payot, Paris, 1953, p. 206 et ss.
(N. d. T.).

Leurs complications et leurs enchevêtrements sont riches
comme le monde et s'étendent sur le monde tout entier,
à l'instar de leur corollaire conscient, la *persona*, de
diversité infinie.

L'*anima* et l'*animus* se situent à la limite supérieure
du clair-obscur de l'être, ce qui nous permet tout juste
de discerner que le complexe autonome que chacun
constitue est au fond une fonction psychologique, qui
usurpe (ou pour mieux dire qui possède encore) le
caractère d'une personnalité, grâce à l'autonomie dont
elle jouit et à son manque de développement psychologique. Mais nous entrevoyons déjà la possibilité de
détruire sa personnification en la transformant, grâce à
la prise de conscience, en une manière de passerelle qui
mène vers l'inconscient. C'est parce que nous ne les
utilisons pas consciemment et intentionnellement
comme fonctions que l'*anima* et l'*animus* sont encore
des complexes personnifiés. Aussi longtemps qu'ils se
trouvent dans cet état, ils doivent être reconnus et
acceptés en tant que personnalités parcellaires relativement indépendantes. Ils ne peuvent pas s'intégrer au
conscient tant que leurs contenus sont ignorés de
celui-ci. La confrontation doit amener leurs contenus
au grand jour, et ce n'est que lorsque ce travail aura
suffisamment progressé, ce n'est que lorsque le conscient aura acquis une connaissance suffisante des processus de l'inconscient qui s'expriment et se reflètent
dans l'*anima* que celle-ci pourra être ressentie comme
une simple fonction.

Je n'attends naturellement pas de tout lecteur qu'il
saisisse sans difficultés ce que j'entends par *animus* et
anima. Cependant j'espère pour le moins qu'il a compris qu'il ne s'agit en rien de notions « méta-
physiques », mais de données empiriques que l'on
parvient, au prix de quelques difficultés, il est vrai, à

exprimer en langage rationnel et abstrait. Autant que faire se pouvait, j'ai évité un langage par trop abstrait parce que, en ces domaines qui ont été jusqu'à présent si impénétrables à notre expérience, il s'agit beaucoup moins de rechercher la formule intellectuelle frappante que d'amener le lecteur à dégager une image vivante des possibilités réelles d'expériences. Car nul ne peut comprendre réellement ces données tant qu'il ne les a pas lui-même vécues. C'est pourquoi je me suis efforcé d'indiquer les possibilités de faire des expériences de cet ordre et de montrer les voies qui y mènent bien plus que d'édifier des concepts intellectuels qui, n'étant pas étoffés, meublés d'expériences vécues, resteraient forcément des mots vides.

Malheureusement, il n'y a que trop d'êtres qui apprennent des mots par cœur, pensant qu'il leur est loisible d'imaginer les expériences qui leur font défaut, et qui se croient alors autorisés à manifester leur opinion selon leur humeur et leur tempérament, qu'elle soit approbatrice ou critique. Or, dans ce que nous venons de décrire, il est question d'une nouvelle façon d'aborder les choses, d'un domaine de l'expérience psychologique tout neuf (quoiqu'il soit vieux comme le monde !) au sujet duquel nous ne pourrons édifier une théorie valable que lorsqu'un nombre suffisant de chercheurs et d'humains auront expérimenté et médité les données psychologiques en cause. On découvre toujours tout d'abord des faits et non des théories. Celles-ci naissent toujours de la discussion entre des esprits compétents.

III

Les techniques de la différenciation
entre le Moi
et les figures de l'inconscient

Après ce qui précède, je me devrais d'apporter au lecteur un exemple détaillé explicitant l'activité spécifique de l'*anima* et de l'*animus*. Malheureusement, les matériaux qu'il faudrait citer sont tellement vastes et circonstanciés, et ils exigent en outre une telle abondance d'explications des symboles qu'ils contiennent que je ne puis inclure cette description nécessaire dans le cadre de ce petit volume. Ajoutons que j'ai publié ces matériaux avec toutes leurs corrélations symboliques dans un ouvrage séparé[1] auquel je renvoie le lecteur. Toutefois, dans cet ouvrage-là[2], je n'ai parlé que de l'*anima* et non de l'*animus,* car ce dernier à l'époque m'était inconnu. Mais si je conseille à une de mes malades de laisser émerger à son esprit ses teneurs inconscientes, elle engendrera des matériaux et des fantasmes en tous points comparables à ceux que j'ai publiés dans cet ouvrage. Le personnage masculin du héros qui n'y fait presque jamais défaut, voilà l'*animus*[3]. Le déroulement, tel un film à épisodes, les

---

1. *Métamorphoses de l'âme et ses symboles* (ouv. cité), en particulier la note 1, p. 215.
2. Dont la première édition allemande date de 1912 (N. d. T.).
3. Dans son aspect positif (N. d. T).

rebondissements successifs des incidents par lesquels s'expriment l'imagination vivante et l'imaginaire vécu, étalent les divers éléments dont est formé le complexe, démontent ses mécanismes et ses structures fines, et démontrent sa transformation progressive et la dissolution de son autonomie.

Cette transformation est le but de la confrontation du Moi et de l'inconscient. Si cette transformation ne se produit pas, l'inconscient conservera intégralement une puissance de conditionnement sur le conscient qui pourra aller jusqu'à entretenir et imposer des symptômes névrotiques, en dépit de toute analyse et de toute compréhension; ou encore, il maintiendra un transfert contraignant et obsédant qui est tout aussi grave, gênant et préjudiciable qu'une névrose. Dans de pareils cas, tout a échoué : ni la suggestion, ni la bonne volonté, ni la compréhension réductive ne sont parvenues à briser la puissance de l'inconscient. Je ne veux pas dire, en constatant cela, et je le souligne expressément, que toutes les méthodes psychothérapeutiques, en détail ou en totalité, sont inopérantes ou bonnes à jeter aux chiens. Je veux seulement souligner qu'il y a des cas, et ils ne sont pas rares, où le médecin doit se décider à s'occuper de la façon la plus profonde possible de l'inconscient, où il doit accepter une véritable explication avec l'inconscient de son visiteur.

Cette procédure naturellement dépasse le plan de la seule *interprétation*. Dans le cas de l'interprétation, tout se passe comme s'il était implicitement présupposé que le médecin *sait* avant la lettre précisément, afin de pouvoir interpréter. Mais dans le cas que nous envisageons ici, dans le cas de la rencontre fondamentale avec l'inconscient et de l'« explication » avec lui, il s'agit d'une autre dimension que celle de la seule interprétation : il s'agit de déclencher le déroulement des processus inconscients qui émergeront alors, sous forme de fantasmes, dans le conscient. On peut s'essayer à l'interprétation de ces fantasmes. Dans de nombreux cas d'ailleurs, il peut être essentiel que le malade acquière une notion, fût-elle plus ou moins vague ou plus ou moins intuitive, de la signification des fantasmes qui s'agitent en lui. Mais ce qui est d'une importance essentielle, c'est que le malade vive ses fantasmes de façon aussi totale que possible, et par conséquent aussi – dans la mesure où une compréhension intellectuelle fait partie de la totalité du vécu – qu'il les comprenne. Mais ce n'est pas forcément la compréhension intellectuelle qu'il faut situer en haut de la hiérarchie des importances primordiales. Naturellement, le médecin, dans toute la mesure de ses moyens, aidera son malade à accéder à la compréhension de ses matériaux. Mais médecin et malade seront loin de tout pouvoir comprendre; le médecin doit se garder de forcer son talent, et ne point se lancer dans des acrobaties interprétatives. Car l'essentiel n'est pas en premier lieu l'interprétation et la compréhension des fantasmes; cela est important certes, mais l'essentiel est d'en acquérir mentalement une expérience vivante.

Alfred Kubin, dans son livre *L'Autre Côté*[1], a donné une excellente description de l'inconscient; il a décrit ce qu'en artiste il lui fut donné de vivre de l'inconscient. Il s'agit d'une expérience humaine exprimée à travers le tempérament d'un artiste, et qui, à cause de cette perspective particulière, reste, du point de vue humain, incomplète. Quiconque s'intéresse à ces questions devrait lire ce livre attentivement; il y découvrira l'aspect incomplet dont je parle : tout le livre rapporte une

1. Alfred KUBIN, *Die andere Seite*, Munich, 1908; *L'Autre Côté*, Pauvert, Paris, 1963.

expérience artistique, mais non un vécu humain. Par vécu humain, j'entends une expérience au sein de laquelle la personne de l'auteur ne serait pas seulement passivement incluse dans sa vision, mais au cours de laquelle l'auteur agirait et réagirait en pleine conscience face aux personnages de sa vision. J'adresserai la même critique à cette femme, auteur des fantasmes que j'ai étudiés dans *Métamorphoses de l'âme et ses symboles* : elle aussi demeure passive en face des formations fantasmatiques qui naissent dans son inconscient, simplement perceptive et, tout au plus, elle les souffre.

Or une confrontation réelle avec l'inconscient exige de la part de l'individu un effort de conscience et un point de vue conscient ferme, capable de s'opposer à l'inconscient et de parlementer avec lui.

Illustrons par un exemple ce que j'entends. Un de mes malades élabora un beau jour le fantasme suivant[1] :

Il voit sa fiancée descendre en courant la rue qui mène au fleuve. C'est l'hiver et le fleuve est gelé. La jeune fille s'élance sur la glace et il la suit. Elle s'éloigne beaucoup, se dirigeant vers un endroit où la glace est rompue; une sombre crevasse s'ouvre devant elle et il est pris par la crainte qu'elle n'y tombe. De fait, c'est ce qui se passe : elle disparaît dans une fissure de la glace et il la suit d'un regard attristé.

Ce fragment du déroulement d'un fantasme beaucoup plus long montre avec clarté l'attitude du conscient du sujet imaginant. Le conscient perçoit et subit, c'est-à-dire que le fantasme est vu et senti, mais il n'a, en quelque sorte, que deux dimensions, car le sujet lui-même *y participe insuffisamment.* C'est pourquoi

---

1. Rappelons que, par *fantasme*, on entend rêve éveillé, rêverie ; et que l'on nous pardonne d'employer par ailleurs un néologisme, clair en lui-même, l'adjectif « fantasmatique » (N. d. T.).

ce fantasme demeure une simple image, bien dessinée et même bouleversante, mais irréelle comme un rêve. Son irréalité est due au fait que le rêveur n'est ni assez inclus ni assez agissant dans le jeu : il reste comme sur la touche. Si ce fantasme était une scène de la réalité, le malade n'aurait que l'embarras du choix pour empêcher sa fiancée de mettre son suicide à exécution. Il pourrait, par exemple, facilement la rattraper et lui interdire par la force de sauter dans la faille. Si, dans la réalité, il se comportait comme il le fit au cours de son fantasme, il y aurait lieu de penser qu'il était paralysé, soit par la peur, soit par la pensée inconsciente qu'au fond de lui-même il ne déplorait en rien ce suicide.

Le fait que, au cours de son fantasme, il se comporte passivement, exprime son attitude habituelle en face de l'activité de l'inconscient : il est comme fasciné et médusé. Dans la réalité, ce sujet souffre de tout un ensemble de représentations, de convictions et de hantises dépressives – qu'il est un incapable, qu'il est accablé par une hérédité sans espoir et qu'un mal inexorable frappe son cerveau de dégénérescence, etc. Ces sentiments négatifs sont le fruit d'autosuggestions qu'il accepte et auxquelles il succombe sans discussion. Certes, intellectuellement, il peut parfaitement les comprendre et en discerner l'absurdité, ce qui ne les empêche pas de continuer d'exister : car ces sentiments négatifs se révèlent inattaquables par l'intellect, pour l'excellent motif qu'ils ne reposent pas sur une base intellectuelle ou rationnelle, mais sur un monde irrationnel et inconscient de rêveries éveillées, ce qui les situe hors de toute atteinte de la critique consciente.

En pareille occurrence, il faut donner à l'inconscient l'occasion de produire et d'exprimer ses fantasmes, et le fragment cité plus haut représente un tel produit de l'activité fantasmatique inconsciente. Comme il s'agis-

sait d'une dépression psychogène, celle-ci reposait sur
de tels fantasmes, mais le sujet était complètement
inconscient de leur existence. Dans les cas de mélancolie
vraie, de surmenage grave, d'intoxication, etc., c'est le
contraire qui se produit : parce que le malade est
dépressif, il devient porteur de tels fantasmes.

Mon malade était un jeune homme fort intelligent,
qu'une analyse déjà longue avait intellectuellement
éclairé sur la causalité de sa névrose. Mais la compréhension intellectuelle n'avait rien changé à sa dépression. En semblable circonstance, que le médecin use sa
peine à approfondir la causalité du cas demeure vain;
car si une compréhension déjà plus ou moins poussée
n'a servi de rien, la découverte d'un nouveau fragment
causal sera également inutile[1].

Manifestement, dans une situation de ce genre, l'inconscient possède, il faut le constater en toute simplicité, un surcroît d'efficacité qui le rend inattaquable;
c'est-à-dire qu'il dispose d'un pouvoir d'attraction qui
va jusqu'à retirer leur valeur aux contenus conscients
eux-mêmes; en d'autres termes, l'inconscient est alors
capable de subtiliser la *libido* au monde du conscient,
suscitant ainsi au sens littéral une « dépression », un
« abaissement du niveau mental »[2] (Pierre Janet). Mais
en pareille occurrence, si nous nous souvenons de la loi
de la conservation, au moins relative, de l'énergie psychique[3], nous devons nous attendre à trouver dans l'inconscient accumulation de *libido,* c'est-à-dire de
valeur.

La *libido* n'est pas appréhendable dans l'absolu; elle
n'est saisissable, constatable, que sous certaines formes

1. Nous ajoutons : en général; cette constatation ne doit absolument
pas encourager à négliger la recherche causale (N. d. T.).
2. En français dans le texte (N. d. T.).
3. Voir *L'Energétique psychique,* ouv. cité (N. d. T.).

déterminées; la plus fréquente de ces formes consiste en produits de l'imagination, en images représentants des *fantasmes*. De ce fait, nous ne pouvons contribuer à libérer la *libido* de l'inconscient qu'en amenant à la conscience les images fantasmatiques dans lesquelles elle est incluse. C'est pourquoi, en pareil cas, il y a lieu, dans un but thérapeutique, de donner à l'inconscient l'occasion de laisser émerger à la conscience les fantasmes qui s'agitent momentanément en lui.

C'est dans cette perspective que le fragment cité a pris naissance. Il appartient à une longue série d'images fantasmatiques d'une grande richesse, correspondant à ces sommes d'énergie qui avaient été soustraites au conscient et à ses éléments. Le monde conscient du malade était froid, vide et gris, alors que ses plans inconscients étaient animés d'une vie surabondante, puissante et riche.

Il est caractéristique de l'essence de la psyché inconsciente qu'elle se suffit à elle-même, qu'elle ne connaît guère les considérants humains, qu'elle ne prend guère d'égards pour les autres individus[1]. Quand quelque chose est tombé dans l'inconscient, il y est comme englouti, et ce contenu y sera maintenu sans souci de savoir si le conscient souffre de son absence, si le conscient en éprouve ou non un manque; le conscient peut se voir réduit par appauvrissement de son contenu à une sorte d'état d'inanition; il peut être glacé et désertique, alors que l'inconscient, lui, verdoie et fleurit.

C'est du moins l'impression qu'on en reçoit au premier abord. Mais en approfondissant les choses, nous découvrons que cette apparente insouciance de l'in-

---

1. Cela se comprend parfaitement si l'on se rappelle que le conscient est précisément la frange adaptative de la psyché. Au conscient incombe l'adaptation au monde, ses soucis, ses difficultés, ses tensions. Le reste de la psyché est déroulement végétatif, voire végétal de la vie (N. d. T.).

conscient à l'adresse des plans et des soucis humains a un sens, un but, même une finalité. Il est en effet des finalités de l'âme qui se situent par-delà les buts conscients, ou même qui s'opposent à ces derniers.

En fait, nous ne trouvons une indifférence hostile et un manque d'égards de la part de l'inconscient envers le conscient que lorsque ce dernier lui-même a fait sienne au préalable une attitude fausse et provocante, affichant des prétentions exagérées et vaniteuses.

L'attitude consciente de mon malade est tellement unilatérale, intellectuelle et rationnelle, que la nature elle même en lui s'emporte et se déchaîne, anéantissant tout son monde conscient de valeurs. Mais le drame, c'est qu'il lui est impossible de se « désintellectualiser » lui-même, seul et par ses propres moyens, et de s'appuyer sur une autre fonction, par exemple sur la fonction sentiment, pour l'excellent motif qu'il ne la possède point[1]. C'est l'inconscient qui la renferme; c'est là que cette fonction réside et se déroule.

C'est pourquoi il ne pouvait être question dans son traitement d'autre chose que d'abandonner la direction à l'inconscient pour donner à celui-ci, par le truchement d'images et de fantasmes, la possibilité de se transformer lui-même en contenu du conscient. Alors que le malade s'agrippait précédemment à son monde intellectuel, se défendant par des ratiocinations contre ce qu'il croyait être sa maladie, dorénavant il avait l'obligation de s'abandonner à elle; de sorte que, lorsqu'une dépression s'emparera de lui, il ne devra plus s'astreindre soit à travailler soit à telle ou telle contrainte pour oublier et fuir, il devra au contraire accepter sa dépression et, en quelque sorte, lui donner la parole. Une telle attitude n'a rien à voir avec le

1. Voir la note 2, p. 27 (N. d. T.).

laisser-aller à une humeur instable et capricieuse si caractéristique de la névrose; c'est même le contraire d'un abandon; ce n'est ni une faiblesse, ni un relâchement sans consistance, c'est au contraire une tâche difficile qui exige le grand effort de conserver son objectivité en dépit des séductions du caprice : on transforme ainsi l'humeur en objet observable, au lieu de la laisser s'emparer du sujet qu'elle domine. Le malade aura à faire en sorte que son état d'âme dialogue avec lui; son humeur devra lui révéler et lui préciser comment et de quoi elle est faite, et en fonction de quelles analogies fantasmatiques on pourrait tenter de la cerner et de la décrire.

La parcelle de fantasme dont j'ai parlé plus haut est la visualisation fragmentaire d'une humeur et d'une émotion; si le malade n'avait pas réussi à maintenir son objectivité en face de son état d'âme, il n'aurait eu, au lieu et place de son fantasme et de sa perception, que le sentiment paralysant de l'inutilité de tous ses efforts, de l'incurabilité de sa maladie, etc. Mais comme il donna à son état d'âme l'occasion de s'exprimer en un songe éveillé, il parvint à arracher à l'inconscient au moins une petite masse de force créatrice inconsciente, de *libido,* et à la métamorphoser sous forme d'une image en un contenu conscient.

Mais cette tentative n'en demeure pas moins encore insuffisante, car pour vivre le fantasme de façon complète, comme il est nécessaire, il ne suffit pas de le contempler et de le subir, il faut aussi y participer activement.

Le malade aurait satisfait à cette exigence s'il s'était comporté au cours du déroulement du fantasme, comme il se serait comporté dans la réalité. Dans la réalité, il ne se serait jamais contenté de regarder la scène passivement, témoin indifférent de la noyade de

sa fiancée; il serait certainement intervenu pour l'empêcher de réaliser son sombre dessein. S'il y était parvenu, c'est-à-dire s'il avait eu, au cours d'un fantasme,
le même comportement qu'en face d'une situation analogue dans le réel, il aurait prouvé et se serait prouvé
qu'il prenait *au sérieux* le monde de son imagination,
c'est-à-dire qu'il conférait à l'inconscient une dignité et
une valeur absolue de réalité. Par ce fait même il aurait
triomphé de son point de vue intellectuel unilatéral et
aurait ainsi indirectement proclamé le caractère valable
de la contribution irrationnelle de l'inconscient[1].

Telle serait, dans ses nuances, sa richesse et sa diversité, l'expérience vivante de l'inconscient, vécue dans
sa totalité et telle que doit la catalyser et la promouvoir
le médecin. Mais que l'on ne sous-estime pas ce que
cette exigence implique en vérité : le malade sera
amené à se dire et acculé à s'avouer que le monde de ce
qui était précédemment ses réalités se trouve menacé
par quelque chose qui lui semble d'une fantastique
irréalité. Oublier, ne serait-ce qu'un moment, que toutes ces émergences ne sont que des fantasmes, les produits d'un imaginaire qui apparaissent au sujet tout
d'abord comme quelque chose d'artificiel et de fabriqué, et marqué du sceau d'un absolu arbitraire, est
d'une difficulté presque insurmontable. Comment

---

1. L'analyse n'est pas de la connaissance pour la connaissance, elle
n'est pas de l'art pour l'art. Elle est recherche et connaissance pour une
action et un comportement meilleurs.
Si un malade en analyse se refuse à appliquer et à réaliser dans sa vie
ses connaissances nouvelles sur lui-même, dans une certaine mesure il
aggrave son cas. Car il n'aura plus dorénavant ce qu'il avait
précédemment, à savoir l'ignorance et l'inconscience. Dès lors, son
conflit, dont il aura seulement la ressource de refouler à nouveau et avec
plus de difficultés certaines composantes amenées au jour, s'en
trouverait exacerbé.
L'ajustement de la conduite consciente aux réalités nouvellement
découvertes réalise sur le plan conscient la participation active que
réclame Jung (voir : *La Guérison psychologique*, ouv. cité) (N. d. T.).

pourrait-on dès lors conférer le caractère de « réalité »
à de tels produits d'une pure imagination et, pis
encore, les prendre au sérieux ?

Certes, il ne s'agit point de verser dans une espèce de
double vie, en restant d'un côté de modestes bourgeois
moyens et en vivant, de l'autre, des aventures incroya-
bles pleines d'actes héroïques. En d'autres termes, nous
ne devons pas soumettre la vie de notre monde imaginaire à un malentendu *concrétiste*.

Or l'être est habité par la tendance presque incoerci-
ble à le faire, et toutes les résistances, toute la répulsion
que nous constatons contre l'imagination, toute la
dépréciation critique de l'inconscient proviennent en
dernière analyse de cette angoisse que l'homme ressent
devant sa tendance à prendre, à comprendre et à traduire ses mouvements imaginaires sur le plan concret.
Ces deux tendances, celle de matérialiser l'imagination,
et l'angoisse des risques qui en naîtraient, sont toutes
deux des superstitions qui, pour primitives qu'elles
soient, n'en sont pas moins vivantes, en particulier
chez le civilisé d'aujourd'hui. Tel est dans la journée
cordonnier, mais se retrouve le soir dans sa secte porteur de la dignité d'un archange; tel autre est dans sa
vie officielle un petit commerçant, alors qu'il est dans
sa loge maçonnique une éminence grise; tel autre enfin
est un rond-de-cuir tout le jour alors que, le soir venu,
il réincarnera Jules César dans un cercle spirite, failli-
ble comme être banal, quasi infaillible dans sa fonction
occulte. Voilà des exemples de matérialisation de l'imaginaire comme le médecin n'en demande pas.

En présence de tels malentendus concrétistes, le
credo scientifique de notre époque a développé, en
réaction, une phobie superstitieuse à l'encontre de tout
ce qui concerne l'imagination. Il n'en demeure pas
moins pourtant que *tout ce qui agit est réel.* Or, les

fantasmes de l'inconscient agissent! Cela est aujour-
d'hui hors de doute. Le philosophe le plus rationnelle-
ment futé peut à l'occasion devenir victime de l'agora-
phobie la plus stupide : notre fameuse réalité scientifique ne nous met pas le moins du monde à l'abri des
dangers qui émanent de ce que d'aucuns appellent l'irréalité de l'inconscient. Derrière le voile des images
fantastiques, un quelque chose agit de façon dynamique, que nous donnions à ce quelque chose un nom
faste ou néfaste. L'inconscient recourt à quelque chose
de réel et d'agissant, et c'est pourquoi nous devons
considérer avec tout le sérieux désirable ses manifestations vitales. Pour cela il faut tout d'abord surmonter la
tendance au concrétisme. Tant que l'on est plongé dans
l'expérience vivante du fantasme, on ne saurait l'accepter trop au pied de la lettre. Mais dès que l'on tente
l'aventure de l'interprétation, il faut savoir se dégager
du mot à mot, ne pas se laisser abuser par l'apparence
manifeste, à savoir l'image fantastique, et ne pas la
confondre avec le dynamisme agissant à l'arrière-plan.
L'apparence d'une chose n'est pas la chose elle-même,
elle n'en est qu'une expression.

Pour en revenir à notre malade, celui-ci n'a pas vécu
la scène du suicide sur « un autre plan »; il a éprouvé
quelque chose d'aussi concret qu'un véritable suicide et
celui-ci lui est apparu comme étant un suicide. Les
deux « réalités » qui s'affrontent, le monde du conscient et le monde de l'insconcient, ne sont point impli-
quées dans une lutte de préséance et de prépondérance,
mais elles s'équilibrent plus ou moins dans une relativité complémentaire. L'affirmation que la réalité de
l'inconscient est très relative ne suscitera pas, en général, de protestations très violentes. Mais que l'on puisse
et que l'on doive de la même façon mettre en doute la

réalité du monde conscient, voilà qui sera beaucoup moins aisément admis et supporté.

Et pourtant, chacune de ces deux réalités est un vécu psychique, une apparence qui recouvre des arrière-plans obscurs inconnus. Au niveau d'une réflexion critique, il ne reste rien d'une *réalité absolue*.

De l'essence des choses et de l'existence, dans son absolu, nous ignorons tout. Vivants, nous faisons l'expérience de diverses efficacités qui agissent sur nous : grâce à nos sens, en provenance de « l'extérieur »; grâce à notre imagination, en provenance de l' « intérieur ». A l'échelle de nos connaissances actuelles, personne ne s'aventurerait plus à affirmer l'existence en soi de la couleur verte; de même, nous devons nous garder de comprendre un déroulement fantasmatique comme incarnant une réalité existant en soi, et qu'il y aurait par conséquent lieu d'admettre littéralement en tant que telle. Cette image créée par l'imagination n'est qu'une apparence, n'est qu'une expression, exposant d'un inconnu qui, pour être inconnu, n'en est pas moins réel.

Le fantasme que nous avons cité plus haut coïncidait avec un état de dépression, avec une vague de désespoir, et son imagerie exprimait son déroulement : dans la réalité, le malade a une fiancée; celle-ci constitue pour lui le seul lien émotionnel qui le relie au monde. La disparition de sa fiancée entraînerait pour le malade la rupture de son dernier lien avec le monde, et cette éventualité, si elle survenait, assombrirait considérablement sa situation. Telle est la première interprétation qui se présente à l'esprit. Mais sa fiancée est aussi l'incarnation de son *anima*, c'est-à-dire le symbole de ses rapports avec son inconscient. Dès lors, le fantasme exprime et signifie en même temps que son *anima*, sans qu'il fasse rien pour l'en empêcher, s'engloutit à nouveau dans son inconscient. Cette perspective révèle que l'humeur et que l'état d'âme qui se sont emparés de lui sont plus forts que lui, c'est-à-dire plus forts que son Moi : le malade est dominé par sa dépression; elle jette tout par-dessus bord, et il demeure figé dans un état de passivité, alors qu'il aurait pu tenter d'intervenir et de retenir son *anima.*

C'est à cette dernière perspective interprétative que j'accorde le plus de crédit, car le malade est un introverti, dont l'être au monde et dont les rapports avec le monde son régulés par des facteurs intérieurs. S'il avait été un extraverti, nous aurions donné la préférence à la première interprétation, car, pour l'extraverti, la vie se trouve réglée et régulée avant tout à travers les relations concrètes avec les êtres. S'il avait été extraverti, on peut imaginer que cet homme, dans un mouvement d'humeur, aurait été capable d'envoyer sa fiancée à tous les diables; ce faisant, il se serait nui partiellement à lui-même; quant à un introverti, le pire des dommages qu'il puisse s'infliger, c'est de rompre ses liens avec son *anima,* c'est-à-dire avec le monde intérieur de ses facteurs intimes.

La fantasme de mon malade nous montre donc clairement le mouvement négatif de l'inconscient, sous forme de tendance à se détourner du monde conscient; et cette tendance est si énergique qu'elle entraîne dans son sillage la *libido* qui meuble le conscient, ce dernier se trouvant privé et comme vidé d'énergie. En rendant ce fantasme conscient, on empêchera la *libido* de prendre un cours inconscient. Si, en outre, le malade était intervenu activement (comme nous y avons fait allusion plus haut), il serait même entré en possession de la somme de *libido* qui se manifestait dans son fantasme et aurait acquis de la sorte une efficacité plus grande sur son inconscient.

Grâce à un effort persévérant de prises de conscience nombreuses, répétées et suivies des imaginations qui sans cela demeurent inconscientes, et grâce à une participation active du conscient au déroulement fantasmatique, on parvient, comme je l'ai constaté dans un très grand nombre de cas :

1° à un élargissement de la conscience (d'innombrables contenus inconscients devenant conscients);

2° à un démantèlement de l'influence dominante et excessive de l'inconscient sur le conscient;

3° – qui résulte de 1° et du 2° – à une modification de la personnalité.

L'évolution constatée de la personnalité n'est pas, naturellement, une transformation des données héréditaires et innées, et elle ne s'accompagne pas de celle-ci; elle est transformation de l'attitude générale. Ces séparations tranchées et ces oppositions accusées entre le conscient et l'inconscient que nous constatons si souvent chez nos malades névrosés, écartelés entre leurs pôles contraires, reposent presque toujours sur une unilatéralité remarquable de l'attitude consciente, qui donne une préférence, un privilège quasi absolu à une ou deux fonctions au détriment des autres, ce qui forcément entraîne une paralysie et un refoulement excessif des fonctions frappées d'ostracisme. Grâce à la prise de conscience et à l'expérience vivante des imaginations, les fonctions inconscientes et inférieures se trouveront assimilées au conscient : ce processus n'est pas sans avoir pour conséquences les effets les plus profonds sur l'attitude du conscient[1].

Contentons-nous de souligner ici qu'une modification essentielle de la personnalité est ainsi actualisée, sans nous arrêter pour l'instant au détail et au mode de

1. Voir p. 18 (N. d. T.)

ces modifications. J'ai appelé cette modification qui résulte de la confrontation de l'individu avec son inconscient *fonction transcendante*[1]. Cette curieuse faculté de métamorphose dont fait preuve l'âme humaine, et qui s'exprime précisément dans la fonction transcendante, est l'objet essentiel de la philosophie alchimique de la fin du Moyen Age; elle exprime son thème principal de la métamorphose grâce à la symbolique alchimique. Silberer, dans un ouvrage très remarquable sur les problèmes de la mystique et de son symbolisme, a déjà longuement montré tout ce que l'alchimie renferme de teneur psychologique[2].

Il nous apparaît aujourd'hui avec évidence que ce serait une impardonnable erreur de ne voir dans le courant de pensée alchimique, comme cela était trop facilement le fait, que des opérations de cornues et de fourneaux. Certes, l'alchimie a aussi ce côté, et c'est dans cet aspect qu'elle constitua les débuts tâtonnants de la chimie exacte. Mais l'alchimie a aussi un côté vie de l'esprit qu'il faut se garder de sous-estimer, un côté psychologique dont on est loin d'avoir tiré tout ce qu'il y a à en tirer : il existait une « philosophie alchimique », précurseur titubant de la psychologie la plus moderne. Le secret de cette philosophie alchimique, et sa clé ignorée pendant des siècles, c'est précisément le fait, l'existence de la fonction transcendante, de la métamorphose de la personnalité, grâce au mélange et à la synthèse de ses facteurs nobles et de ses constituants grossiers, de l'alliage des fonctions différenciées et de celles qui ne le sont pas, en bref, des

1. Voir p. 30 (N. d. T.).
2. Herbert SILBERER, *Die Probleme der Mystik und ihrer Symbolik*, Vienne, 1914. Traduction anglaise de Smith Ely Jelliffe, sous le titre : *Problems of Mysticism and its Symbolism*, New York, 1917.

épousailles, dans l'être, de son conscient et de son inconscient[1].

Mais, de même que les débuts de la chimie scientifique ont été marqués par des représentations fantastiques et des affirmations toutes gratuites qui la défiguraient et créaient la confusion, de même la philosophie alchimique, gauchie par les malentendus concrétistes d'un esprit encore grossier et non différencié, n'est point parvenue à une formulation psychologique de ses constatations et de ses problèmes, bien qu'une intuition on ne peut plus vivace des vérités fondamentales ait enchaîné la passion des penseurs du Moyen Age aux problèmes de l'alchimie. Quiconque a parcouru le processus de l'assimilation de l'inconscient de façon quelque peu complète ne pourra nier le fait qu'il s'en est trouvé touché et modifié au plus profond de lui-même.

Mais je ne pourrais certes en vouloir le moins du monde à mon lecteur qui, incrédule, hausserait les épaules à l'idée que cette quantité négligeable et négligée que lui semble être un pur et simple fantasme (voir l'exemple banal cité ci-dessus) puisse exercer la moindre influence[2]. J'avoue bien humblement qu'en compa-

---

1. Voir C. G. JUNG, *Psychologie et Alchimie,* traduit et annoté par Henry Pernet et le Dr Roland Cahen, Buchet-Chastel, Paris, 1970.
2. Ceci nous ramène à une anecdote célèbre : comme Jung quittait Freud à la suite de la première visite qu'il lui rendit à Vienne en 1907, et qui avait duré 13 heures, Freud demanda au moment du départ : « Et à propos du transfert, qu'est-ce que vous en pensez ? », et Jung de lui répondre : « Je pense que c'est la chose essentielle. » « Bravo, rétorqua Freud, je vois que vous avez compris. » Car, en effet, le scepticisme du lecteur auquel Jung pense dans cette phrase est aussi le scepticisme de presque tout malade qui débarque chez son analyste : embarré dans sa névrose et ses conflits, dont il a fait déjà tenté, en général, maints et maints efforts pour se débarrasser et les surmonter, il présente souvent ainsi, outre sa névrose initiale, une contracture de son être conscient, qui est en général le résultat le plus clair de ses efforts autothérapeutiques; nul pont, nulle passerelle entre son conscient contracturé et le monde de son inconscient où sommeillent pour-

tant l'origine de ses symptômes, mais aussi les sources de son renouveau et ses potentiels évolutifs vers la guérison.

Le barrage, pour prendre un exemple simple et classique, étant en
général total, comment naîtra l'« étincelle de génie », initiatrice de la
guérison ? C'est dans des impasses de cette sorte que l'inconscient
secourable viendra en aide à médecin et malade, créant, du malade au
médecin, un réseau de liens et de ponts projectifs, dont l'ensemble a été
appelé par Freud le *transfert*.

C'est à travers ce transfert et ses innombrables nuances que s'exprime l'inconscient du malade.

Et le bénéfice est immense : ce que le malade ne pouvait prendre au
sérieux, encore moins accepter sur le plan du pur fantasme, de l'imagination vagissante et désincarnée, il va soudain le rencontrer incarné,
vivant dans son interrelation avec son analyste, sur un mode vécu qui
est son mode habituel, dans le registre duquel il ne peut plus ni feinter,
ni biaiser, ni se dérober.

Ainsi le transfert semble être, par ses détours projectifs sur ce tiers
catalyseur neutre que doit être l'analyste, la voie détournée que nous
offre la nature pour permettre la confrontation du Moi et de l'inconscient du sujet. Telle nous semble être la finalité du transfert, finalité à
laquelle répond la nécessité de l'analyse du transfert. Cette perspective
explique aussi pourquoi Jung et son école ont, à l'adresse du phénomène fondamental du transfert, auquel ils accordent toute l'importance
qui lui revient, une attitude infiniment plus nuancée que les analystes
freudiens : dans les cas, en effet, où, par tempérament, habitude de
pensée, formation culturelle (en particulier chez les Orientaux), ou par
grâce d'état, sans exclure la grâce tout court d'ailleurs, le conscient n'est
pas mû par ce scepticisme radical et quasi existentiel à l'adresse de
l'inconscient, la confrontation du conscient du malade avec son inconscient, échappant à l'ostracisme des mécanismes de résistance et aux
néantisations des réflexions ratiocinantes, peut se dérouler plus ou
moins en prise directe.

Dans ces cas, malheureusement rares, le décours analytiques peut se
frayer un passage et suivre son bonhomme de chemin, marqué seulement par un transfert *a minima* de confiance et d'ouverture d'esprit,
sans que l'interrelation analytique prenne la démarche et les proportions du transfert classique.

L'analyste, naturellement, appelle de tels cas de ses vœux, car ils
témoignent au départ d'un Moi relativement fort, d'un Moi dont les
charpentes et les structures n'ont point encore trop souffert des attein-
tes névrotiques qui le détruisent ou le mettent en état de contracture.
Le rôle de l'analyste sera alors surtout un rôle d'interprétation des
matériaux inconscients de son interlocuteur, et il aura moins à supporter
que dans le cas du transfert avéré le poids humainement très lourd des
projections et des problèmes émotionnels inévitables du transfert, sans
même parler de toute la problématique fondamentale du contre-trans-
fert, à l'égard duquel il ne devra jamais laisser s'assoupir sa vigilance.

C'est cette phénoménologie également qui explique que c'est souvent
le début du traitement qui est pour le médecin le moment opératoire le
plus délicat et humainement le plus lourd.

raison du problème de la fonction transcendante et de son exceptionnelle importance, le fragment cité plus haut semble bien dérisoire et bien peu convaincant. Mais il est très difficile – et je dois en appeler ici à la compréhension bienveillante de mon lecteur – de citer quelque exemple que ce soit, le meilleur même ayant la particularité fâcheuse de n'être significatif et impressionnant que dans une perspective individuelle et subjective. C'est pourquoi je ne manque jamais l'occasion de mettre mes malades en garde contre une certaine naïveté qui pourrait leur donner à penser ou à imaginer que ce qui, pour eux personnellement, a la plus grande portée, parce que cela les concerne, est nécessairement d'un intérêt aussi lourd dans une perspective d'objectivité.

L'immense majorité des êtres est totalement incapable de se mettre, psychiquement parlant, à la place d'un autre, ce qui procède d'un art délicat dont la possession est fort rare, dont l'exercice en général ne va pas loin, et dont la virtuosité est exceptionnelle. Même l'être que nous croyons connaître le mieux, qui nous confirme même qu'il trouve en nous une compréhension sans limite, même cet être-là demeure au fond pour nous *un étranger : il est un autre et il est autre.* Le

En effet, dès que le malade, sujet à un transfert, commence à se familiariser avec les phénomènes de celui-ci, dès qu'il commence à prendre conscience de ses mécanismes et aussi des bienfaits, des enrichissements que son élucidation peut et doit lui apporter, il rejoint insensiblement et progressivement les analyses de transfert *a minima.*

Et ainsi le progrès analytique peut être en partie apprécié selon la gravité et la « température » du transfert : le malade qui, progressivement, assume consciemment ses éléments inconscients passera corrélativement de l'état de transfert lourd et classique à un transfert plus nuancé, plus allégé, jusqu'au moment où il sera en état d'assumer valablement lui-même la totalité de son être psychologique.

Le transfert apparaîtra alors avoir été ce que la situation du malade exigeait fonctionnellement de lui, un « je m'accroche pour évoluer » (N. d. T.).

mieux et le meilleur que nous soyons capables de faire
est de l'accepter en tant que tel, de le respecter dans
l'intuition que nous avons de sa nature et de ses différences d'avec nous[1], et de nous épargner l'incommen-
surable stupidité qui consiste à vouloir l'interpréter et à
croire qu'on le peut. C'est pourquoi j'ai tant de difficultés à apporter des exemples convaincants.

Car, quel que soit l'exemple choisi, aucun ne saurait
convaincre le lecteur, comme a été frappé, bouleversé
et convaincu l'individu pour lequel cela a constitué une
expérience vivante, vibrante et frémissante, intense et
percutante[2]. Tout à fait probante est seulement l'expérience vécue; et nous en sommes réduits à croire celui

---

1. Système référentiel toujours implicitement présent et actif, mais
subjectivement variable, naturellement, avec chaque observateur. L'expérience nous montre quotidiennement qu'il n'est pas inutile de répéter
de telles évidences (N. d. T.).

2. L'éclair de la compréhension qui vient illuminer l'absurdité apparente d'un rêve et de sa fantasmagorie fait parfois sursauter l'analysé
dans son fauteuil. « Eurêka ! J'ai trouvé ! » est un moment intense
d'émotion qui, dans la dimension psychologique, a peut-être encore
plus de résonances profondes que dans la dimension du monde concret.
En effet, en cherchant une solution technique, l'inventeur, s'il la
trouve, découvre un emboîtement entre une préoccupation rationnelle
et le monde des choses; en cherchant et en découvrant la signification
d'un rêve, on trouve en emboîtement entre un rationnel conscient et
un inconnu irrationnel chargé d'émotivité. La trouvaille de la signification onirique ressemble souvent fort à un bouleversement affectif; les
motivations de cette quête peuvent être diverses et variées :
  — joie intellectuelle à résoudre une énigme d'apparence insoluble;
  — découverte d'une orientation pour le comportement pratique;
  — sécurisation du conscient, en face du magma affectif et irrationnel;
  — sécurisation et affermissement du Moi et du conscient enrichis et
élargis par l'assimilation de l'énergie et du contenu précédemment irra-
tionnels;
  — élargissement de la personnalité;
  — découverte d'horizons nouveaux, etc.
Pour toutes ces raisons, la découverte par le conscient de données
précédemment inconscientes possède pour la dynamique émotive de la
personne une importance et une dignité qui semblent difficilement
surpassables. (N. d. T.).

qui en a été le théâtre, par analogie avec ce dont nous avons nous-mêmes fait l'expérience. En face d'un sceptique irréductible et en désespoir de cause, si toutes les autres possibilités de compréhension ont fait faillite, il n'en demeurera pas moins un suprême argument : le résultat final du processus, à savoir la transformation aisément constatable de la personnalité.

Ces réserves faites, soumettons au lecteur un autre fragment de fantasme provenant, cette fois-ci, d'une femme. Ce qui distingue ce nouvel exemple du précédent, c'est que l'expérience vécue pose le problème *de la totalité, de la globalité psychologique*. La femme qui en est le théâtre et l'actrice y participe activement; grâce à cela elle maîtrise le processus, l'intègre et en devient la bénéficiaire. J'ai un important dossier de matériaux de ce cas, dont l'évolution culmine en une transformation profonde de la personnalité. Le fragment cité provient de la phase terminale de l'évolution et est un chaînon organique d'une longue série de modifications et de transformations qui semblaient viser à préciser, à définir et à atteindre le *centre de la personnalité*.

Le centre de la personnalité ! Ce qu'il faut entendre par là ne va pas tellement de soi et n'est peut-être pas aussi aisément compréhensible qu'on pourrait le penser au premier abord. C'est pourquoi il y a lieu de nous arrêter brièvement pour tenter d'esquisser ce problème. Imaginons-nous le conscient, avec son centre qui est le Moi, dans sa confrontation avec l'inconscient; cette confrontation entraîne un processus d'assimilation de l'inconscient; nous pouvons nous représenter cette assimilation comme une manière de rapprochement entre le conscient et l'inconscient, rapprochement à la suite duquel le centre de la personnalité globale ne coïncidera plus avec le Moi, mais sera figuré par un point qui se trouvera à mi-chemin entre le conscient et l'inconscient. Ce point sera le centre de gravité du nouvel équilibre et correspondra à un recentrage de la personnalité globale; il constitue un centre qui, pour être probablement virtuel, n'en confère pas moins à la personnalité, grâce à sa position centrale et privilégiée entre le conscient et l'inconscient, un fondement nouveau, un soubassement plus sûr[1]. Je conviens naturellement que de telles schématisations, que de telles visualisations ne sont que des tentatives grossières et maladroites entreprises par l'esprit balourd pour exprimer des faits et des données psychologiques presque indescriptibles et indicibles. Je pourrais d'ailleurs exprimer la même chose en prenant les paroles de saint Paul : « Désormais, ce n'est plus moi qui vis, c'est le Christ qui vit en moi. » Ou encore, je pourrais faire appel à

---

1. Cette question du recentrage de la personnalité nous semble présenter un double aspect, un aspect prospectif, dont il va être question dans la fin de cet ouvrage, et un aspect rétrospectif auquel il faut nous arrêter un instant.

Autant l'aspect prospectif, la mue mystérieuse de la personnalité dans sa perspective d'attente et de laisser-faire, peut paraître inattendu et déroutant à l'esprit occidental, autant l'aspect qui concerne le passé devrait être aisément abordable pour lui; en effet, il devrait paraître évident que le seul fait d'aider une personnalité à tirer au clair ses complexes, jusque-là méconnus par elle, à ordonner ses *impedimenta,* va déterminer des modifications dans ce que, par comparaison, on pourrait appeler son « polygone de sustentation mentale ».

Tout se passe comme si ce premier temps de l'analyse contribuait à débarrasser le Moi des sujétions négatives qui émanent des chocs subis, de tout ce qui, mal venu, s'est trouvé refoulé, à le réconcilier en bref et en tout généralité, avec ses plans émotifs inconscients et profonds.

La maturation que détermine déjà l'intégration d'une historicité émotive, plus ou moins douloureuse, constitue le premier temps, freudien, relativement aisément assignable celui-là, du recentrage de la personnalité.

Le Moi ne se satisfait plus de ce qui, jusque-là, était sa représentation du monde, mais s'ouvre à ce qui, de sa vie, était encore en lui informulé et inconscient. Ainsi, la remise de l'historicité à sa juste place, au sein de l'actuel, affirme et consolide la réalité de l'individu et contribue pour sa part au recentrage de la personnalité (N. d. T.).

Laô-Tseu et m'approprier son Tao, la voie du milieu, ce milieu créateur de toute chose. Mais quel que soit le langage employé, il est fait allusion au même centre. Pour ma part, je parle en psychologue, et ma conscience scientifique me contraint à reconnaître que ces données constituent des facteurs psychiques d'une indiscutable efficacité. Ils ne sont point des trouvailles chimériques et hypothétiques que j'aurais effectuées d'aventure, mais des éléments et événements psychologiques précis qui obéissent à des lois psychologiques immuables, qui témoignent de causes et d'effets qui s'enchaînent, et c'est pourquoi nous pouvons les retrouver chez les races et les peuples les plus divers, aujourd'hui comme il y a des millénaires. De quoi procèdent ces phénomènes? Je n'ai là-dessus ni idée, ni théorie. Car, pour répondre à cette interrogation, il faudrait déjà savoir de quoi est faite la psyché, aussi je me contente tout d'abord d'en constater les données.

Mais venons-en à notre exemple : il s'agit d'un fantasme, de caractère visuel, quelque chose qu'au Moyen Age on appelait vision. Mais il ne s'agit point d'une vision onirique, que le sujet aurait perçue au cours d'un rêve intense; non... Il s'est agi simplement d'une « vision » survenue au cours d'un épisode de concentration intensive sur les ombres qui se profilent à l'arrière-plan de la conscience, en bref, au cours d'un de ces états que j'ai désignés du terme technique : imagination active[1].

Ces perceptions visuelles au cours de l'imagination active exigent, en général, pour être perçues un entraînement déjà assez poussé. Mais, quoi qu'il en

---

1. Voir C.G. JUNG, *Psychologie et Religion* (ouv. cité), et docteur Roland CAHEN : « Psychothérapie de C.G. Jung », dans l'*Encyclopédie médico-chirurgicale*, Paris, 1955, vol. III, *Psychiatrie* (publiée par Henry Ey) (N. d. T.).

soit, voici, en ses propres termes, ce que vit le malade :

« Je gravissais une montagne et parvins à un endroit où je découvris sept pierres rouges devant moi, sept de chaque côté et sept derrière. Je me trouvais au centre de ce carré; les pierres étaient plates comme des marches; j'essayai de soulever les quatre pierres les plus proches de moi. Ce faisant, je découvris que ces blocs étaient les piédestaux de quatre statues de dieux qui, la tête en bas, étaient enterrées dans le sol. Je les déterrai et les disposai autour de moi de telle façon que je me trouvai en leur centre. Soudain, toutes les statues se penchèrent vers le centre, leurs têtes venant à se toucher, de sorte qu'elles formaient comme une manière de voûte au-dessus de moi. Quant à moi, je tombai sur le sol en disant : « Tombez sur moi si cela doit être; je suis lasse. » Je vis alors qu'à l'extérieur un cercle de feu s'était formé autour des quatre dieux. Après un certain temps, je me relevai et je renversai les statues. A l'endroit où les statues basculèrent, s'élevèrent quatre arbres. A ce moment, le cercle de feu engendra des flammes bleues qui se mirent à roussir le feuillage des arbres. Je dis alors : « Cela doit prendre fin, je dois moi-même entrer dans le feu pour que le feuillage ne flambe point. » J'entrai alors dans le feu; les arbres disparurent, le cercle de feu se resserra et se condensa en une seule immense flamme bleue qui me souleva du sol. »

Ici se termina la vision. Je ne vois malheureusement pas comment ou de quelle façon expliquer au lecteur de manière convaincante le sens particulièrement intéressant de cette vision. Car elle constitue un fragment d'un très riche ensemble, et pour l'expliquer de façon décisive, il faudrait rapporter tout ce qui a précédé et tout ce qui a suivi. Mais, néanmoins, le lecteur dépourvu de préjugé conviendra sans difficulté qu'il se dégage de cette vision l'idée d'un « centre », accessible au prix d'une ascension qui marque bien l'effort et son acceptation. Le lecteur discernera également sans peine le fameux problème qui a agité le Moyen Age, celui de la quadrature du cercle, qui fut une des préoccupations essentielles des alchimistes. Ici, ce problème de la quadrature du cercle surgit à point nommé pour représenter de façon symbolique l'individuation. La personnalité totale est caractérisée grâce aux quatre points cardinaux de l'horizon[1], les quatre dieux, c'est-à-dire les quatre fonctions qui permettent l'orientation dans l'espace psychique intérieur[2], et grâce au cercle qui embrasse l'ensemble. Surmonter les quatre dieux qui menacent d'écraser l'individu signifie que le sujet se libère de l'identité avec les quatre fonctions et fait allusion à un quadruple *nirdvandva,* terme de philosophie orientale qui équivaut à « libre de contraires »; cela détermine un resserrement du cercle, de la totalité non partagée. Cela détermine à nouveau un mouvement d'élévation.

Je dois me limiter à ces allusions. Quiconque y réfléchit se fera une idée approximative de la manière dont se déroule la métamorphose de la personnalité. Du fait de sa participation active, le sujet se mêle aux processus inconscients et il en devient détenteur en se laissant pénétrer et saisir par eux. Ainsi, il relie en lui les plans conscients et les plans inconscients. Le résultat en est un mouvement ascensionnel dans la flamme, la métamorphose dans la chaleur alchimique et la naissance de

1. Il ne s'agit point, naturellement, de faire de l'arithmétique élémentaire le truchement très ésotérique vers des réalités autres, et lourdes de sens définitif. A l'inverse, c'est la constatation de rêves de cette nature, fréquemment répétés, qui a amené Jung à découvrir et souligner la portée symbolique et le sens psychologique attachés à cette formulation schématique (N. d. T.).

2. Voir la note 2, p. 27.

l'« esprit subtil ». Telle est la fonction transcendante qui naît de la conjonction des facteurs opposés.

Il me faut mettre le lecteur en garde contre un malentendu essentiel dont il est souvent victime, et en particulier s'il est médecin. Je ne sais pour quel motif, mais j'ai souvent constaté que ces derniers présupposent presque toujours que mes écrits sont uniquement consacrés à mes méthodes thérapeutiques. C'est là une grossière erreur ! Mes ouvrages sont consacrés à la psychologie dans l'acception la plus large du terme.

C'est pourquoi je répète et souligne ici que ma méthode de traitement ne consiste pas à susciter chez mes malades des fantasmes bizarres qu'ils devraient méditer afin que leur personnalité se trouvât modifiée au cours et à la suite de cette méditation; ma méthode de traitement ne consiste ni en cela ni en d'autres sottises du même tonneau.

Je constate simplement qu'il existe certains cas de patients dont le développement psychologique suit une voie de cette sorte, non point, d'aventure, parce que j'y amène ou y contrains le malade, mais, tout simplement, parce que son évolution inattendue procède et découle de ses nécessités intérieures.

La plupart de mes malades sont et demeurent complètement étrangers à la phénoménologie bizarre que nous venons d'essayer de décrire. Oui, s'ils avaient même la possibilité d'emprunter une telle voie – emprunt qui serait par exemple une imitation arbitraire, une manière de singerie, sans découler de leur loi intérieure authentique –, cette voie serait pour eux une lamentable impasse et je serais le premier à leur crier casse-cou. Car la voie de la fonction transcendante est un destin individuel, qui, comme tel, reste réservé à quelques rares élus.

Il ne faudrait pas croire non plus que cette voie fût

en quelque façon comparable ou identique à une manière d'anachorétisme psychologique, à un éloignement, à une évasion de la vie et du monde. Tout au contraire, une telle voie n'est praticable et susceptible d'aboutir que si les tâches séculières et imprévisibles que la vie attend de ces êtres et leur impose sont effectivement menées à bien.

De tels fantasmes ne sont points des produits de remplacement, des substituts du vivant et du vécu, ce sont des fruits de l'esprit que récolteront ceux qui paient son tribut à la vie. Le paniquard, le fuyard de la vie ne sera habité, ne sera hanté que par sa peur morbide qui, dépourvue de sens, ne donne pas de sens à sa vie. De même, l'être qui aura trouvé sa voie de retour vers la mère l'Eglise ne fera jamais connaissance avec cette voie de l'individuation[1]. L'Eglise englobe indubi-

---

1. Cette phrase nous semble capitale dans notre France catholique. Jung dit bien : « Celui qui a trouvé la voie du retour à l'Eglise », ce qui, dans sa pensée, toujours phénoménologique, n'implique aucun jugement de valeur, en tout cas aucun jugement péjoratif. Il constate simplement que celui qui a trouvé authentiquement – trouvaille dont une certaine grâce ne saurait être absente – la voie du retour à l'Eglise, à sa mère l'Eglise, n'aura pas besoin de faire appel en lui au mécanisme psychologique aboutissant à la fonction transcendante. Peut-être en sera-t-il incapable, englobé qu'il est dans une mentalité collective. Ce qui amène à se demander s'il n'y a pas un certain parallélisme entre la vie mentale au sein de l'Eglise et la vie mentale de l'être qui se confronte avec les clairs-obscurs de ses cathédrales intimes.

Pour le psychologue, les points de recoupement et les similitudes fondamentales sont aussi nombreux qu'évidents. Nous essaierons de le montrer et de l'étudier dans la suite de la publication en France des travaux de Jung.

Il nous a semblé que nombreux sont les membres du clergé à la fois intéressés, frappés, quelques-uns même choqués par ces similitudes inattendues qui situent sur un plan humain, essentiellement humain, toute une phénoménologie que l'Eglise voulait faire découler de la seule Révélation.

Que l'Eglise ait un sursaut à l'idée de se trouver ainsi en compagnie de la psychologie des profondeurs – certains pensent même en promiscuité avec elle – n'a rien de bien surprenant. Mais les hommes de science, entraînés ainsi à fouler les plates-bandes réservées tradition-

tablement dans ses formes vivantes le *mysterium magnum*. Enfin, jamais non plus l'homme normal ne s'encombrera, lui, de cette science psychologique; car il se contente depuis toujours du peu qui est à sa portée.

C'est pourquoi je prie mon lecteur de bien vouloir comprendre que je décris des phénomènes relativement rares qui surviennent à l'occasion, et non pas que je cherche à propager des méthodes de traitement.

Les deux exemples de fantasmes cités décrivent l'activité positive de l'*anima* et de l'*animus*. Dans la mesure où le malade se met à participer diligemment à son activité fantasmatique, l'image personnifiant l'*anima* et l'*animus* disparaîtra : elle se transforme en fonction de relation entre le conscient et l'inconscient. Par contre, si les teneurs inconscientes (précisément de tels fantasmes) ne sont pas perçues, comprises, digérées, en bref intégrées et « réalisées » par le sujet, il s'ensuit une activité négative et une personnification de

nellement à l'Eglise, n'en peuvent mais. Il y a là une donnée et une découverte de l'esprit du temps.

Il nous semble, naturellement, que ces similitudes sont la source possible d'admirables complémentarités : le psychologue peut trouver, à l'instar d'un Jung, dans les édifices traditionnels, les sédiments admirables d'une vie de l'esprit qui s'est, en partie inconsciente d'elle-même, monumentalement formulée; et l'homme d'Eglise peut et, nous semble-t-il, devrait trouver dans les travaux des psychologues des fondements nouveaux et des sources nouvelles de vie spirituelle.

Il importe à l'Eglise seule, peut-être longtemps exagérément figée dans ses concepts et tabous traditionnels, d'assumer, comme elle y a déjà été assez fréquemment invitée, la responsabilité de son attitude en face de ces forces mouvantes et de ces découvertes de la vie de l'esprit. Nous aurions aimé écrire dans le texte : l'être qui aura trouvé sa voie de retour vers la mère l'Eglise ne fera « probablement » jamais connaissance, etc., car des exceptions confirment la règle. Nous avons été amené à donner des soins d'ordre psychologique à d'assez nombreux prêtres; aucun n'a jeté le froc aux orties, ce qui montre que la vie psychologique et l'état d'ecclésiastique ne sont point inconciliables, certains de mes malades religieux ayant même vécu des éléments transcendants de leur psychologie comme des sources de renouveau pour la transcendance de leur foi (N. d. T.).

l'*anima* et de l'*animus* qui marquent leur autonomie[1].
De là résultent des anomalies psychiques, des états de
possession dont la gravité peut aller à tous les degrés,
depuis les « humeurs » banales et les idées bizarres,
jusqu'aux psychoses. Tous ces états sont caractérisés
par la même donnée fondamentale, à savoir qu'un
quelque chose d'inconnu s'est approprié une part plus
ou moins considérable de la psyché. Ce quelque chose
d'inconnu impose imperturbablement son existence, au
premier abord nocive et repoussante, contre vents et
marées, contre les plus grands efforts de bonne
volonté, de compréhension, d'énergie et de raison,
démontrant ainsi la puissance des plans inconscients de
l'être en face du conscient : on ne saurait trouver de
meilleure expression que le mot « possession ». En
pareil cas, la partie de la psyché qui n'est plus maî-
tresse d'elle-même engendre en général une psychologie marquée par la domination de l'*anima* et de
l'*animus* : l'incube de la femme est fait de plusieurs
démons masculins et le succube de l'homme est une
femme.

Cette conception empirique mais singulière d'une
âme qui, en fonction de l'attitude consciente, existe de
façon indépendante et autonome, ou qui s'estompe
pour ne plus devenir qu'une simple fonction de relation, cette conception inattendue n'a plus, comme peut
le constater tout un chacun, le moindre point commun
avec la conception chrétienne de l'âme.

Les fantasmes de ma malade sont un exemple typi-

---

1. Cette autonomie est de nature structurale. Elle s'estompe, comme
le dit Jung, quand le Moi participe activement à la vie des fantasmes de
son inconscient ; elle s'exagère et se met en relief quand le Moi, par
incompréhension, par crainte d'abandonner ses solidités conscientes et
rationnelles, se refuse d'accorder quelque crédit, quelque validité à son
microcosme intime, créant ainsi des positions conflictuelles entre le
Moi et l'inconscient (N. d. T.).

que du mode de présentation des contenus engendrés par l'*inconscient collectif*. Quoique leur forme soit essentiellement subjective et individuelle, leur teneur n'en est pas moins collective, c'est-à-dire qu'il s'agit d'images et d'idées générales que l'on rencontre chez beaucoup d'êtres, d'éléments qui rendent l'individu conforme à d'autres êtres, conforme à l'humaine condition.

Si ces contenus collectifs demeurent inconscients, l'individu, empêtré dans leur mille liens, qui le rattachent aux autres individus chez qui ils sont également inconscients, demeure inconsciemment confondu avec eux; en d'autres termes, il ne s'est pas différencié d'eux, il n'est pas différencié, il n'est pas « individué ».

On peut, certes, se demander pourquoi l'être s'individualise et si cela est souhaitable. Je répondrai à cette objection que cela n'est pas seulement souhaitable, mais que c'est même absolument indispensable, pour l'excellente raison que sans sa différenciation, que sans son individualisation, l'être demeure dans une condition de mélange et de confusion avec autrui; dans cet état, il accomplit des actions qui le placent en désaccord et en conflit avec lui-même.

Car, de tout ce méli-mélo inconscient qui se déroule dans le *no man's land* qui à la fois sépare et rapproche les individus, de tout cet « à peu près », plus ou moins confusionnel et identificatoire, qui est la monnaie courante de nos interrelations, de toute cette confusion inconsciente des appartenances, émanent une astreinte et une contrainte à vivre et à agir comme la personne que l'on n'est précisément pas. On ne peut alors ni s'accorder et se sentir d'accord avec son mode d'être et d'action, ni en assumer valablement la responsabilité : on se sent dans une situation dégradante de dépendance tant psychologique que morale. Mais le désaccord avec soi-même constitue fondamentalement l'état névrotique et insupportable dont on cherche à se libérer, hors duquel on cherche son salut.

Or, une libération de cet état ne peut survenir que lorsqu'on peut exister et agir en conformité avec ce que l'on sent sa vraie nature. Ce sentiment de leur vraie nature, les hommes l'éprouvent tout d'abord de façon peut-être estompée, nébuleuse et incertaine; mais, leur évolution aidant, il s'affirme en force et en clarté. Lorsqu'on peut dire des circonstances où l'on s'est mis, des états d'âme où l'on est plongé et de ses actions : « Me voilà bien tel que je suis et telle est la façon dont il importe que j'agisse », on peut réellement se sentir à l'unisson avec soi-même, même si la coupe est amère, et on peut assumer la responsabilité de ses actes même si les difficultés ne manquent pas, et même si une minorité active au fond de soi-même expose ses motifs de résistance.

Certes, toute cette attitude humaine et toutes ces démarches de pensée présupposent qu'on ait au moins reconnu que rien n'est aussi lourd à supporter que soi-même. (« Tu cherchais le fardeau le plus lourd, c'est alors que tu t'es trouvé toi-même », a dit Nietzsche.)

Mais la tâche la plus harassante elle-même devient possible à qui parvient à se distinguer de ses éléments inconscients. Mais où et comment les trouver ? L'introverti découvre ses éléments inconscients en lui-même; l'extraverti, lui, devra les découvrir dans les personnes et les objets de son entourage qu'ils imprègnent sous forme de projections. Cependant, dans un cas comme dans l'autre, les contenus inconscients déterminent mainte illusion et maint mirage qui faussent non seulement nous-même mais aussi nos interrelations avec nos proches, donnant à l'ensemble un cachet d'irréalité et de fantasmagorie.

C'est pour des motifs de cette sorte que l'individuation est indispensable à certains êtres, non pas seulement sur le plan d'une nécessité thérapeutique, mais
aussi en tant qu'idéal élevé, comme une idée d'un bien
à accomplir, d'un mieux auquel on peut prétendre.

Remarquons pour finir que l'individuation se
confond en même temps avec l'idéal chrétien originel
du Royaume des Cieux « qui est en nous ». L'idée de
base sur laquelle s'est édifié cet idéal est que l'action et
le comportement justes ne peuvent résulter que d'une
droiture d'esprit et d'un état d'âme sain, et qu'il ne
saurait y avoir de guérison et d'amélioration du monde
qui ne prennent leur point de départ dans l'individu.
Que l'on me permette un exemple banal : il semble bien
que l'on ne puisse compter sur un individu qui vit
lui-même de mendicité et d'aumônes pour résoudre de
façon valable les problèmes sociaux.

IV

La personnalité « mana »[1]

Je m'appuierai dans ce qui suit sur les cas au cours de l'évolution desquels s'est produit ce que j'ai décrit dans le chapitre précédent comme étant l'étape future à franchir, à savoir surmonter l'*anima*[2] en tant que complexe autonome et la transformer en une fonction de relation entre le conscient et l'inconscient. Si le sujet y parvient, il parviendra du même coup à extraire le Moi de toutes ses imbrications d'avec la collectivité et

---

1. Le mot *mana*, d'origine mélanésienne, repris ici aux sociologues qui en ont fait grand usage à la fin du XIX⁰ siècle et au début du XX⁰, est en relation dans la terminologie de Jung avec le concept d'énergie psychique et de *libido*.
Parlant du langage et de l'utilisation du feu, Jung écrit : « Tous deux sont des produits de l'énergie psychique, de la *libido*, ou *mana*, pour employer une notion primitive. » (*Métamorphoses de l'âme et ses symboles*, ouvrage cité, page 283).
Dans *L'Energétique psychique* (ouv. cité, p. 93), il nuance un peu cette assimilation pure et simple à l'énergie psychique : « De fait, on ne peut échapper à l'impression que l'idée primitive de *mana* est un degré élémentaire de notre concept d'énergie psychique et très probablement aussi du concept d'énergie en général. » Voir aussi plus loin, p. 236-237 et 246 (N. d. T.).
2. *Mutatis mutandis*, ce qui suit concerne aussi l'*animus*. Pour alléger son propos l'auteur ne se réfère à ce dernier que par allusion. Mais il aurait pu entreprendre une démonstration analogue en partant du seul *animus* : elle aurait été aussi convaincante (N. d. T.).

d'avec l'inconscient collectif[1]. Par ce processus l'*anima* se verra privée de sa puissance démoniaque de complexe autonome, c'est-à-dire qu'ayant comme perdu de son potentiel et en particulier de son potentiel d'envoûtement, elle ne sera plus en état d'exercer de fascination, de possession. Elle ne sera plus désormais la gardienne de trésors mystérieux, elle ne sera plus Kundry, la messagère démoniaque du Graal, dont la nature tenait à la fois de l'animal et du divin, elle ne sera plus l' « Ame-Souveraine », l'Ame-Maîtresse impérieuse; elle sera une fonction psychologique de nature intuitive, à propos de laquelle on pourrait dire avec le primitif : « Il va dans la forêt pour parler avec les esprits », ou : « Mon serpent m'a dit... », ou encore, en empruntant le langage mythologique de l'enfance : « Mon petit doigt m'a dit... »

Ceux parmi mes lecteurs qui connaissent la description qu'a donnée Rider Haggard de « celle-qui-

---

1. L'expérience psychologique montre qu'il faut comprendre cette phrase dans le sens d'une approche asymptotique. Jung nous semble pécher là par optimisme excessif, ou plutôt il devait avoir conscience en écrivant cette phrase de décrire un état exceptionnel. Tout d'abord parce qu'il souligne toujours à nouveau la difficulté extrême qu'il y a pour l'être, au niveau actuel de notre vie et de notre développement mental, précisément à intégrer l'*anima* et à la surmonter en tant que plan dynamique autonome et contraignant de l'être. Mais, même à supposer que cette démarche soit en bonne voie ou aboutisse pleinement, il me semble que, si bien des imbrications s'effritent et tombent en désuétude, d'autres surgiront, l'homme n'échappant jamais, même en parcourant et en vivant les plans ascendants de son être mental et de ses niveaux de conscience, à l'emprise de l'archétype du devoir et des responsabilités. Ainsi, à un niveau de conscience plus élevé s'imposeront des devoirs eux-mêmes plus élevés et marqués d'une responsabilité plus élevée.

Il nous semble d'ailleurs qu'une extraction totale de l'être hors de ses imbrications dans la société et le collectif – à supposer qu'elle soit imaginable et possible – ne serait pas forcément souhaitable : s'efforcer d'élever toujours davantage l'observatoire à partir duquel on contemple le monde et soi-même ne signifie point, ne doit point signifier rompre le contact avec le monde. Sachons nous garder de l'utopie psychologique (N. d. T.).

doit-être-obéie » (*She-that-must-be-obeyed*) se souvien-
dront certainement de la puissance magique dont l'héroïne de ce livre était investie. « Elle » (*She*) est ce qu'il
faut appeler une *personnalité mana*, c'est-à-dire dotée
d'une puissance potentielle occulte, précisément le
mana, qui lui confère des forces et des connaissances
magiques.

Bien entendu, tous ces attributs émanent de la projection naïve sur les choses et les êtres d'une connaissance inconsciemment consciente et pressentie de soi-
même, qui, exprimée en langage moins poétique,
s'énoncerait à peu près dans ces termes : « Je constate
et reconnais qu'un facteur psychique est actif en moi,
bien qu'il puisse se soustraire de la plus incroyable
façon à ma volonté et à ma disponibilité consciente. Il
peut me mettre en tête les idées les plus extraordinaires,
susciter en moi les humeurs et les affects les plus inattendus et les moins souhaités, me pousser aux actes les
plus surprenants et dont je ne puis assumer la responsabilité, perturber de la façon la plus irritante mes relations avec autrui, etc. Je me sens impuissant en face de
cette donnée qui me pousse et m'agite, et, gravité
suprême, je suis épris d'elle, ce qui fait que, m'en
défendant déjà si mal, je ne puis m'empêcher de
l'admirer. » Les poètes font souvent allusion à cette
entité dynamique qui gît au cœur de l'homme de tempérament artiste; les non-poètes cherchent à s'excuser
en termes moins choisis.

Mais il nous faut maintenant nous demander,
l'*anima* perdant sa puissance occulte, son *mana*, ce
qu'il advient de celui-ci. Qu'advient-il de ce potentiel
occulte de l'être ? Se réfugie-t-il ailleurs (et le bénéfice
ne serait pas grand car il faudrait aller le débusquer
dans cet ailleurs) ? Ou se dégrade-t-il en d'autres for-

mes de l'énergie psychologique et émotive ? C'est ce
qu'il nous reste maintenant à étudier.

La première idée qui vient à l'esprit, c'est que, manifestement, aura acquis le *mana* celui qui sera parvenu à
dompter, à subjuguer l'*anima*. En cela nous ne faisons
que suivre la représentation primitive qui imagine que
celui qui tue une personne *mana* s'en approprie le
mana.

Or, qui donc a dominé l'*anima*, après s'être
confronté avec elle ? Manifestement, c'est le Moi conscient; et ainsi donc, c'est le Moi qui semble devoir
devenir porteur de *mana*. Ainsi, le *Moi* conscient court
un risque : celui de devenir une *personnalité mana*. Or,
la composante *mana* de la personnalité est une des
dominantes de l'inconscient collectif, l'archétype bien
connu de l'homme fort, qui s'est manifesté à travers
toute la vie de l'humanité sous les multiples aspects du
héros, du chef, du magicien, du medicine-man, du
saint, du souverain qui règne sur les hommes et les
esprits, du roi, de l'ami de Dieu.

Ainsi, nous nous trouvons là en présence d'une
figure masculine collective, qui monte des tréfonds de
l'être, qui se détache des fonds obscurs de l'inconscient
et qui s'empare de la personnalité consciente. Il en
résulte un danger psychique de nature subtile : cette
irruption d'un archétype dans le conscient peut dilater
celui-ci au-delà de ses structures et de ses limites natu-
relles, lui infligeant une *inflation redoutable*, susceptible de remettre en question et de détruire tout ce qui
avait été péniblement gagné et acquis au cours de la
confrontation avec l'*anima*.

C'est pourquoi il est d'une grande importance pratique de savoir que, dans la hiérarchie de l'inconscient,
l'*anima* est simplement l'échelon le plus bas, ainsi que

l'une des formes possibles de l'inconscient; de savoir également qu'une fois l'*anima* surmontée, cet événement même constelle une autre figure collective, qui reprend alors à son compte le *mana*, le potentiel dynamique dont elle était chargée. En réalité, c'est l'image du *sorcier* – pour désigner d'un mot cette image – qui attire à lui le potentiel *mana*, c'est-à-dire la valeur autonome qui caractérisait l'*anima*. Ce n'est que dans la mesure où le sujet s'identifiera inconsciemment avec l'aspect sorcier de sa personnalité inconsciente qu'il pourra s'imaginer posséder lui-même le *mana* de l'*anima*. Quand il y a identification au sorcier, la conséquence que je viens de signaler est inévitable.

A la figure du sorcier correspond chez les femmes une représentation équivalente mais non moins redoutable : c'est la figure à la fois maternelle et souveraine de la *Grande Mère* universelle[1] qui est pleine de pitié et de miséricorde, qui comprend et pardonne tout, qui a toujours souhaité le meilleur, qui a toujours vécu pour les autres sans se soucier jamais d'elle-même et de ses propres besoins, qui a découvert le grand amour à l'instar du sorcier qui, lui, est le détenteur et l'annonciateur de la grande vérité.

Or, de même que le grand amour n'est jamais reçu par l'autre ni ressenti à sa juste valeur, de même la

1. La *Grande Mère*, dite aussi *Magna Mater*, Grande Mère de la Terre, Mère-Monde; c'est la mère chthonienne des anciens, la Grande Déesse, la Déesse Mère, tantôt Gaia et tantôt surtout Demeter.
Jung a consacré une étude à cet archétype : « Les aspects psychologiques de l'archétype de la mère », dans *les Racines de la conscience* (ouv. cité). Voir également C. G. JUNG et Ch. KERÉNYI, *Introduction à l'essence de la mythologie* (ouv. cité); et C. G. JUNG, *Psychologie et alchimie* (ouv. cité). On pourra aussi consulter Mircea ELIADE, *Traité d'histoire des religions*, Payot, Paris, 2ᵉ édition 1953, et Erich NEUMANN : *Die grosse Mutter*, Rhein-Verlag, Zurich, 1956 (N. d. T.).

sagesse suprême demeure incomprise. En outre, un tel amour et une telle sagesse ne peuvent réciproquement se tolérer et coexister.

Nous devons nous trouver ici en présence d'un redoutable malentendu, car tous les éléments d'une inflation sont indubitablement réunis : le Moi s'est approprié quelque chose qui ne lui appartient pas. Mais par quel détour a-t-il cru pouvoir s'approprier le *mana* ? Si c'était réellement le Moi qui avait surmonté l'*anima*, le *mana* de cette dernière lui reviendrait de droit, et la captation qu'il en fait serait une conséquence logique. Ce Moi aurait réellement gagné en importance, en poids et en signification. Mais l'on est obligé de constater une chose : c'est que cette nouvelle dignité du Moi n'est pas ressentie par les autres et n'agit pas sur l'entourage ! Pourquoi cela ? Il y aurait pourtant là un critère valable ! Ce surcroît d'importance et de signification dont le Moi se sent imbu demeure sans efficacité sur l'entourage parce qu'il ne s'agit que d'un trompe-l'œil, parce que le Moi se croit investi d'une signification qu'en fait il n'a point acquise : il se trouve dorénavant simplement confondu avec son archétype; il s'est même aliéné à lui-même, en succombant à la confusion des limites entre lui et cet archétype : il a succombé à la fascination qui émane d'une nouvelle figure inconsciente. D'où il nous faut conclure que ce n'est pas vraiment le Moi qui a surmonté l'*anima*, et que ce n'est pas à lui qu'en revient le *mana*. Il s'est produit en réalité un nouveau déplacement des plans, une translation et une confusion avec une nouvelle figuration inconsciente du même sexe, qui correspond à l'*imago* paternelle tout en étant dotée, si faire se peut, d'une puissance encore plus grande.

De la force qui lie tous les êtres
Ne se libère que l'être qui se surmonte lui-même[1].

Si le Moi se laisse emporter par ce mouvement, il ne tarde pas à se prendre pour un surhomme, à se sentir disposer de toutes les puissances, à se prendre pour un demi-dieu et peut-être encore un peu plus... « Moi et le Père ne sommes qu'un », cette écrasante profession de foi, dans sa lourde ambiguïté, ne peut précisément jaillir que d'une situation psychologique de cet ordre.

En présence d'un pareil tableau, notre Moi, lamentablement limité, ne peut, pourvu qu'il possède la moindre étincelle de connaissance de lui-même, que se recroqueviller et abandonner au plus vite toute illusion de puissance et de signification. Il doit s'avouer qu'il ne s'agissait que d'illusions et de mirages : le Moi n'a pas surmonté l'*anima* et, par conséquent, n'a pas acquis son *mana*. Le conscient n'est pas devenu le maître de l'inconscient. Ce qui s'est passé, c'est simplement que l'*anima* s'est trouvée amputée de ses prétentions dominatrices dans la mesure où le Moi a pu entreprendre et assumer la confrontation avec l'inconscient. Or cette confrontation ne signifiait en rien la victoire du conscient sur l'inconscient, mais seulement l'établissement d'un équilibre nouveau entre les deux mondes.

Le « sorcier » n'a pu s'emparer du Moi – et plonger celui-ci dans la confusion et l'aliénation auxquelles nous avons fait allusion plus haut – que parce que le Moi rêvait, au fond infantilement, d'un triomphe sur l'*anima* et était porté par cette espérance secrète. Prétention et empiétement que tout cela. Or, tout empiétement du Moi se trouve immanquablement suivi et contrebalancé par un empiétement corollaire de l'in-

1. GOETHE, *Les Secrets* (un fragment).

conscient sur le Moi : le « sorcier » s'emparait du Moi et, en le grisant, le perdait, l'aliénait à lui-même.

Sous une forme changeante
J'exerce un pouvoir cruel[1].

C'est pourquoi, dès que le Moi abandonne ses prétentions à une victoire, l'état de possession du Moi par le « sorcier » cède automatiquement. Mais la question demeure : qu'advient-il du *mana*? Qui ou quoi devient *mana*, si le « sorcier » lui-même – à travers la fin de ses manigances et de son emprise sur le Moi – n'est plus en état d'exercer sa magie? Tout ce que nous savons, c'est que dorénavant, pas plus l'inconscient que le conscient ne détiennent le *mana*. Nous avons, en effet, constaté de façon sûre que si le Moi n'élève plus de prétention à la puissance et à la prééminence, il ne sera plus victime d'une imprégnation qui le rend possédé, ce qui revient à dire que l'inconscient, lui aussi, aura désormais perdu sa surpuissance. Parvenus à cette étape de nos connaissances, la conclusion s'impose : le *mana* a dû être conféré à un quelque chose qui est à la fois conscient et inconscient, ou encore : qui n'est ni conscient ni inconscient.

Ce quelque chose est le point d'équilibre tant recherché de la personnalité; c'est un point indéfinissable situé à mi-chemin entre les tendances contraires et les pôles opposés; en lui se réconcilient les antinomies, se résout le conflit, se décharge la tension énergétique initiale; ce lieu géométrique indescriptible, où se recoupent tant d'éléments, révèle et prouve le devenir de la personnalité; son émergence équivaut à une démarche suprêmement individuelle qui conduit vers l'étape suivante de la vie et de l'être.

1. *Faust* II, acte V, scène 4.

Je n'attends pas du lecteur qu'il suive dans tous ses détails ce trop rapide aperçu. Qu'il veuille bien n'y voir qu'une manière d'exposition d'un problème auquel je reviendrai brièvement dans ce qui suit.

Le point de départ de notre réflexion sur ce problème nous a été donné par l'état qui se créée en un sujet lorsque les matériaux inconscients, fomentés et amenés au jour par le phénomène de l'*anima* ou de l'*animus*, ont été suffisamment acheminés et transcrits dans le conscient.

Que l'on imagine ce processus de la manière suivante : les contenus inconscients sont en premier lieu des choses qui transpirent dans l'atmosphère personnelle; que l'on pense, par exemple, aux imaginations citées plus haut de mon malade homme (voir p. 204). Puis apparaissent des fantasmes de l'inconscient collectif, qui pour l'essentiel contiennent un symbolisme collectif, comparable à la vision de ma malade (voir p. 224). Les fantasmes ne sont pas désordonnés comme on l'a cru naïvement pendant longtemps et comme on le croit actuellement encore; bien au contraire, ils obéissent à certaines directives inconscientes qui convergent vers un but précis. C'est pourquoi les séries de fantasmes qui apparaissent à ce stade plus évolué peuvent se comparer à des processus d'initiation[1].

Ceux-ci constituent dans la psychologie des primitifs des phénomènes en tous points comparables à ceux que nous observons chez les individus d'aujourd'hui. Tous les groupes ethniques primitifs ou toutes les tribus tant soit peu organisées possèdent leurs cérémonies initiatiques, qui sont souvent extraordinairement complexes et qui jouent dans leur vie sociale et religieuse un rôle

1. Voir *Psychologie et Alchimie* (ouv. cité), p. 37.

extraordinairement important[1]. Par ces initiations, les adolescents se muent en hommes et les fillettes en femmes. Les Cavirondos traitent de « vils anormaux » ceux qui ne se soumettent pas à la circoncision ou à l'excision. Cela montre que les usages initiatiques constituent les moyens magiques grâce auxquels l'homme passera du stade animal à l'état humain. Manifestement les initiations primitives sont des *mystères de la métamorphose* de la plus grande importance. Très souvent les initiés sont soumis à des méthodes douloureuses et à des tortures, alors qu'en même temps on leur révèle les mystères, les lois et la hiérarchie de la tribu d'une part, des enseignements cosmogoniques et mythiques d'autre part. Les cérémonies d'initiation se sont conservées chez tous les peuples. Chez les Grecs, les mystères d'Eleusis, qui remontent à la plus haute antiquité, ont subsisté jusqu'au VIIe siècle de l'ère chrétienne. Rome était submergée par d'innombrables cultes de mystère. L'un de ces derniers fut le christianisme, qui, dans sa forme actuelle, conserve les cérémonies initiatiques du baptême, de la confirmation et de l'Eucharistie, qui, de façon pâlie et dégénérée, rappellent les cérémonies initiatiques. Nul donc ne peut contester l'énorme importance historique des initiations.

Si l'on en tient compte (que l'on se reporte au témoignage des anciens au sujet des mystères d'Eleusis), les temps modernes semblent bien dépourvus dans ce domaine. La franc-maçonnerie, l'Eglise gnostique de France, les rose-croix légendaires, la théosophie, paraissent de bien faibles produits de remplacement pour quelque chose qui devrait figurer en tête de ce que l'humanité a historiquement perdu.

---

1. Voir H. WEBSTER, *Primitive Secret Societies*, 1908 ; *La Magie dans les sociétés primitives*, Payot, Paris, 1952.

En fait, dans les matériaux inconscients, toute la symbolique initiatique réapparaît avec beaucoup de clarté.

On peut objecter que cette résurgence ne concerne que des restes de vieilles superstitions et qu'elle est par conséquent dénuée de toute valeur scientifique. Cette objection est aussi inintelligente et simpliste que celle qui consisterait à dire, en présence d'une épidémie de choléra, que ce n'est qu'une maladie infectieuse d'autant plus inintéressante qu'elle jette un défi à l'hygiène.

Comme je l'ai souvent déjà dit, il ne s'agit pas de savoir si les symboles d'initiation constituent ou non des vérités objectives; la question importante, c'est d'établir si les contenus inconscients sont des équivalents des cérémonies initiatiques et s'ils ont ou non une influence sur l'âme humaine. Il ne s'agit pas non plus de décider si de tels matériaux inconscients sont souhaitables ou non; il suffit de savoir qu'ils existent et qu'ils exercent une influence sur la psyché.

Il m'est impossible, dans le cadre de cet ouvrage, de fournir au lecteur les matériaux nécessaires pour emporter sa conviction, et qui consisteraient en des séries parfois fort détaillées et fort longues d'images et de fantasmes[1]. Qu'il veuille bien se contenter des quelques exemples que j'ai cités dans cet ouvrage et me faire confiance quand j'affirme que ces séries ont une construction, une logique à elles, qu'elles reflètent tout un entrelacs de relations dont la finalité n'est pas exclue. Certes, j'utilise le mot finalité avec une certaine retenue, car il faut employer ici le mot avec prudence et circonspection. Chez les aliénés, en effet, on peut

---

1. Voir C. G. JUNG, *Psychologie et Alchimie* et *Psychologie du transfert* (ouv. cités).

observer des séries de rêves et chez les névrosés des séries de fantasmes qui errent, semble-t-il, à l'envi, sans but et sans finalité. Le jeune malade dont je citais plus haut les fantasmes de suicide va s'acheminer vers la production de séries de fantasmes dépourvus d'axe et de finalité, s'il persiste dans le désintérêt à leur égard, s'il n'apprend pas à y participer activement et à y intervenir consciemment.

Ce n'est que par l'intérêt qu'on leur porte, grâce à la participation active, qu'une direction générale et un but se glissent et émergent au sein de l'incohérence apparente des fantasmes. Car l'inconscient est un pur processus de nature; d'une part il est sans intentionnalité; d'autre part, pourtant, il témoigne de l'orientation potentielle qui de façon absolue est caractéristique de tout processus énergétique. Dès que le conscient y prend une part active et vit pas à pas, ne serait-ce que par une intuition vague, les différentes étapes du processus, le pas suivant mise sur l'échelon précédemment acquis, et ainsi s'introduisent cohérence et direction dans la suite des images.

Au niveau atteint dans la confrontation du Moi et de l'inconscient, l'objectif suivant est de parvenir à un état dans lequel les contenus inconscients ne restent plus inconscients, ne s'expriment plus indirectement par des phénomènes de l'*anima* et de l'*animus*, c'est-à-dire à un état dans lequel l'*anima* ou l'*animus* deviennent des fonctions de relation entre le conscient et l'inconscient.

Tant qu'ils ne sont pas cela, l'*anima* et l'*animus* demeurent des complexes autonomes, c'est-à-dire des facteurs de perturbation qui échappent au contrôle du conscient et se comportent par conséquent comme de véritables trouble-fête. Si d'ailleurs le terme que j'ai proposé de « complexe » est passé dans le langage courant, c'est que ce phénomène a été reconnu de façon universelle[1].

Plus un sujet a de « complexes », plus il est confisqué par eux, plus il est dans un état de « possession »; lorsqu'on cherche à se faire une image de la personnalité qui s'exprime par ces complexes, on est contraint parfois à la conclusion qu'il ne peut s'agir que d'une femme hystérique – d'où la dénomination d'*anima* ! Mais si le sujet fait l'effort de prendre conscience de ses contenus inconscients, d'abord des données réelles de son inconscient personnel, puis des fantasmes de son inconscient collectif, il parvient aux racines de ses complexes, ce qui entraîne la dissolution de son état de confiscation et de possession. Le sujet retrouve la maîtrise de lui-même, et le phénomène de l'*anima* disparaît alors.

Ce fameux facteur qui a une puissance de fascination et d'envoûtement et qui avait déterminé l'état de possession du Moi (ce « ce dont » le Moi ne peut se défaire, qui tient celui-ci en quelque façon sous sa domination) devrait logiquement disparaître avec l'*anima* : on devrait devenir « libre de complexes », on devrait devenir en quelque sorte psychologiquement aseptique. Il ne devrait plus pouvoir rien se passer que le Moi n'ait permis; et quand le Moi veut quelque chose, rien ne devrait pouvoir s'y opposer ou perturber l'exécution de cette volonté. De ce fait le Moi serait assuré d'une position inattaquable; il disposerait de l'intransigeance d'un surhomme ou de la tranquille supériorité d'un sage parfait. Ces deux possibilités constituent des images idéales (Napoléon pour l'une,

1. Voir : C. G. JUNG, *L'homme à la découverte de son âme* (ouv. cité), p. 181.

Laô-Tseu pour l'autre). Ces deux personnages correspondent à la notion de ce qui est « extraordinairement efficace », expression que Lehmann propose dans sa célèbre monographie pour expliquer le terme de *mana*[1].

C'est pourquoi je désigne une personnalité dotée de telles possibilités simplement du nom de *personnalité mana*. Une personnalité semblable correspond à une dominante de l'inconscient collectif, à un archétype qui s'est constitué dans la psyché humaine depuis des temps immémoriaux, sur la base d'expériences de cette nature. Le primitif n'analyse pas et ne cherche pas à déterminer pourquoi un autre lui est supérieur. Si un autre est plus intelligent ou plus fort que lui, il dit qu'il est *mana*, ce qui veut dire qu'il a plus de force. Mais ce *mana* peut être aussi perdu, par exemple si quelqu'un a enjambé le porteur de *mana* pendant son sommeil ou a marché sur son ombre.

Au cours de l'histoire, la personnalité mana *s'est incarnée en des figures de héros et dans l'homme-Dieu*[2], *dont le représentant terrestre est le prêtre.* Dans quelle mesure le médecin incarne aujourd'hui encore aux yeux de ses malades une *personnalité mana*, voilà une question sur laquelle les analystes auraient beaucoup à dire.

Dans la mesure où le Moi semble prendre à son compte la puissance qui appartenait à l'*anima*, il devient par le fait même directement porteur de *mana*, une *personnalité mana*. C'est ce que nous constatons dans la majorité des cas. Je n'ai encore jamais assisté à aucun développement de cette nature qui, ayant assez progressé, n'ait donné lieu, au moins passagèrement, à

1. F. R. LEHMANN, *Mana*, Leipzig, 1922.
2. Selon la croyance populaire, le « Roi très chrétien » pouvait, grâce à son *mana*, guérir les épileptiques par imposition des mains.

une identification avec l'archétype de la *personnalité mana*.

Que les choses se passent ainsi, c'est ce qu'il y a de plus naturel au monde, car c'est ce qui est escompté aussi bien par le sujet qui évolue que, de façon générale, par tous les autres. C'est une faiblesse humaine à laquelle on peut à peine échapper que céder à la tentation de s'admirer un peu parce que l'on a regardé un peu plus loin et un peu plus profond que le commun des mortels; ceux-ci, à leur tour, ont un tel besoin de trouver quelque part un héros incarné ou un sage supérieur, un chef ou un père, bref, une autorité indiscutable, qu'ils sont tout disposés à ériger des temples et à encenser des idoles. Cet état d'assujettissement ne relève pas seulement de la lamentable stupidité des rabâcheurs dépourvus de jugement, mais aussi d'une loi psychologique de la nature qui exige que ce qui était soit répété toujours à nouveau à l'infini.

Il en sera ainsi tant que la conscience n'aura pas interrompu la répétition impulsive et la matérialisation naïve des images primordiales. Je ne sais s'il est souhaitable que la conscience altère les lois éternelles. Tout ce que je sais, c'est que la conscience, de temps en temps, les modifie, et que cette démarche est une nécessité vitale pour certains humains, ce qui n'empêche pas d'ailleurs souvent ces mêmes humains de se remettre eux-mêmes sur le trône du père pour rendre une fois de plus à la règle antique sa vérité première. Oui, c'est au point qu'il faut se demander comment on peut envisager et espérer échapper à la toute-puissance des images primordiales.

A vrai dire, je ne crois pas du tout que nous puissions échapper à leur toute-puissance; tout au plus pouvons-nous modifier notre attitude à leur égard, évitant ainsi de succomber naïvement à un archétype dont

nous devenons dupe et qui nous oblige, aux dépens de
notre humanité, à jouer un rôle. Car la possession du
Moi par un archétype transforme un être et l'oblige à
n'être qu'une figure collective, une sorte de masque,
derrière lequel l'humain ne peut plus se développer
mais s'atrophie. C'est pourquoi il faut rester conscient
du danger qui consisterait à succomber à la dominante
et à la force attractive qui émanent d'une *personnalité
mana*. Le danger ne consiste pas seulement à n'être
qu'un masque de père, mais aussi à succomber à ce
masque lorsque c'est un autre qui le porte. Dans cette
perspective, le maître et les élèves sont bien proches les
uns des autres et se valent bien.

Le démantèlement et l'effacement de l'*anima* veulent
dire que l'on a acquis une connaissance pénétrante des
forces dynamiques de l'inconscient; mais cela ne veut
pas dire pour autant qu'on les ait rendues inopérantes
et impuissantes. A tout moment elles sont susceptibles
de nous assaillir à nouveau en quelque forme inattendue; et elles le feront immanquablement dès que l'attitude consciente aura quelque lacune ou quelque défaillance; une force est toujours affrontée à une force. Si le
Moi s'arroge puissance et domination sur l'inconscient,
celui-ci réagit par une attaque subtile, dans le cas qui
nous préoccupe en lançant la dominante de la *personnalité mana*, dont le prestige considérable frappera le
Moi de stupeur et l'assujettira. En pareil cas, le Moi ne
peut se défendre qu'en prenant une conscience complète de sa faiblesse ou de son dénuement en face des
puissances de l'inconscient et en se les avouant. Par
cette attitude, la rencontre avec l'inconscient n'est pas
située sur le plan de la force, et celui-ci ne réagit point
comme s'il était provoqué.

Le lecteur trouvera peut-être comique que je parle de
l'inconscient comme s'il était une personne. Loin de

moi pourtant l'idée de vouloir accréditer le préjugé que je considère l'inconscient comme une entité personnelle. L'inconscient est un ensemble de processus naturels qui sont situés par-delà le plan personnel et humain. Seule notre conscience est « personnelle ». C'est pourquoi quand je parle de « provoquer l'inconscient », je ne veux pas dire que l'inconscient est en quelque sorte offensé et que – à l'instar des dieux des anciens – par jalousie et vengeance il tient rigueur aux hommes. Ce que je veux dire par là se rapproche beaucoup plus d'une erreur dans la diététique psychique qui fait perdre son équilibre à un système digestif. L'inconscient réagit automatiquement, un peu comme un estomac qui, de façon figurée, se venge des excès ou des erreurs inassimilables qu'on lui impose. Quand je prétends exercer ma domination sur mon propre conscient, je commets là une faute semblable dans la diététique psychique, j'assume une attitude qui me convient mal et qu'il vaut mieux éviter, dans l'intérêt de mon propre bien-être.

Toutefois, les effets moraux, dévastateurs et à longue portée qu'entraîne un inconscient perturbé sont tels que ma comparaison, pour peu poétique qu'elle soit, pèche par son extrême insuffisance. A ce point de vue, je préfère de beaucoup parler de la vengeance de dieux offensés.

En différenciant le Moi de l'archétype incarné par une *personnalité mana*, on est obligé – comme auparavant dans le cas de l'*anima* – de prendre conscience des contenus inconscients qui étaient spécifiquement inhérents à la *personnalité mana*.

Tout le long de l'histoire de l'humanité, la *personnalité mana* a toujours été détentrice du grand secret, d'un savoir particulier, d'une prérogative, de quelque pouvoir spécial (*Quod licet Jovi non licet bovi* – Ce qui est permis à Jupiter n'est pas permis au bœuf), en un mot d'une *distinction individuelle* d'un ordre quelconque.

La prise de conscience des contenus qui étaient comme les moellons de l'archétype de la *personnalité mana* signifie pour l'homme la seconde libération, en vérité, cette fois-ci, décisive, du père (pour la femme, de la mère) et ainsi la première affirmation vécue de sa propre individualité. Cette partie de l'évolution se trouve à nouveau en parfaite correspondance avec l'intention des cérémonies initiatiques primitives et concrètes, jusques et y compris le baptême. Cette intention était la séparation des parents « selon la nature » (ou animaux) et la renaissance *in novam infantiam* (en une nouvelle enfance), dans un état d'immortalité et de filiation spirituelle tel que l'ont exprimé certaines antiques religions de mystère, dont le christianisme.

La possibilité existe de ne pas persévérer dans l'identification avec la *personnalité mana*; pour cela l'homme a recours à l'attitude qui consiste à maintenir celle-là en quelque sorte matérialisée en un « père céleste », logé par-delà le monde et doté de l'attribut de l'absolu qui semble si cher au cœur d'innombrables êtres. Cette démarche confère à l'inconscient une prédominance tout aussi absolue (si l'effort fait pour adhérer en croyance à cette démarche est couronné de succès), car par cette démarche toute valeur passe et s'écoule dans un au-delà[1]. La conséquence logique de

1. « Absolu » veut dire étymologiquement « délié ». Déclarer que Dieu est absolu signifie qu'on le situe en dehors de toute relation avec les hommes. Dorénavant, l'homme ne peut agir sur Dieu, ni Dieu sur l'homme. Un tel Dieu constituerait une affaire tout à fait secondaire. Aussi n'est-il légitime que de parler d'un Dieu qui est dans une certaine relativité avec les hommes, de même que les hommes le sont par rapport à Dieu. La conception chrétienne de Dieu comme d'un Père qui est au ciel exprime la relativité réciproque de Dieu de parfaite façon.

cela, c'est que désormais l'homme demeure ici-bas comme une pauvre et misérable épave, inférieur incapable du bien et chargé de péchés. On le sait, cette solution est devenue la conception du monde qui a pris place dans l'histoire.

Évoluant ici sur un terrain strictement psychologique et n'ayant nulle envie de dicter à l'univers mes vérités éternelles, je me bornerai à faire remarquer ce qui suit à l'égard de cette solution : dès l'instant que je confère au plan de l'inconscient toutes les valeurs suprêmes et que j'érige à partir de cela un *summum bonum* (bien suprême), je me trouve aussitôt dans la désagréable nécessité d'inventer un diable de même poids et de même dimension, et qui soit capable de faire équilibre psychologiquement parlant à mon *summum bonum*. Or, ma modestie ne saurait consentir en aucune façon à ce que je m'identifie à ce diable. Cela serait de l'outrecuidance et me mettrait en outre de la façon la plus douloureuse en contradiction avec mes valeurs les plus hautes. Dans l'état de misérable épave, avec le bilan moral lourdement déficitaire où m'a laissé ma prise de position initiale, je ne saurais me surcharger de la sorte.

C'est pourquoi, pour les motifs psychologiques qui en découlent, je serai tenté de recommander de ne point édifier un Dieu à partir de l'archétype de la *personnalité mana*, c'est-à-dire de ne point la concré-

Abstraction faite que l'homme peut moins en dire sur Dieu qu'une fourmi sur les trésors du British Museum, la tendance à décréter que Dieu est un « absolu » semble provenir de la peur que l'on ressent à la prescience que Dieu pourrait devenir « psychologique ». Cela serait naturellement dangereux. Car un Dieu « absolu » ne nous concerne pour ainsi dire point, alors qu'un Dieu « psychologique » serait réel, pourrait atteindre l'homme, avoir prise sur lui. L'Eglise semble constituer un instrument magique créé pour protéger l'homme de cette éventualité, car il est bien dit que « c'est une chose terrible de tomber entre les mains du Dieu vivant ».

tiser. De la sorte, j'évite la projection de mes valeurs
et de mes non-valeurs en un Dieu et un diable,
et je me conserve ma dignité humaine, mon poids
spécifique propre, dont j'ai tant besoin pour ne
pas devenir le jouet impuissant des forces inconscientes.

Dès que l'on commerce avec le monde visible, il
faudrait être fou pour supposer une seconde que l'on
est le maître du monde. Dans ce commerce, on s'abandonne naturellement au principe de « non-résistance »
envers tous les facteurs supérieurs à l'individu; cela
jusqu'à une certaine limite supérieure qui varie d'ailleurs de façon individuelle, mais à partir de laquelle
le citoyen le plus tranquille se transforme en révolu-
tionnaire sanguinaire. Notre révérence devant l'Etat
et la loi est un modèle recommandable de l'attitude
générale à l'adresse de l'inconscient collectif (« Ren-
dez donc à César ce qui est à César et à Dieu, ce qui
est à Dieu »[1]). Jusque-là notre soumission se fait sans
peine.

Mais il existe aussi dans le monde des facteurs que
notre conscience morale ne peut approuver entièrement
et devant lesquels nous nous inclinons tout de même.
Pourquoi ? Simplement parce que nous tirons plus
d'avantage de cette soumission que nous en tirerions de
la révolte. De même qu'il existe des facteurs dans l'inconscient en face desquels le mieux est encore de se
montrer habile. Rappelons-nous les versets « Et moi je
vous dis de ne point résister au mal ». « Employez les
richesses d'iniquités à vous faire des amis ». « Les
enfants du siècle sont plus sages dans la conduite de
leurs affaires que ne le sont les enfants de lumière »,

1. Matthieu, XXII, 21.

donc « Soyez prudents comme les serpents et simples comme les colombes »[1].

La personnalité mana *possède d'une part une connaissance supérieure et d'autre part une volonté supérieure.* Lorsqu'un sujet prend conscience des contenus inconscients qui supportaient en lui cette *personnalité mana*, il est mis dans la situation de devoir tenir compte du fait, d'une part, qu'il en sait plus que le commun et, d'autre part, qu'il veut davantage que le commun. Cela lui procure une parenté fort désagréable avec les dieux, parenté qui, on le sait, a tant impressionné le pauvre Angelus Silesius que, sans même s'arrêter au stade devenu incertain à ses yeux du luthéranisme, il se précipita de son protestantisme outrancier au plus profond du sein de la mère Eglise, pour le plus grand dam, hélas, de sa vocation lyrique et de sa santé nerveuse.

Et pourtant le Christ et après lui saint Paul se sont trouvés précisément aux prises avec ce problème. Il en a subsisté beaucoup de traces. Maître Eckhart, Goethe dans *Faust*, Nietzsche dans *Zarathoustra* nous l'ont à nouveau présenté. Goethe comme Nietzsche essaient de nous faire sentir ce problème par l'idée des Puissances et des Dominations. Goethe met en scène le Magicien et l'être de volonté sans scrupule qui va jusqu'à s'associer au diable. Nietzsche le fait à travers le surhomme et le sage supérieur qui ne connaissent plus ni Dieu ni

---

1. Pour le texte de ces versets (Matthieu, V, 39; Luc, XVI, 9 et XVI, 8; Matthieu, X, 16), nous avons suivi la version de Lemaistre de Saci, pour être la plus proche des textes tels que les a cités Jung. La version selon la *Sainte Bible* de l'Ecole biblique de Jérusalem (ouv. cité) est : « Eh bien ! moi je vous dis de ne ¬as tenir tête au méchant »; « Faites-vous des amis avec le malhonnête argent »; « Car les enfants de ce monde-ci sont plus avisés envers leurs semblables que les enfants de lumière »; « Montrez-vous donc malins comme les serpents et candides comme les colombes » (N. d. T.).

diable. Chez Nietzsche, l'homme se tient debout dans sa solitude, à l'image de ce qu'il était lui-même, névrosé, financièrement dépendant, au fond sans relation ni avec Dieu, ni avec le monde. Ceci ne constitue pas une possibilité idéale pour l'homme réel qui a famille et doit payer impôts. Aucune contorsion intellectuelle visant à nier l'existence du monde ne fait le poids en face de la réalité du monde, quelles que soient les preuves qu'elle prétend nous en apporter; il n'y a point là d'échappatoire. De même rien ne saurait prouver que l'inconscient n'exerce pas ses efficacités. Comment un philosophe névrosé pourrait-il nous prouver qu'il n'a pas de névrose? Il ne peut même pas se le prouver à lui-même.

Telle est notre situation, notre âme se trouvant enserrée entre les champs d'action importants de l'intérieur et de l'extérieur, et, qu'on le veuille ou non, il faut vaille que vaille satisfaire aux deux. Or, nous ne le pouvons qu'à la mesure de nos capacités individuelles. C'est pourquoi il nous faut méditer non pas sur « ce que l'on devrait », mais sur *ce que l'on peut* et sur *ce que l'on doit.*

Ainsi le plan de la *personnalité mana* et son intégration dans l'être – à travers la prise de conscience que l'on peut en acquérir – nous ramènent naturellement à nous-même comme à un quelque chose d'existant et de vivant qui se trouve inséré entre deux mondes, entre leurs images et entre leurs champs de forces, forces qui, pour n'être souvent que pressenties obscurément, n'en sont perçues que plus clairement.

Ce quelque chose qui est tout nous-même, nous est à la fois si étranger et si proche qu'il nous reste inconnaissable; tel un centre virtuel d'une complexion si mystérieuse qu'il est en droit de revendiquer les exigences les plus contradictoires, la parenté avec les animaux comme avec les dieux, avec les minéraux comme avec les étoiles, sans même provoquer notre étonnement ni notre réprobation. Ce fameux quelque chose exige tout cela et nous n'avons rien en main qui nous permettrait de nous opposer légitimement à ses exigences, dont il est même salutaire d'écouter la voix.

J'ai appelé ce fameux centre de la personnalité le *Soi.* Intellectuellement, le Soi n'est qu'un concept psychologique, une construction qui doit exprimer une entité qui nous demeure inconnaissable, une essence qu'il ne nous est pas donné de saisir parce qu'elle dépasse, comme on le pressent dans sa définition, nos possibilités de compréhension. On pourrait aussi bien dire du Soi qu'il est « Dieu en nous ». C'est de lui que semble jaillir depuis ses premiers débuts toute notre vie psychique, et c'est vers lui que semblent tendre tous les buts suprêmes et derniers d'une vie. Ce paradoxe est inévitable comme chaque fois que l'homme s'efforce de cerner par la pensée quelque chose qui dépasse la capacité de sa raison.

J'espère que le lecteur a senti clairement qu'il y a du Soi au Moi la même distance qu'il y a du soleil à la terre. On ne peut confondre l'un avec l'autre, pas plus qu'il ne s'agit d'une déification de l'homme ou d'un abaissement de Dieu. Ce qui est situé par-delà notre raison humaine lui demeure de toute façon inaccessible.

C'est pourquoi, si nous utilisons la notion d'un Dieu, nous formulons ainsi simplement une certaine donnée psychologique, à savoir l'indépendance, l'autonomie et le caractère prépondérant et souverain de certains contenus psychiques, qui s'expriment dans leur capacité de contrecarrer la volonté, d'envahir et d'obséder le conscient et d'influencer ses humeurs et ses actions. On s'indignera, certes, à l'idée qu'une rumeur incompréhensible, qu'un trouble nerveux, voire qu'un vice irrépressible soient en quelque sorte une manifestation de Dieu. Mais ce serait précisément une perte irrémédiable pour l'expérience religieuse si ces maux, particulièrement pénibles parfois, étaient artificiellement séparés des autres contenus psychiques autonomes.

C'est un euphémisme apotropéique[1] que se débarrasser de certains phénomènes en décrétant qu'ils ne sont « rien que... ». Par cette attitude, on ne fait que les refouler, ce qui, en règle générale, n'apporte qu'un avantage fallacieux, modifiant simplement une illusion. Par un refoulement, la personnalité ne s'enrichit point; au contraire, elle s'appauvrit et s'enlise : ce qui, à l'expérience et à la connaissance d'aujourd'hui, apparaît comme fâcheux ou à tout le moins sans valeur et dénué de sens, pourra, à un niveau plus élevé de l'expérience et de la connaissance, devenir une source du meilleur; tout dépend naturellement de l'usage que fait tout un chacun de ses démons familiers.

Dire simplement de ceux-ci qu'ils sont dénués de sens ou qu'ils égarent, c'est priver une personnalité de l'ombre qui lui appartient. Mais à vouloir nier sa partie obscure, on détruit la forme de toute une personnalité. Toute « forme vivante » nécessite une ombre dense pour pouvoir être plastique. Sans ombre une forme n'est qu'un fantôme ou un mirage à deux dimensions, dans le meilleur des cas un enfant plus ou moins bien élevé.

C'est faire allusion à un problème qui est plus lourd qu'on ne peut l'exprimer en quelques mots : *l'humanité dans sa part la plus considérable en est encore, psychologiquement parlant, à un état d'enfance.* Cette étape

1. Par euphémisme apotropéique, il faut bien entendre le fait de donner un nom avantageux à une mauvaise chose, comme pour en détourner les effets fâcheux.

du développement, capitale, certes, ne doit pas être escamotée. L'immense majorité des hommes ont de nos jours encore besoin d'autorité, de directives et de lois. Cela, il ne faut pas l'oublier.

Certes saint Paul a dépassé le plan de la loi; cela ne saurait être acquis et valable qu'à ceux qui sont susceptibles de comprendre et d'instaurer l'âme et sa vie au lieu et place de la conscience morale et de la peur du gendarme. Or, bien peu en sont déjà capables. (« Il y a beaucoup d'appelés et peu d'élus. ») Encore faut-il ajouter que les quelques élus ne suivent cette voie qu'intérieurement contraints et forcés, pour ne pas dire de toute nécessité, car cette voie est étroite comme le tranchant d'une lame.

La conception selon laquelle on voit Dieu comme un contenu psychique autonome transpose Dieu sur un plan moral, et il faut avouer que cette façon d'envisager les choses est bien incommode. Et pourtant, si cette problématique n'existait pas, Dieu ne serait pas tout à fait réel, car il n'aurait nul point d'insertion dans notre vie. Il ne serait qu'un épouvantail conceptuel et historique ou un objet de sentimentalité philosophique.

Si par contre nous laissons de côté l'idée du « divin » et si nous ne parlons que de contenus autonomes, nous nous enfermons dans une attitude de correction intellectuelle et d'empirisme, mais nous estompons une tonalité, une donnée qui, psychologiquement, ne doit pas manquer. Car si nous faisons appel à la représentation du « divin », nous exprimons avec justesse et pertinence la façon bien particulière dont on ne peut point ne pas vivre et ressentir les efficacités des contenus autonomes.

Nous pourrions nous servir aussi de l'expression « démoniaque », si celle-ci n'impliquait pas que nous nous réservions en quelque lieu un Dieu matérialisé qui

correspondrait totalement à nos désirs et à nos représentations. Mais nos tours de prestidigitation intellectuelle sont inefficaces pour créer de toutes pièces et
pour inscrire dans la réalité un être suprême conforme
à nos désirs, pas plus qu'ils ne peuvent faire que le
monde soit ce que nous souhaiterions qu'il fût.

Si nous qualifions les effets des contenus autonomes
du terme de « divin », nous serrons la réalité de près
en reconnaissant leur suprématie relative. *C'est cette
suprématie qui de tout temps a obligé les hommes à
inventer les choses les plus impensables et même à s'infliger les pires souffrances pour tenter de tenir un juste
compte des effets des contenus autonomes.* Leur puissance est aussi réelle que la faim et la peur de la mort.

Le Soi pourrait être caractérisé comme une sorte de
compensation du conflit qui met aux prises le monde
extérieur et le monde intérieur. Cette formule offre des
attraits dans la mesure où le Soi a, grâce à elle, le
caractère de quelque chose qui est un résultat, un but
atteint, quelque chose qui n'a pu que se rassembler
progressivement et dont on ne peut faire l'expérience
qu'au prix de bien des peines et de bien des efforts.
Ainsi le Soi est aussi le but de la vie, car il est l'expression la plus complète de ces combinaisons du destin
que l'on appelle un individu; et non pas seulement le
but de la vie d'un être individuel, mais aussi de tout un
groupe au sein duquel l'un complète l'autre en vue
d'une image et d'un résultat plus complets.

Quand on parvient à percevoir le Soi comme quelque chose d'irrationnel, qui est, tout en demeurant
indéfinissable, auquel le Moi ne s'oppose pas et auquel
le Moi n'est point soumis, mais auquel il est adjoint et
autour duquel il tourne en quelque sorte comme la
terre autour du soleil, le but de l'individuation est alors
atteint.

J'utilise à dessein l'expression « percevoir le Soi » pour bien marquer combien la relation du Moi au Soi relève de la sensation. A ce sujet, nous ne saurions en connaître davantage, car nous ne pouvons absolument rien dire des contenus du Soi. Le Moi est le seul contenu du Soi que nous puissions connaître. Le Moi qui a parcouru son individuation, le Moi individué, se ressent comme l'objet d'un sujet inconnu qui l'englobe. Il me semble que les possibilités de constatations psychologiques arrivent ici à leur terme extrême, car l'idée d'un Soi est déjà en elle-même un postulat transcendant, psychologiquement légitimé, mais qui échappe à toute tentative de preuve scientifique.

Faire un pas par-delà ce qui est scientifiquement connu et acquis est une nécessité absolue dans le domaine qui nous occupe, c'est-à-dire dans le développement psychologique que j'essaie de décrire. Car sans ce postulat nouveau du Soi, je ne sais vraiment pas comment l'on pourrait formuler, de façon ne serait-ce qu'approximative, les processus psychiques qui se déroulent et qu'empiriquement il faut bien constater.

Le Soi réclame donc d'être pris en considération et qu'on lui accorde au moins la valeur d'une hypothèse, un peu comme l'on fait pour l'atome qui rend compte de la structure de la matière. Je reste conscient du fait qu'il est fort possible que, formulant cette hypothèse, nous restions encore prisonniers d'une image; mais, même s'il en est ainsi, cette image est celle d'une potentialité vivante toute-puissante; je me suis efforcé de la décrire. L'interpréter plus avant échappe en tout cas à mes possibilités. Tout bien pesé, je ne doute pas qu'il s'agisse encore d'une image, mais d'une image telle et si essentielle qu'elle nous englobe et nous contient.

J'ai pleinement conscience, avec cet ouvrage, d'avoir exigé de mes lecteurs une compréhension qui dépasse de loin l'ordinaire. Certes, je me suis efforcé à chaque instant d'aplanir leur chemin; mais il y a une difficulté que je n'ai pu leur épargner, celle qui consiste dans le fait que les expériences sur lesquelles se base mon exposé étaient inconnues de la plupart d'entre eux et, par conséquent, singulières et étranges. Je ne puis donc pas escompter qu'ils accepteront sans autre forme de procès toutes mes conclusions.

Bien que chaque auteur se réjouisse de la compréhension de son public, j'ai eu moins à cœur, ici, de voir mes observations comprises et bien interprétées dans leur détail, que d'attirer l'attention sur un vaste champ d'expériences. Ouvrir ce domaine nouveau à beaucoup d'esprits, tel a été l'objectif de ce livre. Car c'est dans ce domaine encore si obscur qu'il faut chercher les solutions de bien des énigmes qu'une psychologie de la seule conscience ne saurait même pas aborder.

Je n'ai en aucune façon la prétention d'avoir apporté des réponses ou des formules définitives. Je m'estimerai toutefois entièrement satisfait si cet ouvrage est entendu comme un effort entrepris à tâtons en vue d'approcher d'une réponse.

INDEX

Décadence, 74.
DEL MEDICO, 197, n.
Démence, 57.
– *paranoïde*, 57.
Démon, 175.
– *s familiers*, 256.
Démoniaque, 258.
Dépression, 51, n., 206.
– , « *abaissement du niveau mental* », 206.
– , *l'accepter*, 208.
– *domine le malade*, 214.
Déséquilibre,
– *psychique*, 91.
Diable, 251, 254.
Dialogue,
l'affect, cadre du –, 181.
– *analytique*, 96, n.
– *avec l'anima, sa technique*, 178.
– *bloqué de l'être avec lui-même*, 155, n.
– *avec l'état d'âme*, 208.
– *avec la persona*, 177.
– *psychologie du couple*, 168, n. 1, 169, n.
– *vrai, véridique, condition d'une union valable*, 167, n.
dieu, 33, 36, 82, n., 110, 115, n., 253.
– *x des Anciens*, 249.
demi –, 29, 110, 238.
– *x en « isme »*, 184.
– *x offensés*, 249.
les quatre statues des – *x*, 224.
vengeance des – *x*, 82, n.
Dieu, 39, 40, 41, 250, n., 252, 254, 255, 256.

l'ami de –, 236.
le Bon – *et la projection de la femme*, 191.
image de –, 40.
– *et la personnalité mana*, 250.
– *et le Protestant*, 184.
– , *sa représentation archaïque*, 44.
ressemblance à –, 50, 51, 52.
– *sur un plan moral*, 257.
– *vivant*, 251, n.
Différenciation, 41, 61, n., 64, 67, 69, 71, 73, n., 78, 230.
– *essence du conscient*, 187.
– *des fonctions*, 116.
– *du Moi et de l'archétype du mana*, 249.
– *des races*, 72, n.
Disciples, 110, 111.
Disposition pathologique, 119.
Dissociation, 143.
– *et confrontation avec l'anima*, 178.
– *de l'être mental et les forces contraires*, 163, n.
Divorce, 176.
– *et la dégradation du dialogue*, 168, n.
DRUMMOND, 156.
DUBOUT, 145, n.
Dynamisme, 28, 59, 60, 212.
– *de l'inconscient*, 212.
– *s psychologiques profonds et ignorés du couple*, 168, n.
Dynamique (la),
– *émotive*, 220, n.

DU MÊME AUTEUR

Aux Éditions Gallimard

LE MOI ET L'INCONSCIENT.

UN MYTHE MODERNE. *Nouvelle édition revue et augmentée en 1963.*

DIALECTIQUE DU MOI ET DE L'INCONSCIENT. *Nouvelle édition revue et augmentée en 1973.*

MA VIE. Souvenirs, rêves et pensées. *Nouvelle édition revue et augmentée d'un index en 1973.*

CORRESPONDANCE AVEC SIGMUND FREUD (1906-1914).

ESSAI D'EXPLORATION DE L'INCONSCIENT. *(Folio essais, nº 90).*

Chez d'autres éditeurs

LA THÉORIE PSYCHANALYTIQUE. *Traduction de Mme M. Schmid-Guisan, Éditions Montaigne, Paris, 1932. Épuisé.*

L'HOMME À LA DÉCOUVERTE DE SON ÂME. *Préfaces et adaptation du Dr Roland Cahen, 1943. 6e édition, 1962, Editions du Mont-Blanc, Genève, et Hachette, Paris, et 8e édition, Petite Bibliothèque, Payot, 1966.*

ASPECTS DU DRAME CONTEMPORAIN. *Préface et traduction du Dr Roland Cahen, Librairie de l'Université, Genève, et Buchet-Chastel, Paris, 1948. 2e édition, 1970.*

TYPES PSYCHOLOGIQUES. *Préface et traduction d'Yves Le Lay, Librairie de l'Université, Genève, et Buchet-Chastel, Paris, 1950. 2e édition, 1958. 3e édition, 1967.*

PSYCHOLOGIE DE L'INCONSCIENT. *Préface et traduction du Dr Roland Cahen, Librairie de l'Université, Genève, et Buchet-Chastel, Paris, 1953. 2e édition, 1963. 3e édition, 1972.*

LA GUÉRISON PSYCHOLOGIQUE. *Préface et adaptation du Dr Roland Cahen, Librairie de l'Université, Genève, et Buchet-Chastel, Paris, 1953. 2e édition, 1972.*

MÉTAMORPHOSES DE L'ÂME ET SES SYMBOLES. *Préface et traduction d'Yves Le Lay, Librairie de l'Université, Genève, et Buchet-Chastel, Paris, 1953. 2e édition, 1966.*

INTRODUCTION À L'ESSENCE DE LA MYTHOLOGIE *(avec Ch. Kerenyi). Traduction française de Henri Del Medico, Payot, Paris, 1953.*

L'ÉNERGÉTIQUE PSYCHIQUE. *Préface et traduction d'Yves Le Lay, Librairie de l'Université, Genève, et Buchet-Chastel, Paris, 1956. 2ᵉ édition 1973.*

LE FRIPON DIVIN *(avec Ch. Kerenyi et P. Radin). Traduction d'Arthur Reiss, Collection Analyse et Synthèse, Librairie de l'Université, Genève, et Buchet-Chastel, Paris, 1958.*

PSYCHOLOGIE ET RELIGION. *Traduction de M. Bernson et G. Cahen, Editions Buchet-Chastel, Paris, 1960.*

PROBLÈMES DE L'ÂME MODERNE. *Traduction d'Yves Le Lay, Buchet-Chastel, Paris, 1961. 2ᵉ édition, 1961.*

PRÉSENT ET AVENIR. *Traduit et annoté par le Dʳ Roland Cahen, avec la collaboration de René et Françoise Baumann, Buchet-Chastel, Paris, 1962.*

PSYCHOLOGIE ET ÉDUCATION. *Traduction d'Yves Le Lay, Buchet-Chastel, Paris, 1963.*

RÉPONSE À JOB. *Traduction du Dʳ Roland Cahen, avec une postface d'Henri Corbin, Buchet-Chastel, Paris, 1964.*

L'ÂME ET LA VIE. *Textes essentiels de C. G. Jung choisis par J. Jacobi. Traduction du Dʳ Roland Cahen et d'Yves Le Lay, Buchet-Chastel, Paris, 1965.*

PSYCHOLOGIE ET ALCHIMIE. *Traduction du Dʳ Roland Cahen et d'Henry Pernet, Buchet-Chastel, Paris, 1970.*

LES RACINES DE LA CONSCIENCE. *Traduction d'Yves Le Lay, Buchet-Chastel, Paris, 1971.*

COMMENTAIRE SUR LE MYSTÈRE DE LA FLEUR D'OR. *Traduction d'Étienne Perrot, Albin Michel, Paris, 1979.*

LA PSYCHOLOGIE DU TRANSFERT. *Traduction d'Étienne Perrot, Albin Michel, Paris, 1980.*

MYSTERIUM CONJUNCTIONIS. *(2 vol.). Traduction d'Étienne Perrot, Albin Michel, Paris, 1980-1982.*

AÏON. *Traduction d'Étienne Perrot et de Marie-Martine Louzier-Sahler, Albin Michel, Paris, 1983.*

PSYCHOLOGIE ET ORIENTALISME. *Traduction de Josette Rigal, Paul Kessler et Rainer Rochlitz, Albin Michel, Paris, 1985.*

Impression Brodard et Taupin
à La Flèche (Sarthe),
le 11 sepetembre 1995.
Dépôt légal : septembre 1995.
1er dépôt légal dans la même collection : septembre 1986.
Numéro d'imprimeur : 6038M-5.

ISBN 2-07-032372-2 / Imprimé en France.

74337